PUBLIC OPINION SUPERVISION AND
SYSTEM CONFIDENCE

国家社会科学基金项目

舆论监督与制度自信

张春林 著

人民日报出版社
北京

图书在版编目（CIP）数据

舆论监督与制度自信 . 张春林著 . —北京：人民日报出版社，2021.9
ISBN 978-7-5115-7114-4

Ⅰ. ①舆… Ⅱ. ①张 Ⅲ. ①舆论—监管制度—研究—中国 Ⅳ. ① G219.2

中国版本图书馆 CIP 数据核字（2021）第 164092 号

书　　　名：	舆论监督与制度自信
	YULUN JIANDU YU ZHIDU ZIXIN
作　　　者：	张春林
出　版　人：	刘华新
责任编辑：	林　薇　梁雪云
封面设计：	观止堂_未氓
版式设计：	格律图文
出版发行：	人民日报出版社
社　　　址：	北京金台西路 2 号
邮政编码：	100733
发行热线：	（010）65369509　65369827　65369846　65363528
邮购热线：	（010）65369530　65363527
编辑热线：	（010）65369526
网　　　址：	www.peopledailypress.com
经　　　销：	新华书店
印　　　刷：	北京中科印刷有限公司
法律顾问：	北京科宇律师事务所（010）83622312
开　　　本：	710mm×1000mm　1/16
字　　　数：	290 千
印　　　张：	20.5
版次印次：	2021 年 12 月第 1 版　2021 年 12 月第 1 次印刷
书　　　号：	ISBN 978-7-5115-7114-4
定　　　价：	62.00 元

舆论监督该有制度自信

张春林

"太敏感了,太敏感了……"一说到舆论监督,无论是业界还是学界,无论是圈内还是圈外,不少人都会发出这样的感叹。

一方面,舆论监督被纳入党和国家监督体系,中央反复强调"要加强和改进舆论监督";另一方面,许多人又对舆论监督避之不及,特别是一些业界和学界人士。这不就矛盾了吗?问题究竟出在哪里?

从一线新闻采编到学术研究,我在舆论监督这一领域耕耘了20余年。以前,我简单地认为,舆论监督的过敏原,在于作为监督对象的各级党政领导干部,是他们利用手中的公权力,对抗监督公权力的舆论监督,让正常的舆论监督变得不正常,让舆论监督话题变得敏感。

可如今,我觉得,舆论监督的深层过敏原,恰恰在于部分舆论监督编辑记者及研究者,是他们缺乏最基本的制度自信,让舆论监督变成敏感话题。

"加强和改进舆论监督,着眼解决问题、推动工作,激浊扬清、针砭时弊,发表批评性报道要事实准确、分析客观,坚持科学监督、准确监督、依法监督、建设性监督。"这是《中国新闻工作者职业道德准则》对舆论监督工作者的基本要求。

可是,一些舆论监督编辑记者,动不动就想搞个什么大新闻,把拉下马官员的数量和级别,作为职业成就感的重要考量。一遇到不顺,就抱怨这抱怨那,对西方"新闻自由""无冕之王""第四权力"等观念推崇备至,而全然忘记自己是党的一名新闻工作者,不仅不检视自身不足,反而怀疑党的宣传纪律。

而一些舆论监督研究者,一说到中国舆论监督存在的问题,就喜欢拿西方"三权分立""多党制""司法独立""独立媒体"来说事,似乎唯有外国的药方才能治好中国的病,动不动就把一些现象问题上升到制度高度。虽不能简单地说类似论者是在有意无意攻击中国制度,但至少说明其对中国制度缺乏自信。

诚然,中国制度具有开放包容的品格,从不自我封闭,人类文明一切优秀成果都可以学习借鉴,但是这种借鉴是充分尊重中国制度、充分观照中国国情的合理性借鉴。习近平总书记在接受中外媒体采访时指出:"我们愿意借鉴人类一切文明成果,但不会照抄照搬任何国家的发展模式。"

对新闻媒体而言,坚持中国共产党领导,坚持中国特色社会主义制度,是其存在和发展的基本前提。无论是舆论监督实践,还是舆论监督研究,都不能违背这个基本前提。不仅如此,我们还应该充分利用舆论监督的制度优势,搞好舆论监督实践及研究。具体而言,中国特色舆论监督的制度优势主要体现在以下几个方面。

首先,重视舆论监督是中国共产党的优良作风和优良传统。理论联系实际,密切联系群众,批评与自我批评,是中国共产党的三大优良作风,也是中国共产党区别于其他任何政党的显著标志。特别是"批评与自我批评",中国共产党不仅自创立以来就非常重视来自党内外的批评与自我批评,而且主张利用新闻媒体来开展批评与自我批评,这就是舆论监督。

早在1927年8月1日,中共中央就专门发出《中共中央通告第四号——关于宣传鼓动工作》的通告,要求主编对党内的刊物、对党的错误进行批评。为确保舆论监督效果,党非常重视党纪政纪的运用。1942年9月9日,中共中央西北局在《关于〈解放日报〉工作问题的决定》中明确,拒不配合舆论监督的组织和个人"将要受到党纪的制裁"。1949年6月8

日,中共中央山东分局宣传部及山东总分社在《关于加强新闻报道中批评与自我批评的决定》中明确,监督对象配合舆论监督"是党的纪律"。1950年4月19日,中共中央《关于在报纸刊物上展开批评和自我批评的决定》明确:"如被批评者拒绝表示态度,或对批评者加以打击,即应由党的纪律检查委员会予以处理。上述情事触犯行政纪律的法律的部分,应由国家监察机关司法机关予以处理。"1954年7月17日,中共中央《关于改进报纸工作的决议》明确:"各级党委的纪律检查委员会和各级政府的人民监察机关,在党委的统一领导下,应协助报纸开展批评和自我批评,并保证它的实际效果。"时至今日,各级纪委和监察委都是舆论监督的有力保障,不仅许多办案线索来自舆论监督,而且还直接对舆论监督披露问题进行查办,对相关人员进行问责。

从毛泽东、邓小平、江泽民、胡锦涛到习近平,党的历届领导人都非常重视舆论监督。"坚持正面宣传为主,加强和改进舆论监督",已经成为中国共产党新闻宣传的一项基本政策。习近平总书记"舆论监督和正面宣传是统一的"这一新主张,给新时代舆论监督指明了方向,也赋予了重任。

其次,舆论监督是党和国家监督体系的重要组成部分。中国共产党重视舆论监督,既体现在党的重要文件中,也体现在领导人的重要讲话中,而且还不断推进制度建设,为舆论监督提供制度保障。2003年12月印发的《中国共产党党内监督条例(试行)》,把"舆论监督"作为党的十大监督制度之一。2010年12月29日,国务院新闻办公室发布《中国的反腐败和廉政建设》白皮书,官方首次正式宣布中国特色监督体系建成,舆论监督是这一监督体系的重要组成部分。2017年10月,党的十九大报告提出"构建党统一指挥、全面覆盖、权威高效的监督体系",要求把党内监督与舆论监督"贯通起来,增强监督合力",对舆论监督提出了新要求。

最后,党的建设及国家治理离不开舆论监督。统一战线、武装斗争、党的建设,是中国共产党在中国革命中战胜敌人的三大法宝。特别是党的建设,离不开舆论监督。革命战争年代,党的报刊在开展对敌舆论斗争的同时，也通过舆论监督来指出工作中的错误和不足。1929年，《党的生活》就把"尽量发表对党内问题的意见"作为刊物的任务。1931年12月11日，《红色中华》报发刊词把"引导工农群众对自己的政权，尽了批评、监督、拥护的责任""纠正各级苏维埃在工作中的缺点与错误"作为一项重要任务。社会主义革命和建设时期，中国共产党更是把舆论监督作为制约和监督权力、惩治和预防腐败的重要手段，特别是2012年党的十八大以来，舆论监督在落实中央"八项规定"等政策上发挥了积极作用。2019年11月，党的十九届四中全会通过的《中共中央关于坚持和完善中国特色社会主义制度　推进国家治理体系和治理能力现代化若干重大问题的决定》，把包括舆论监督在内的党和国家监督制度纳入国家治理体系，要求"改进和创新正面宣传，完善舆论监督制度，健全重大舆情和突发事件舆论引导机制"。从党的建设到国家治理，舆论监督可谓责任重大。

既然舆论监督有这些制度优势，那么，新闻媒体就应该充分利用并挖掘这些优势，切实搞好舆论监督。作用力有多大，反作用力就有多大，物理学的这一力学原理，在舆论监督中同样适用。办法总比问题多，舆论监督存在的各种问题都是可以解决的。公开采访可能受阻，新闻媒体可以隐蔽拍摄和暗访，也可以体验式采访。选题可能遭遇宣传部门"控负"影响，那就主动契合党委政府中心工作，与正面宣传相统一，形成舆论引导合力。重大题材舆论监督公开发稿可能困难，那就走内参渠道，省级党报内参可以直接送到省级党委决策层，《人民日报》内参和新华社内参可以直接送达中央决策层，毕竟解决问题才是舆论监督的第一要务。

在党的新闻宣传政策中，舆论监督从来就不是搞不搞的问题，而是如何搞、怎么搞得更好的问题。只要在遵守宣传纪律、尊重新闻规律的前提下，舆论监督有很多事情要做，哪里还有时间抱怨呢？

再说舆论监督研究，道理也是一样的。在坚持中国共产党领导、坚持中国特色社会主义制度的前提下，舆论监督研究也同样大有可为。舆论监督现实难题如何破解，舆论监督制度建设如何推进，舆论监督如何与党内监督等权力监督有效贯通，舆论监督如何与正面宣传更好统一，等等，值得研究的命题太多太多。

若真拿舆论监督的中国制度与西方相比，还有哪个政党能像中国共产党这样重视舆论监督？还有哪个政党能像中国共产党这样动用党纪政纪手段确保舆论监督效果？还有哪个国家能像中国这样把舆论监督纳入强有力的制度设计？还有哪个国家媒体能像中国媒体这样可以内参直达决策层？……这些已经足够我们自信了。

自信从来都不是他人给予的，而是自己创造的。只有自信的人才有创造力。但愿舆论监督从业者和研究者，都能够充分认识中国特色舆论监督的制度自信，在自信中创造成绩，在实践中增进自信。

2021 年 1 月 6 日

于重庆歌乐山

目 录

舆论监督该有制度自信（自序）   001

绪 论   001

  进路：舆论监督能否助力制度反腐   001
    舆论监督究竟有多难   001
    舆论监督病根为何难以祛除   003
    舆论监督如何跳出固有圈子   004

  出路：制度反腐能否倚重舆论监督   005
    反腐制度怎么拥抱舆论监督   005
    舆论监督制度该如何跟进   007

  空白点：学术史的梳理   008
    舆论监督研究怎么谈腐败治理   008
    腐败治理研究怎么谈舆论监督   011
    国外相关研究状况如何   015

上编　问题思辨

第一章　作为问题：舆论监督的方位坐标 ……………………… 021
　　舆论监督方位：中国制度反腐坐标 ……………………………… 021
　　舆论监督方位：西方制度反腐坐标 ……………………………… 024
　　舆论监督方位：中国共产党反腐史坐标 ………………………… 027
　　制度反腐需要舆论监督怎么做 …………………………………… 030
　　　　制度构建：强化力度 ………………………………………… 030
　　　　反腐报道：提升质量 ………………………………………… 031
　　　　惩治腐败：前移端口 ………………………………………… 033
　　　　预防腐败：探索路径 ………………………………………… 033

第二章　转型问题：舆论监督"权利"抑或"权力" …………… 036
　　舆论监督"权力"为何只是象征 ………………………………… 036
　　　　西方"第四权力""第四等级"是怎么回事 ……………… 036
　　　　马克思、恩格斯怎么谈"第三种权力" …………………… 037
　　　　中国舆论监督何以延伸政治权力 …………………………… 038
　　　　中国学界怎么批评"第四权力" …………………………… 040
　　舆论监督如何归位"权利" ……………………………………… 041
　　　　西方怎么给舆论监督确权 …………………………………… 042
　　　　中国怎么给舆论监督确权 …………………………………… 043
　　舆论监督如何"权力化"转型 …………………………………… 044
　　　　必然：舆论监督对接权力监督 ……………………………… 045
　　　　常态：权力监督护航舆论监督 ……………………………… 046
　　　　创新：监督合力构筑合作模式 ……………………………… 049

第三章　独立性问题：舆论监督的"独"与"不独"   051

撕下西方"独立媒体"画皮   051
- 西方独立媒体是怎么来的   051
- 西方媒体都是独立媒体吗   053
- 西方独立媒体的独立性是怎样的   054

中国语境下的媒体独立性   057
- 媒体独立性：新中国媒体发展视域   057
- 媒体独立性：中共新闻思想史视域   060
- 党管媒体与媒体独立性矛盾吗   061

中国该如何构建媒体独立性   062
- 需要哪种媒体独立性   062
- 谁在干扰媒体独立性   064
- 媒体独立性构建之路怎么走   068

第四章　边界问题：舆论监督不能无法无天   078

反腐败没有禁区   079
- 关键词："无禁区""全覆盖""零容忍"   079
- 事实：反腐突破所谓"禁区"   083

权力监督没有特区   084
- 《党章》及党内法规怎么规定   084
- 《宪法》及法律法规怎么规定   086

反腐败舆论监督该有哪些边界   087
- 政治纪律边界怎么划   087
- 法律法规边界怎么划   089
- 宣传纪律边界怎么划   090
- 新闻规律边界怎么划   091

第五章　传播格局问题：舆论监督须顺应新媒体　　096

互联网改变传播格局　　096
  挤压：传统媒体空间　　096
  位移：受众接受习惯　　099

网络舆论监督优势何在　　101
  补短板：体制内监督　　101
  补短板：传统媒体舆论监督　　104
  补短板：官方网络反腐渠道　　106

网络舆论监督问题在哪里　　108
  真实性怎么把握　　108
  偶然性怎么解决　　110
  侵权怎么规避　　112

网络舆论监督制度如何构建　　115
  网民从哪里发力　　115
  网媒从哪里发力　　116
  政府从哪里发力　　119

新型主流媒体怎么主导融合传播格局　　121
  新型主流媒体如何进行目标设定　　121
  构建新型主流媒体如何双向驱动　　125
  媒介融合怎么助推融合传播　　126
  舆论监督融合传播该注意什么　　127

下编　思路创新

第六章　理念创新：清除舆论监督杂念　133
　　领导干部要善"用"舆论监督　133
　　　　官员怎么看待舆论监督　134
　　　　舆论监督为何早比晚好　142
　　　　为何把公共利益考量放首位　144
　　　　怎样才能"反面文章正面做"　147
　　司法部门要善"护"舆论监督　150
　　　　为何不可乱扣"媒介审判"帽子　150
　　　　如何切实推进司法公开　154
　　　　怎样自觉主动接受舆论监督　156
　　　　如何宽容善意的舆论监督　158
　　新闻媒体要善"任"舆论监督　160
　　　　媒体发展舍得了舆论监督吗　160
　　　　媒体责任卸得掉舆论监督吗　162
　　　　制度反腐离得开舆论监督吗　164

第七章　制度创新：舆论监督须依法依规　167
　　中国舆论监督如何制度化　168
　　　　政党制度：从"党内决定"到"党内法规"　168
　　　　法理制度：从"宪法规定"到"法律授权"　169
　　　　制度基点：从"批评错误"到"监督权力"　172
　　中国舆论监督制度缺点儿什么　174
　　　　内容笼统难操作　175

权利义务不对等　　　　　　　　　　　　177
　　　专门法规难出台　　　　　　　　　　　　180
　　　地方经验难推广　　　　　　　　　　　　182
　舆论监督制度该怎么构建　　　　　　　　　　184
　　　互补：文件政策与法律法规　　　　　　　184
　　　统一：党委领导与媒体独立　　　　　　　185
　　　协调：中央推动与地方创新　　　　　　　186
　　　衔接：专门法规与其他法规　　　　　　　188
　　　配套：宏观规范与微观细则　　　　　　　189

第八章　管理创新：舆论监督管理须有序有效　　190
　制度反腐需要舆论监督管理创新　　　　　　　190
　　　构建监督体系有何需要　　　　　　　　　190
　　　形成监督合力有何需要　　　　　　　　　193
　　　党统一指挥反腐败有何需要　　　　　　　194
　舆论监督需要纪委配合　　　　　　　　　　　196
　　　纪委配合舆论监督的合理性　　　　　　　196
　　　纪委配合舆论监督的必要性　　　　　　　199
　　　纪委配合舆论监督的可行性　　　　　　　200
　　　纪委配合舆论监督如何突破　　　　　　　203
　纪委与宣传部如何协同配合舆论监督　　　　　205
　　　联合出台：舆论监督指导文件　　　　　　205
　　　协商纠正：微观宣传规定偏差　　　　　　207
　　　协同处理：舆论监督新闻纠纷　　　　　　208

第九章　协同创新：舆论监督不能孤军奋战　210

信源层面：公开才能有的放矢　210
- 信息公开与舆论监督啥关系　210
- 信息公开有哪些内容重点　213
- 法制建设如何确保信息公开　217
- 权力监督如何推进信息公开　221

实效层面：舆论监督需要权力靠山　224
- 权力监督如何保障舆论监督　225
- 权力监督如何救助舆论监督　228
- 权力监督如何督办舆论监督　231

职能层面：各类监督需要默契配合　235
- 议程设置如何互动　235
- 信息资源如何共享　237
- 角色身份如何交互　239

第十章　策略创新：舆论监督要讲方式方法　241

下沉：切实治理群众身边腐败　241
- 下沉为何是反腐败必然选择　241
- 小官巨贪危害有多大　243
- 为何更需要下沉式舆论监督　244
- 舆论监督怎么下沉　245

借力：巧用"四两"拨"千斤"　248
- 如何巧借公权之力　249
- 如何巧借权威之力　253
- 如何巧借群众之力　255
- 如何巧借时机之力　258

聚合：规模集群方显威力　　　　　　　　　　261
　　媒体层面如何聚合　　　　　　　　　　　262
　　机构层面如何聚合　　　　　　　　　　　265
　　公众层面如何聚合　　　　　　　　　　　270

结　语　　　　　　　　　　　　　　　　　　279
参考文献　　　　　　　　　　　　　　　　　284
附录　《领导干部与新闻舆论监督》调查问卷　305
后　记　　　　　　　　　　　　　　　　　　309

绪 论

进路：舆论监督能否助力制度反腐

舆论监督究竟有多难

舆论监督是我国近年来的学术研究热点，但凡关于舆论监督的研究，很少有不提及"舆论监督难"这个话题的。在百度中输入关键词"舆论监督"进行查询，可以找到2050万个搜索结果；直接输入关键词"舆论监督难"进行查询，可以找到55.1万个搜索结果。在国家图书馆，查询到题名中有关键词"舆论监督"的图书67本。在CNKI数据库中，查询到题名中有关键词"舆论监督"的论文7664篇，题名中有关键词"舆论监督难"的论文36篇。

从CNKI数据库题名中有关键词"舆论监督难"的36篇论文来看，发表时间最早的是1988年发表在《中国记者》杂志上的《"舆论监督"难在哪里？》[①]。该文基于1987年11月党的十三大政治报告和1988年4月第七届全国人民代表大会第一次会议总理做的政府工作报告对舆论监督重视这一背景，从两个典型案例分析入手，指出舆论监督"难在我国历经几千年的封建专制，余毒未得肃清，民主意识稀薄"。与之前的"批评报道"相比，党的十三大政治报告首次明确提出"舆论监督"概念，而"舆论监督难"

---

① 华丁：《"舆论监督"难在哪里？》，载《中国记者》，1988年第5期，第17页。

的相关研究也紧随其后,这说明舆论监督的困难度,与党和政府对舆论监督的重视度和新闻媒体开展舆论监督的力度相关;党和政府越重视舆论监督,新闻媒体舆论监督的力度就越大,监督对象对舆论监督的反弹力度也越大,舆论监督也就越困难。

从36篇"舆论监督难"论文的分布时段来看,1988年1篇,1996年1篇,1998年4篇,1999年2篇,2000年2篇,2001年4篇,2002年1篇,2005年3篇,2006年1篇,2007年1篇,2008年1篇,2009年1篇,2010年8篇,2011年3篇,2012年2篇,2015年1篇。1988年以来这30多年的时间跨度,"舆论监督难"依然是学术研究热点这一事实,也从一个侧面说明舆论监督难的问题长期存在,一直没有得到有效解决。

众多涉及舆论监督难的研究文献,均从不同角度分析了舆论监督难在哪里。代表性研究成果《舆论监督面临的八大难题》列举了舆论监督难八个方面的具体表现:"新闻舆论监督的行政管理壁垒森严,无法冲破地域限制和行政级别限制,舆论监督功能无法纵深发展""新闻舆论监督介入政治经济、文化教育思想道德等相关社会领域的深度还远远不够,对一些重大事件、重大问题还不敢触及和报道,舆论监督缺席逃避现象时有发生""新闻舆论监督受政治气候影响,时起时落""新闻舆论监督的层次低,范围有限""新闻舆论监督没有发挥出媒体的总体优势,节目形态老化,刊播版面和播出时段被逐步边缘化""出现媚官、媚权、媚势、媚钱和滥用权力现象""后备力量不足,记者心态老化""新闻官司凸显新闻舆论监督某些批评方法的不得当"。①

代表性研究成果《关于舆论监督的几点思考》列举了舆论监督的四难:"采访难""取材难""获得有关部门和单位的支持难""解决问题难"。②

代表性研究成果《舆论监督难在何处》列举了舆论监督七个方面的现

---

① 杨德灵,胡黎明:《舆论监督面临的八大难题》,载《现代传播》,2007年第5期,第49—51页。
② 徐光春:《关于舆论监督的几点思考》,载《光明日报》,2000年1月4日,第5版。

实尴尬:"监督普通百姓较易,监督公务员难""监督一般公务员较易,监督有职有权者难""监督低级别官员较易,监督高级别官员难""监督一般问题较易,监督复杂问题难""高级别新闻媒体进行舆论监督较易,低级别新闻媒体进行舆论监督难""监督其他系统的问题较易,监督本系统的问题难""非新闻工作者从事舆论监督工作比新闻工作者更难"。①

通过对舆论监督难相关研究文献的梳理,我们可以发现,已有研究成果大多局限于新闻传播学科,从新闻业务角度进行思考,缺乏跨学科研究。

舆论监督病根为何难以祛除

大部分研究成果在指出舆论监督难的病根之后,均会给出相应的解决办法。同时以"舆论监督难"和"破解"两个关键词在百度搜索,能找到50万个结果。在CNKI数据库中,在题名关键词中同时输入"舆论监督难"和"破解",也能查询到10篇文献。

代表性的论文有:《市级党报如何破解舆论监督难的问题》②《突破舆论监督难的方法》③《解决县级台舆论监督难的途径》④《新形势下如何破解"舆论监督难"》⑤《地市党报破解舆论监督难的有效途径》⑥《怎样解决新闻舆论监督难的问题》⑦《简析舆论监督难的成因及对策》⑧等。从题目来看,这些论文都是针对性、应用性非常强的,似有药到病除的功效。情况究竟如何,让我们再选其中几篇典型文章仔细瞧瞧。

---

① 凌翔:《舆论监督难在何处》,载《人民检察》,2000年第2期,第57—58页。
② 李延军:《市级党报如何破解舆论监督难的问题》,载《西部广播电视》,2015年第15期,第63—64页。
③ 张宇:《突破舆论监督难的方法》,载《记者摇篮》,2011年第7期,第25—26页。
④ 林国文,李虹:《解决县级台舆论监督难的途径》,载《中国广播电视学刊》,2010年第6期,第88—89页。
⑤ 楚长顺:《新形势下如何破解"舆论监督难"》,载《新闻爱好者》,2010年第23期,第39页。
⑥ 廖农:《地市党报破解舆论监督难的有效途径》,载《新闻知识》,2007年第6期,第36—37页。
⑦ 柳友定:《怎样解决新闻舆论监督难的问题》,载《中华新闻报》,2001年6月4日,第6版。
⑧ 张霁白,张国虎:《简析舆论监督难的成因及对策》,载《新闻爱好者》,1999年第9期,第38页。

《地市党报破解舆论监督难的有效途径》一文认为，要破解舆论监督难，"首先，要为舆论监督营造好的社会环境"；"其次，要实行新闻宣传和经营活动严格分离"；"第三，要着力提高舆论监督的质量和水平"；"第四，要加强自身建设"。对于提高舆论监督的质量和水平这方面，该文也提出了四个方面的要求，即"定位要准确""报道要真实""选题要典型""把握好舆论监督的'度'"。

《突破舆论监督难的方法》一文认为，破解舆论监督难要注意三个方面，即"显性采访优于隐性采访，尽可能采用显性采访；新闻采写的内容要准确、客观、公正"；"记者对违法行为、违法行政进行舆论监督时，要学会运用法律的武器，依法监督，依法保护自己"。

《新形势下如何破解"舆论监督难"》一文提出了四点意见，即"正确认识舆论监督重要性""建立健全舆情信息网络""充分发挥新老媒体舆论监督的合力""加强舆论监督阵地建设"。

通过对既有研究成果的分析，我们发现，破解舆论监督难的所谓方法、路径、对策等，均局限于舆论监督实践的操作层面，对微观层面部分解决舆论监督报道中遇到的具体问题有参考价值，但是缺乏从制度层面对舆论监督难问题进行深入思考。

舆论监督如何跳出固有圈子

舆论监督难有多种表现、多重原因，不过，其根子还在于公权力对舆论监督的干扰。舆论监督本质上是新闻媒体通过新闻报道代表公众自下而上对公权力进行的监督，这势必影响代行公权力的公共部门和公共官员的自身利益。为维护自身利益，公共部门和公共官员滥用公权力对舆论监督进行肆意干扰，便会时有发生。在百度中输入关键词"警察抓记者"搜索，可以得到7.5万个相关结果，辽宁西丰警方进京抓记者、甘肃武威警察抓记者等事件曾引起轩然大波，相关责任人均受到处理。

既有对舆论监督的研究，大多局限于新闻传播学科，局限于舆论监督操作层面,而对有效制约公权力的思考则相对比较欠缺。要搞好舆论监督,仅靠舆论监督媒体和舆论监督工作者的努力是不够的,仅靠舆论监督操作层面的方法创新是不够的,仅靠有关部门的文件推动和相关领导的重视是不够的,还必须从制度上防止公权力对舆论监督的不法干扰。

只有从制度上有效制约公权力对舆论监督的干扰,舆论监督才有出路。这就需要舆论监督研究跳出新闻传播学科圈子,寻求政治学等学科的学理支持;跳出方法层面研究的圈子,在制度建设方面进行有益的探索与思考。

任何权力不受监督和制约必然滋生腐败,这种监督和制约既有来自体制内的,如组织监督、法律监督、行政监督等,又有来自体制外的,如舆论监督、群众监督等。舆论监督作为体制外监督,对监督和制约公权力、惩治和预防腐败有积极作用。而公权力对舆论监督的干扰,本质上是局部利益与全局利益的冲突、个人利益与公共利益的冲突,失效的舆论监督势必给予贪污腐败更多的生存空间。因此,舆论监督应该从媒体自身发展的角度上升到腐败治理的高度,与体制内监督形成监督合力,这是舆论监督要解决的问题,也是舆论监督研究要解决的问题。

出路:制度反腐能否倚重舆论监督

反腐制度怎么拥抱舆论监督

我国近年来的反腐制度建设,是以惩治和预防腐败体系构建为表征的。2008年6月,中央印发《建立健全惩治和预防腐败体系2008—2012年工作规划》,[①] 这是我国惩治和预防腐败体系建设的第一个五年规划,规划要求"认真贯彻落实《关于进一步加强和改进舆论监督工作的意见》(以下简称

---

① 《建立健全惩治和预防腐败体系2008—2012年工作规划》,中国方正出版社,2008年。

'《意见》')"①，这个《意见》是中共中央办公厅2005年下发的指导舆论监督的纲领性文件，强调监督对象接受监督的自觉性，要求"各级领导干部要正确对待舆论监督，增强接受舆论监督的自觉性，听取人民群众的意见和呼声，推动和改进工作"；用科学、依法、建设性三条标准来规范舆论监督，"新闻媒体要坚持科学监督、依法监督和建设性监督，遵守职业道德，把握正确导向，注重社会效果"。

2010年10月国务院新闻办发布的《中国的反腐败和廉政建设》白皮书，宣布我国权力制约和监督体系已经形成，舆论监督成为这一体系的重要组成部分。白皮书指出："目前，已形成了由中国共产党党内监督、人大监督、政府内部监督、政协民主监督、司法监督、公民监督和舆论监督组成的具有中国特色的监督体系。"②

自惩治和预防腐败体系建设第一个五年规划2008年发布以来，经过5年的发展，到2012年11月，《中共中央纪律检查委员会向党的第十八次全国代表大会的工作报告》（以下简称"《报告》"）③明确指出，"惩治和预防腐败体系基本框架初步形成"。《报告》肯定了舆论监督在完善权力制约监督机制、增强监督合力方面积极作用的同时，也注意到网络舆论监督在反腐败中的作用，要求"及时处理和回应新闻媒体及网络舆情反映的问题"。

中共中央2013年12月印发的《建立健全惩治和预防腐败体系2013—2017年工作规划》（以下简称"《规划》"）④，明确把网络舆论监督纳入惩治和预防腐败体系建设。《规划》要求"重视和加强舆论监督，运用和规范互联网监督"，从"运用"和"规范"两个关键词，可以看出中央对网络舆论

---

① 《关于进一步加强和改进舆论监督工作的意见》，载《中国共产党党内法规选编（2001—2007）》，法律出版社，2009年。
② 中华人民共和国国务院新闻办公室：《中国的反腐败和廉政建设》（2010年12月），中国方正出版社，2010年。
③ 《中共中央纪律检查委员会向党的第十八次全国代表大会的工作报告》（2012年11月14日），载《十八大以来重要文献选编》（上），中央文献出版社，2014年，第49—68页。
④ 《建立健全惩治和预防腐败体系2013—2017年工作规划》，中国方正出版社，2013年。

监督的重视。

从以上文献梳理我们可以看出，舆论监督已经成为我国惩治和预防腐败体系的重要组成部分，并在其中发挥积极作用。

舆论监督制度该如何跟进

腐败是由人性中的贪婪引起的，它具有经常性反复出现以及传染性的特点，因此，"抑制腐败是一项长期策略，它既要改变人们的态度和行为，也要改变社会的机构制度"[1]。鉴于反腐败的长期性，惩治和预防腐败体系中舆论监督要胜任其职责，就必须有相应的制度保障。

就惩治和预防腐败体系建设而言，舆论监督制度的跟进既有必要性，又有紧迫性。从必要性角度来看，舆论监督具备其他形式监督无法企及的优势。"在我国，对政府及其部门的监督主要有党内监督、人大监督、行政监督、法律监督、民主监督和舆论监督六种方式。前五种监督的监督主体虽然在制度上与被监督对象泾渭分明，都是独立行使监督权，但在公众看来却并不十分透明，而且事实上有时在权衡利弊之下，这些监督可能会打折扣。只有舆论监督才是公众所能拥有和实现的一种有效监督方式。"[2]而且，就整个权力制约和监督系统来说，"仅有权力系统内部监督是不够的，必须加强外部监督。外部监督必须有足以制服监督对象的监督力量和机制"[3]。舆论监督作为一种外部监督，其制度建设是监督力量的有力保障。

在透明国际构建的国家廉政体系中，承载舆论监督职能的新闻媒体也作为其中的重要支柱之一。根据透明国际的观点，一旦国家廉政体系中某一支柱的力量弱了，就会相应增加其他支柱的负荷，甚至影响整座廉政大

---

[1] [加]里克·斯塔彭赫斯特，[美]萨尔·J.庞德:《反腐败——国家廉政建设的模式》，杨之刚译，经济科学出版社，2000年，第8页。

[2] 叶战备，金太军:《论完善对行政权的舆论监督》，载《中国行政管理》，2006年第1期，第25—28页。

[3] 吴丕，袁刚，孙广厦:《政治监督学》，北京大学出版社，2007年，第44页。

厦的平衡和稳定。同样,在惩治和预防腐败体系中,舆论监督如果不能承担相应职能,也会加重其他监督制度的负担,甚至影响整个惩治和预防腐败体系建设。英国著名哲学家罗素曾说,法律如果没有舆论的支持几乎毫无力量。作为有效力量的法律,它依赖舆论甚至要比依赖警察的权力为多。因此,作为"现代法治国家不可忽视的代表公众利益的监督力量"①,舆论监督不仅不能弱化,反而应该加强。

从紧迫性角度来看,舆论监督制度化建设还相对比较薄弱,在惩治和预防腐败体系建设中的作用还体现得很不充分。无论是2010年《中国的反腐败和廉政建设》白皮书,还是《建立健全惩治和预防腐败体系2008—2012年工作规划》和《建立健全惩治和预防腐败体系2013—2017年工作规划》,其中关于舆论监督的表述都显得十分简单,其他文献也未有舆论监督制度化的系统论述。2003年《中国共产党党内监督条例》②把"舆论监督"跟"集体领导和分工负责""重要情况通报和报告""述职述廉""民主生活会""信访处理""巡视""谈话和诫勉""询问和质询""罢免或撤换要求及处理"等一并作为十大党内监督制度,与其他九大制度相比,舆论监督还显得比较薄弱。在中国特色监督体系构架中,与中国共产党党内监督、人大监督、政府内部监督、政协民主监督、司法监督等监督形式相比,舆论监督的制度建设也显得比较滞后。因此,舆论监督制度的跟进也是制度反腐的需要。

空白点:学术史的梳理

舆论监督研究怎么谈腐败治理

截至2017年6月30日,在CNKI数据库中,以题名关键词"舆论监

---

① 袁峰:《网络反腐的政治学:模式与应用》,中央编译出版社,2012年,第9页。
② 《中国共产党党内监督条例(试行)》,载《十六大以来重要文献选编》(上),中央文献出版社,2005年。

督"进行搜索,可以查询到 7708 个结果。而同时用"舆论监督"和"腐败"两个题名关键词进行搜索,只能查询到 59 个结果;同时用"舆论监督"和"廉政"两个题名关键词进行搜索,只能查询到 39 个结果,两者分别占舆论监督相关研究成果的 0.77% 和 0.51%。这些研究成果中,涉及惩治和预防腐败体系的有 2 篇,其中一篇是本课题阶段性成果《论惩治和预防腐败体系中舆论监督的作为》[①],另一篇为《积极探索实行舆论监督的途径——学习〈建立健全教育、制度、监督并重的惩治和预防腐败体系实施纲要〉》[②];该数据库中没有查询到涉及廉政体系相关研究成果。

同期在国家图书馆查询,题名中包含关键词"舆论监督"的图书有 46 本,没有专门直接论及舆论监督与腐败治理、舆论监督与廉政建设的图书。代表性成果《新闻舆论监督与公共权力运行》[③]与本课题比较接近。

以上数据说明,关于舆论监督研究的成果总量较多,而关于舆论监督与腐败治理和舆论监督与廉政建设的成果则比较少,关于舆论监督与惩治和预防腐败体系建设、舆论监督与国家廉政体系建设的成果就更少。

除本课题阶段性成果外,与本课题最直接相关的《积极探索实行舆论监督的途径——学习〈建立健全教育、制度、监督并重的惩治和预防腐败体系实施纲要〉》一文,只是一篇学习文件的心得,该文简要提出了加强和改进舆论监督的建议,其落脚点依然是舆论监督,而非惩治和预防腐败体系建设。

与本课题非直接相关的谈及"腐败"和"廉政"的舆论监督论文,集中表现在三个方面:一是谈舆论监督在腐败治理和廉政建设中的功用,代表性成果有《舆论监督的反腐败功能》(展江,2007)、《论舆论监督在控制

---

① 张春林、屈佳菲:《论惩治和预防腐败体系中舆论监督的作为》,载《中国井冈山干部学院学报》,2014 年第 3 期,第 69—76 页。
② 吴敏朝:《积极探索实行舆论监督的途径——学习〈建立健全教育、制度、监督并重的惩治和预防腐败体系实施纲要〉》,载《当代广西》,2006 年第 5 期,第 45 页。
③ 朱颖:《新闻舆论监督与公共权力运行》,复旦大学出版社,2011 年。

腐败机制中的价值与功用》(李晓明、徐国聪，2009)、《舆论监督在反腐败中的作用》(覃理爱、苏鹏程，2005)、《舆论监督在反腐败斗争中的作用》(汪衡，2016)、《浅谈舆论监督在反腐败斗争中的作用》(刘秀玲，2010)、《正确发挥新闻舆论监督在反腐败斗争中的作用》(李建中，2001)、《论新闻舆论监督在廉政文化建设中的作用》(刘德萍，2009)、《新闻舆论监督在廉政文化建设中的作用初探》(杨作民、肖剑忠，2006)、《浅析新闻舆论监督在党风廉政建设中的作用》(牛永航，2003)、《论新闻舆论监督在党风廉政建设中的作用》(郭忠银，2002)等。二是把腐败治理和廉政建设当成舆论监督研究的背景来论述，以及把舆论监督当成腐败治理和廉政建设的背景来论述，代表性成果有《反腐败中新闻舆论监督的困境和出路》(张桥，2015)、《论反腐败工作中的网络舆论监督》(李翔，2015)、《在反腐败中加强舆论监督》(孙忠良，2008)、《从反腐败看新闻舆论监督的现状》(熊沨，2004)、《浅谈当前反腐败形势下的新闻舆论监督》(池秀梅，2003)、《反腐败视角下的网络舆论监督引导机制》(田芸，2016)、《网络舆论监督视阈下的廉政建设研究》(张扬，2012)、《网络舆论监督视野下的廉政建设研究》(王德恒，2010)等。三是舆论监督与腐败治理或廉政建设之关系论述，代表性成果有《网络舆论监督与反腐败》(张亚锋，2012)、《网络舆论监督与中国行政腐败的预防治理》(张军，2010)、《网络舆论监督与政府公职人员腐败的预防治理》(凌晨，2013)、《论新闻舆论监督与反腐败斗争》(李建中，2001)、《浅谈舆论监督与遏制腐败》(何新文，2000)、《舆论监督与反腐败斗争》(党文诚，1999)、《舆论监督与廉政建设》(朱昌平，1991)、《舆论监督与加强党风廉政建设浅议》(刘慧君、张春玲，2006)等。通过对这三个方面研究成果的分析，可见其均未涉及舆论监督与惩治和预防腐败体系建设、舆论监督与国家廉政体系建设、舆论监督与党和国家监督体系建设。

在关于舆论监督的学术专著中，从题目来看，与本课题关联度最近的

《新闻舆论监督与公共权力运行》①，该书主体内容包括七章，分别是"公共权力概述""新闻传媒对公共权力监督的基础分析""新闻传媒对公共权力监督的法理探讨""新闻舆论监督与立法权力运行""新闻舆论监督与行政权力运行""新闻舆论监督与司法权力运行""新闻舆论监督与执政党公共权力运行"。通过内容分析，该书从确保公权力健康运行的角度来对舆论监督进行研究，虽然涉及立法权力、行政权力、司法权力、执政党权力等公权力，但仍没有延伸到惩治和预防腐败体系建设、国家廉政体系建设、党和国家监督体系建设层面。

另外有两本代表性著作，也跟本课题研究有一定关系。一本是《传媒反腐》，该书从典型案例入手，分"共和国领导人的思路""倡廉报道""惩腐报道""揭腐报道""网络反腐""初立与突破""调整与妥协""总结与展望"八个方面，对我国传媒反腐的理论与实践进行了梳理。② 另一本是《居间政治：中国媒体反腐的社会学考察》，该书从"媒体反腐败研究综述及其借鉴意义""我国贪腐新闻报道的整体样态及选择标准""我国贪腐新闻报道的消息来源与发生机制""我国贪腐新闻报道的媒介框架""我国贪腐新闻的社会生产""网络时代我国贪腐新闻生产的变革"等方面，对我国媒体反腐报道情况进行了梳理。③ 这两本书虽然都把传媒的舆论监督功能指向了反腐，但是主体内容依然是基于新闻业务层面对反腐报道（舆论监督报道）的观照，均没有延伸到惩治和预防腐败体系建设、国家廉政体系建设、党和国家监督体系建设层面。

腐败治理研究怎么谈舆论监督

截至 2017 年 6 月 30 日，在 CNKI 数据库中，能搜到题名中包含关键词"惩治和预防腐败体系"的文献 1913 篇，题名中同时包含关键词"舆论

---

① 朱颖：《新闻舆论监督与公共权力运行》，复旦大学出版社，2011 年。
② 程金福：《传媒反腐》，上海人民出版社，2012 年。
③ 李东晓：《居间政治：中国媒体反腐的社会学考察》，中国传媒大学出版社，2012 年。

监督"的文献只有 2 篇，即前文提及的那 2 篇。能搜到题名中包含关键词"国家廉政体系"的文献 33 篇，题名中同时包含关键词"舆论监督"的文献 0 篇。

坚持教育、制度、监督并重，是惩治与预防腐败体系建设的一个重要原则，其中监督方面包括新闻舆论监督。因此，部分研究惩治和预防腐败体系建设的文章谈到了舆论监督，不过，值得注意的是，这些文章对舆论监督只是简略带过，缺乏深入研究。代表性成果如《中国特色惩治和预防腐败体系建设：目标、路径与评价》[①]一文，只是在"惩防体系建设的路径"部分"健全公共权力运行监督制度"一段中提到舆论监督，而且还不是专门论及舆论监督，只是把舆论监督作为"加强社会监督"的一种手段一笔带过。又如，《惩治和预防腐败体系建设及其评价问题的理论思考》[②]一文，也只是在"惩治和预防腐败体系的基本框架和主要内容"部分"监督制约体系"一段中对舆论监督一笔带过，同样缺乏深入分析。

国家廉政体系理论已经把新闻媒体作为构建国家廉政体系的重要支柱之一，因此，国家廉政体系研究的部分文章也对新闻媒体有所提及。不过，值得注意的是，舆论监督只是新闻媒体在国家廉政体系建设中监督职能方面的体现，还有预防职能等，这些文章缺乏对舆论监督进行深入研究。代表性成果如《治理腐败与中国国家廉政体系的建构》[③]一文，在"监督社会化：治理腐败的保障"部分提到了报纸、杂志、论坛社区、网络新闻、官方网站、微博、微信等在腐败曝光中的作用，也只是把媒体作为社会监督的一种力量简略带过。

---

① 刘素梅：《中国特色惩治和预防腐败体系建设：目标、路径与评价》，载《学术论坛》，2014 年第 12 期，第 25—29 页。
② 郭学德：《惩治和预防腐败体系建设及其评价问题的理论思考》，载《中州学刊》，2010 年第 6 期，第 5—9 页。
③ 董娟：《治理腐败与中国国家廉政体系的建构》，载《理论与现代化》，2014 年第 6 期，第 29—35 页。

截至 2017 年 6 月 30 日，在国家图书馆网站，输入题名关键词"惩治和预防腐败体系"，能查到图书 56 本。代表性著作有《完善惩治和预防腐败体系研究》（郭兴全等，2012）、《推进惩治和预防腐败体系机制建设》（杨天欣，2010）、《建立健全教育、制度、监督并重的惩治和预防腐败体系十讲》（倪寿明等，2005）、《建立健全惩治和预防腐败体系研究》（张希贤，2005）、《坚持和发展党的反腐倡廉理论构建惩治和预防腐败的科学体系》（衣芳，2006）等。这些著作在谈到权力监督制约时提到了舆论监督，但缺乏深入研究，如《完善惩治和预防腐败体系研究》[①]一书，在第四章"惩治和预防腐败体系的关键：权力监督制约"第四节"完善惩治和预防腐败体系，健全权力监督制约机制"第六小节"充分发挥媒体监督作用"，只用 200 余字进行了简要表述。权力监督体系是惩治和预防腐败体系中的一个部分，在国家图书馆网站，输入题名关键词"权力监督体系"，只能查到《中国特色社会主义权力监督体系研究》一本书。该书从"完善和加强党内监督研究""完善和加强人大监督研究""完善和加强行政机关内部监督研究""完善和加强司法监督研究""完善和加强司法机关内部监督研究""完善和加强民主党派监督问题研究""完善和加强群众监督研究""完善和加强新闻媒体舆论监督研究"八个方面进行了论述，虽然舆论监督作为权力监督体系的一个部分被专章论述，在分析新闻媒体舆论监督的成就与问题的基础上，也对完善和加强新闻媒体监督进行了一些思考，但是其系统性和深入性还显得很不够。[②]另一本涉及权力监督的代表性著作《权力制约监督论》，除导论外，该书从"权力制约监督的基本原理""权力制约监督的思想溯源""权力制约监督与法治民主""权力制约监督与道德规范""党政问责制的困境与路径""纵向府际权力的制约与协调""人大监督权的制度演进与优化""信息技术应用与网络传媒监督""决策腐败与决策权的制约

---

① 郭兴全等：《完善惩治和预防腐败体系研究》，陕西人民出版社，2012 年。
② 邓频声等：《中国特色社会主义权力监督体系研究》，时事出版社，2011 年。

监督""腐败裂变式扩散及其控制""权力结构转型与实践战略"十一个部分进行了论述,只在其中一个部分谈到了网络传媒监督,而网络传媒监督也只是舆论监督的一个方面。① 在国家图书馆网站,输入题名关键词"国家廉政体系",能查到5个选项,不过,符合要求的只有2个选项,且为同一著作《中国国家廉政体系研究》(过勇,2007)的电子图书和纸质图书。该书也只是在第五章"国家廉政体系分部门评估"第九节"媒体"中进行了简要的论述。② 这些情况说明,无论是"惩治和预防腐败体系"框架下,还是"国家廉政体系"框架下,相关著作对舆论监督的研究都还很不充分。

其他涉及腐败治理相关著作类研究成果,主要有三个方面:一是对我国腐败治理情况进行研究的,代表性成果有《廉政制度创新的中国经验》(倪星、李泉,2013)、《科学治理腐败论》(张杰,2012)等。这类成果不同程度涉及了舆论监督,但是论述得也不充分,如《科学治理腐败论》一书,全书一共六章,只在第二章"社会管理创新与腐败科学治理"五节中的一节里谈到"积极发挥舆论监督功能"。③ 二是对网络监督和反腐败进行研究的,代表性成果有《中国网络监督与政府治理创新(1994—2012)》(汪波,2013)、《网络反腐的政治学:模式与应用》(袁峰,2012)、《网络:一种新的反腐利器——网络反腐的制度规范与机制创新研究》(杨金卫,2012)等。网络舆论监督只是舆论监督的一个方面,而且这类成果通常对网络监督和网络舆论监督两个概念不做区分,把两者混用。三是介绍国外腐败治理经验及对中外腐败治理进行比较研究的,代表性成果有《世界主要国家和地区反腐败体制机制研究》(李秋芳、张宇燕,2007)、《廉政体系的国际比较》(李秀峰,2007)、《国外廉政建设制度与操作》(倪邦文、石国亮、刘晶,2013)、《中外监督制度比较》(尤光付,2013)、《美国的政治腐败与反

---

① 陈国权等:《权力制约监督论》,浙江大学出版社,2013年。
② 过勇:《中国国家廉政体系研究》,中国方正出版社,2007年。
③ 张杰:《科学治理腐败论》,中国检察出版社,2012年。

腐败——对美国反腐败机制的研究》(周琪、袁征，2009)、《腐败与制度之"笼"——国外反腐经验与启示》(杨绪盟、黄宝荣，2014)等。由于这类成果涉及面宽，对舆论监督往往是简要提及，无法深入研究。如专门对监督制度进行研究的《中外监督制度比较》一书，虽然其中一章专门论述舆论监督，但是也只是从"舆论监督的相关理论""资本主义国家的舆论监督""中国的舆论监督"等方面进行简要论述。[1]

国外相关研究状况如何

"惩治和预防腐败体系"这一话语具有典型的中国特色，而国外一般称为"国家廉政体系"，虽然两者在组织构架方面有一些区别，但是很多时候人们都忽略了这种区别。国外关于国家廉政体系研究的代表性成果有《反腐败——国家廉政建设的模式》(里克·斯塔彭赫斯特、萨尔·J.庞德，2000)、《反腐策略——来自透明国际的报告》(杰瑞米·波普，2000)、《制约腐败——建构国家廉政体系》(杰瑞米·波普，2003)等。由于新闻媒体是构建国家廉政体系的支柱之一，因此，这类研究成果通常把新闻媒体作为一个整体来论述，而不是专门谈舆论监督。如《制约腐败——建构国家廉政体系》一书的第十四章"独立和自由的新闻媒体"，从"新闻媒体的自由""新闻媒体的独立性""谁应当是自由新闻媒体的保证人""自我审查""新闻自由的原则""对媒体的恐吓""寻求最佳实践""作为廉政支柱之一的媒体的有效性评估指标"等方面进行了论述。[2]应该说，这些内容均涉及舆论监督，也论述得比较深入，但是与专门性研究相比，其系统性和深入性仍显不够。

另外，涉及传媒与反腐败的英文论文也不是很多，主要有三个方面：一是对传媒的反腐败功用进行研究的，代表性成果有《反腐败媒体报道与

---

[1] 尤光付：《中外监督制度比较》，商务印书馆，2013年。
[2] ［新西兰］杰瑞米·波普：《制约腐败——建构国家廉政体系》，清华大学公共管理学院廉政研究室译，中国方正出版社，2003年，第172—185页。

腐败意识》(Thuy Nguyen, 2017)、[1]《媒介作为反腐败运动的催化剂》(Barua、Ramakant, 2014)[2]等。二是对社会化媒体等新媒体的反腐败策略进行研究的,代表性成果有《电子政务与社会媒体的开放与反腐败战略》(Bansal Arpit, 2012)、[3]《利用信息通信技术创造透明文化:电子政务和社会媒体作为社会的公开和反腐败工具》(John C.Bertot、Paul T.Jaeger、Justin M.Grimes, 2010)、[4]《新千年的另类媒体——"社交网站用于社交活动:反腐败运动"(Jan Lokpal Bill)》(Mukta Martolia, 2012)[5]等。三是对传媒反腐败案例进行研究的,代表性成果有《媒体效应的力量:以建设电视为媒介的印度尼西亚反腐倡廉教育》(Dhinar Aji Pratomo、Rachmat Kriyantono)、[6]《社会媒体对新闻业的影响:媒体对印度反腐败抗议活动的报道》(Usha M. Rodrigues, 2014)、[7]《美国新闻业的共同监管与反腐败》(Aaron Quinn, 2016)[8]等。不过,这些成果大多局限于"传媒"与"反腐败"关系层面的探讨,缺乏把传媒(含舆论监督)纳入制度反腐进行深入研究。

---

[1] Thuy Nguyen. *Anti-Corruption Media Coverage and Corruption Perception*. https://editorialexpress.com/cgi-bin/conference/download.cgi?db_name=SEM2017&paper_id=137.

[2] Barua, Ramakant. *Media as a Catalyst in the Anti-Corruption Movement through the Lokpal Bill*. Madhya Pradesh Journal of Social Sciences, 2014, 19.

[3] Bansal Arpit. *E-Government and Social Media as Openness and Anti-Corruption Strategy*. Research Journal of Management Sciencesm, Vol. 1(1), August (2012): 48-52.

[4] John C.Bertot, Paul T.Jaeger, Justin M.Grimes. *Using ICTs to create a culture of transparency: E-government and social media as openness and anti-corruption tools for societies*. Government Information Quarterly, 2010, 27(3): 264-271.

[5] Mukta Martolia. *Alternative Media in New Millennium - "Use of the Social Networking Sites for Social Campaigning: The Anti-corruption Campaign (Jan Lokpal Bill)"*. IMS Manthan (The Journal of Mgt., Comp. Science & Journalism), Vol. 7, No. 2(2012): 164-167.

[6] Dhinar Aji Pratomo, Rachmat Kriyantono. *The Power of Media Effect: Construction Television as Media for Anti-Corruption Education in Indonesia*. http://www.resjournal.kku.ac.th/social/PDF/6_1_1.pdf.

[7] Usha M. Rodrigues. *Social media's impact on journalism: A study of media's coverage of anti-corruption protests in India*. Global Media Journal Australian Edition, 2014, 8(1): 1-10.

[8] Aaron Quinn. *Co-Regulation and Anti-Corruption in U.S. Journalism*. Journal of Mass Media Ethics, 2016, 31(2): 116-129.

通过以上文献分析我们可以看出，腐败治理研究与新闻舆论监督研究在很大程度上还存在着隔离：虽然相当一部分舆论监督研究涉及腐败治理，但是大多停留在彰显舆论监督反腐败功能层面，很少有延展到惩治和预防腐败体系建设层面以及国家廉政体系建设层面的；在腐败治理的研究成果中，特别是在惩治和预防腐败体系建设及国家廉政体系建设的研究中，纵然有涉及舆论监督研究的，也大多比较简单，在系统性、深入性方面显得还很不够。本课题对制度反腐中新闻舆论监督的路径创新进行研究，就是要弥补既有研究的不足。

上编

问题思辨

第一章

作为问题：舆论监督的方位坐标

加强和改进舆论监督不只是新闻媒体自身发展的需要，更是制度反腐的需要。一方面，舆论监督是新闻媒体代表公众自下而上对公权力的监督，通过强化对公权力的制约和监督来参与国家的腐败治理；另一方面，新闻媒体又往往遭到来自政府官员这一公权力执行者自上而下的行政压力，致使舆论监督难以正常开展。在这两方面的对立中，舆论监督与腐败治理之间的关系日渐疏远。无论是西方国家新闻媒体被喻为"第四权力"，以及透明国际把新闻媒体当成国家廉政体系的重要支柱，还是我国把舆论监督纳入惩治和预防腐败体系建设的重要内容，都说明新闻媒体通过舆论监督参与腐败治理是必然的。因此，探讨惩治和预防腐败体系中舆论监督的作为，既有利于腐败治理，又有助于舆论监督。

舆论监督方位：中国制度反腐坐标

虽然党和政府一直非常重视反腐败工作，但是从制度层面明确提出惩治和预防腐败体系建设则是在党的十六大之后。2003年10月，中共十六届三中全会做出了《中共中央关于完善社会主义市场经济体制若干问题的决定》(以下简称"中央2003《决定》"),①《决定》指出:"要坚持标本兼治、综合治理,注重思想道德教育,加强廉政法制建设,完善监督制约机制,建立健全与社会主义市场经济体制相适应的教育、制度、监督并重的惩治和预防腐败体系。"这是中央文件最早提出"惩治和预防腐败体系",尽管这里没有明确提舆论监督,但是结合之前党的十六大报告,这里的"教育、制度、监督并重"中的"监督"实际上包括了舆论监督。2002年11月党的十六大报告关于舆论监督的表述是在"加强对权力的制约和监督"里面提出来的,报告指出:"加强组织监督和民主监督,发挥舆论监督的作用。"②这里已经把舆论监督作为加强权力制约和监督的重要手段,因此,我们说,中央一开始就把舆论监督纳入惩治和预防腐败体系这一制度设计。

2004年9月,中共十六届四中全会通过了《中共中央关于加强党的执政能力建设的决定》(以下简称"中央2004《决定》"),③《决定》在"加强党风廉政建设,深入开展反腐败斗争"里面提到了惩治和预防腐败体系,表述为"坚持标本兼治、综合治理、惩防并举、注重预防,抓紧建立健全与社会主义市场经济体制相适应的教育、制度、监督并重的惩治和预防腐败体系"。相对于中央2003《决定》而言,"惩防并举、注重预防"是中央2004《决定》的新提法,当然,注重预防腐败也是对舆论监督的新要求。

2005年1月中共中央颁布的《建立健全教育、制度、监督并重的惩治和预防腐败体系实施纲要》(以下简称"中央2005《纲要》"),④是我国关于

---

① 《中共中央关于完善社会主义市场经济体制若干问题的决定》(2003年10月14日),载《十六大以来重要文献选编》(上),中央文献出版社,2005年。
② 江泽民:《全面建设小康社会,开创中国特色社会主义事业新局面——在中国共产党第十六次全国代表大会上的报告》(2002年11月8日),载《十六大以来重要文献选编》(上),中央文献出版社,2005年。
③ 《中共中央关于加强党的执政能力建设的决定》,载《十六大以来重要文献选编》(中),中央文献出版社,2006年。
④ 《建立健全教育、制度、监督并重的惩治和预防腐败体系实施纲要》(2005年1月),载《十六大以来重要文献选编》(中),中央文献出版社,2006年。

惩治和预防腐败体系建设的第一个专门性中央文件,《纲要》在"充分发挥各监督主体的积极作用,提高监督的整体效能"里面明确提到了舆论监督。《纲要》把舆论监督作为社会监督的一种形式,并对舆论监督提出三点具体要求:"在党的领导下,充分发挥新闻媒体的舆论监督作用";"各级党委和政府应当重视和支持舆论监督,听取意见,改进工作";"新闻媒体要坚持党性原则,遵守新闻纪律和职业道德,把握舆论监督的正确导向,注重舆论监督的社会效果"。这是中央文件第一次明确把舆论监督纳入惩治和预防腐败体系建设。

2008 年 6 月,中央印发《建立健全惩治和预防腐败体系 2008—2012 年工作规划》(以下简称"2008《反腐规划》"),[①] 这是我国惩治和预防腐败体系建设的第一个五年规划,《反腐规划》较中央 2005《纲要》而言对舆论监督提出了新要求,就重视舆论监督而言,要求"认真贯彻落实《关于进一步加强和改进舆论监督工作的意见》"[②],这个《意见》是中共中央办公厅 2005 年下发的指导舆论监督的纲领性文件;强调监督对象接受监督的自觉性,要求"各级领导干部要正确对待舆论监督,增强接受舆论监督的自觉性,听取人民群众的意见和呼声,推动和改进工作";用科学、依法、建设性三条标准来规范舆论监督,"新闻媒体要坚持科学监督、依法监督和建设性监督,遵守职业道德,把握正确导向,注重社会效果"。

2010 年 10 月国务院新闻办发布的《中国的反腐败和廉政建设》白皮书,[③] 宣布我国权力制约和监督体系已经形成,舆论监督成为这一体系的重要组成部分。白皮书指出,"目前,已形成了由中国共产党党内监督、人大监督、政府内部监督、政协民主监督、司法监督、公民监督和舆论监督组

[①] 《建立健全惩治和预防腐败体系 2008—2012 年工作规划》,中国方正出版社,2008 年。
[②] 《关于进一步加强和改进舆论监督工作的意见》(2005 年 3 月),载《中国共产党党内法规选编(2001—2007)》,法律出版社,2009 年。
[③] 中华人民共和国国务院新闻办公室:《中国的反腐败和廉政建设》(2010 年 12 月),中国方正出版社,2010 年。

成的具有中国特色的监督体系"。

自惩治和预防腐败体系建设第一个五年规划于2008年发布以来,经过5年的发展,到2012年11月,《中共中央纪律检查委员会向党的第十八次全国代表大会的工作报告》①明确指出,"惩治和预防腐败体系基本框架初步形成"。报告肯定了舆论监督在完善权力制约监督机制、增强监督合力方面积极作用的同时,也注意到网络舆论监督在反腐败中的作用,要求"及时处理和回应新闻媒体及网络舆情反映的问题"。

中共中央2013年12月印发的《建立健全惩治和预防腐败体系2013—2017年工作规划》(以下简称"2013《反腐规划》"),②明确把网络舆论监督纳入惩治和预防腐败体系建设。《反腐规划》要求"重视和加强舆论监督,运用和规范互联网监督",从"运用"和"规范"两个关键词可以看出中央对网络舆论监督的重视。

通过以上梳理我们看到,舆论监督与我国惩治和预防腐败体系建设相伴而生,从不明确到明确,从传统媒体舆论监督到网络舆论监督,从基本规范到不断提出新要求,舆论监督在腐败治理中的地位和作用越来越重要。

舆论监督方位:西方制度反腐坐标

新闻媒体在西方被喻为"第四权力",作为与立法、行政、司法并立的一种社会力量,新闻媒体通过舆论监督对这三种权力进行制约和监督,以达到惩治与预防腐败的功用。"第四权力"这一概念最早由美国著名思想家托马斯·杰弗逊在19世纪提出,新闻媒体"第四权力"功用的实现有赖于国家法律对新闻自由的有效保护、新闻媒体在政治和经济上的独立性、新

---

① 《中共中央纪律检查委员会向党的第十八次全国代表大会的工作报告》(2012年11月14日),载《十八大以来重要文献选编》(上),中央文献出版社,2014年,第49—68页。
② 《建立健全惩治和预防腐败体系2013—2017年工作规划》,中国方正出版社,2013年。

闻记者的社会责任和职业道德等诸多因素。因此,"第四权力"从理论到实践,惩治和预防腐败的效力是十分有限的,而且这种效力的发挥更多依赖于政府推动和媒体自觉,尚没有进入国家廉政体系这一反腐制度设计。

建构国家廉政体系的概念是透明国际在 1993—1994 年间提出的,旨在探讨建立一个透明和具有问责的制度,在此框架下有效推进反腐败改革。透明国际的国家廉政体系图形像一座希腊神庙(如图所示):① 这个庙的顶部——国家的廉洁——每一端都由一系列支柱支撑着,每根支柱都是国家廉政体系的一个要素。在庙的顶部有三个圆球:"生活质量""法治"和"可持续发展"。它们之所以被比喻为圆球,是为了强调,如果要让这些圆球以及它们所体现的价值观不致滚落下来,庙顶必须保持平衡。这座神庙自身建立在包括公众意识和社会价值的基础之上并由其支撑。这些"支柱"是相互依赖的,但其支撑力可能不同。假如一根柱子的支撑力变弱,增加的负荷就会转移到另一根或几根柱子上。假如几根柱子同时变弱,它们的负

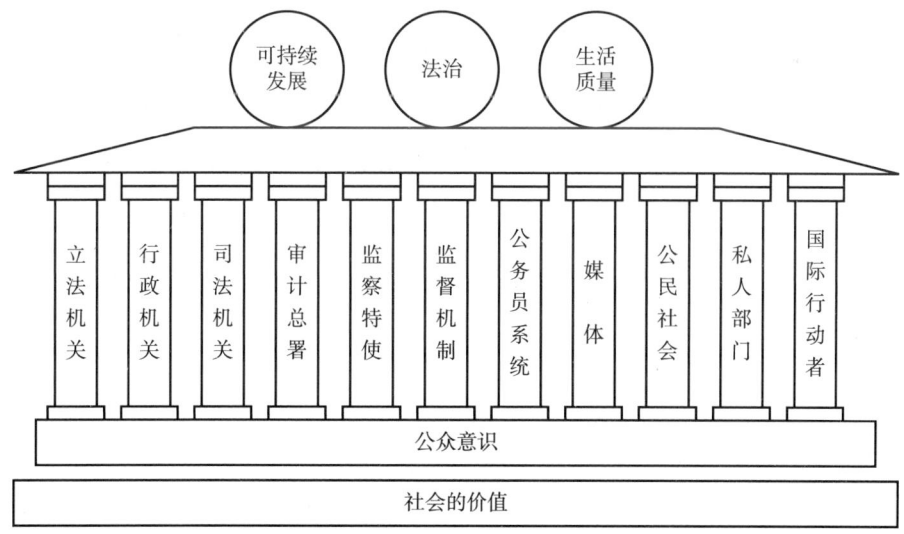

透明国际的国家廉政体系结构图

---

① [新西兰]杰瑞米·波普:《制约腐败——建构国家廉政体系》,清华大学公共管理学院廉政研究室译,中国方正出版社,2003 年,第 53—54 页。

载将最终倾斜,以致"可持续发展""法治"和"生活质量"三个圆球滚落下来,砸在地上,整个大厦也就会土崩瓦解。

尽管国家廉政体系在全世界会出现许多不同的变化形式,但是,社会上最常见的,是寻求以责任的方式来管辖自己的 8 根"廉政支柱",它包括:执行机构;议会;司法部门;行政部门;监督机构(国家账款委员会、总审计师、特派员、警察、反腐机构,等等);市民社会(包括同业公会与私人部门);大众传媒;国家机构。[1]

国家廉政体系无论是 11 根支柱还是 8 根支柱,新闻媒体都是其中不可或缺的一根支柱。而新闻媒体反腐败作用的发挥有赖于两个方面的努力:一方面,政府要尽力保持这些支柱的平衡,促进新闻自由的实现。"保持这些支柱的一般均衡是非常重要的,政府有责任保持它们的均衡。"[2] 在保持各支柱平衡的基础上,国家法律和行政环境需要对新闻自由起到推动作用。在杰瑞米·波普看来,国家应当通过采取几个措施来促进新闻自由的实现,如:通过信息自由法,使公民个人——包括记者——能得到政府信息(当然,这就要确保政府的档案管理是高效的和有效的);撤销和修订反诽谤法和有关"人身攻击"的法律,确保它们不能被用来威胁和束缚新闻界;提高新闻记者的专业素养;终止政府对某些媒体的歧视(如对新闻纸和广告的控制);以及保证国有媒体的雇员能保持独立负责的职业标准。[3] 另一方面,新闻媒体应积极承担起自身的责任和义务,"记者有权利和责任质疑官员的行为动机",把自己当成廉政体系建设的"看门狗而不是哈巴狗"。[4]

---

[1] [新西兰]杰瑞米·波普:《反腐策略——来自透明国际的报告》,王淼洋等译,上海译文出版社,2004 年,第 10 页。

[2] [加]里克·斯塔彭赫斯特,[美]萨尔·J.庞德:《反腐败——国家廉政建设的模式》,杨之刚译,经济科学出版社,2000 年,第 128 页。

[3] [美]海伦·托马斯:《民主的看门狗?——华盛顿新闻界的没落及其如何使公众失望》,夏蓓,蒂娜·舒译,南方日报出版社,2009 年,第 25—26 页。

[4] [美]海伦·托马斯:《民主的看门狗?——华盛顿新闻界的没落及其如何使公众失望》,夏蓓,蒂娜·舒译,南方日报出版社,2009 年,第 48 页。

虽然透明国际及西方国家廉政体系框架并不完全适用于我国惩治和预防腐败体系建设，但是其中的一些理论洞见，特别是如何确保新闻媒体有效参与腐败治理这方面的有益探索，值得我们借鉴。

舆论监督方位：中国共产党反腐史坐标

"舆论监督"这一词汇首次在党的文献中出现，是1987年党的十三大报告。"腐败"这个词也是1989年在"两高通告"中才首次被官方文件公开使用，不过，党一直非常重视舆论监督参与腐败治理。

在"舆论监督"正式出现之前，通常用"报刊批评"或"新闻批评"表示。舆论监督作为党的批评与自我批评作风在新闻领域的体现，是和党的新闻工作与生俱来的。1931年12月11日，《红色中华》报发刊词就宣示其三方面工作："要组织苏区广大工农群众积极参加苏维埃政权"，"要引导工农群众对自己的政权，尽了批评、监督、拥护的责任"；"要指导苏维埃的实际工作，纠正各级苏维埃在工作中的缺点与错误……以自我批评精神，检阅工作的成功与缺点，找出正确的方法"；"要尽量揭破帝国主义与国民党军阀及一切反动政治派别进攻革命欺骗工农的阴谋"。① 揭露敌人是革命战争年代中共报刊舆论监督的重要内容，虽不针对党内腐败治理，但一定程度上有利于防止反动政府腐败的社会危害；自我批评立足于党内缺点的指正，有利于预防腐败；自下而上对苏维埃政权的监督，跟今天制约和监督权力的舆论监督是一致的。

由于特殊历史条件限制，中共报刊在监督革命政权方面功能很弱，其舆论监督集中体现为揭露敌人和批评自我。自20世纪30年代初期中国共

---

① 《〈红色中华〉发刊词》（1931年12月11日），载《中国共产党新闻工作文件汇编》（下卷），新华出版社，1980年，第23—24页。

产党作为执政党办报之后,"革命队伍内部的批评、自我批评与表扬,成为革命根据地报刊的一项重要内容,经常见报,辟有专栏,这是前所未有的"①。为确保舆论监督效果,党还主张运用党纪手段督促监督对象改正错误。中共中央山东分局宣传部及山东总分社1949年6月8日发布的《关于加强新闻报道中批评与自我批评的决定》,②就指出:"凡各地党报对某一工作、某一干部提出批评或质问时,应当立即做负责地声明或解答(特别是县以上机关和干部),必须认为这是党的纪律,绝不允许置之不理。"同年,中共中央宣传部向全国新闻单位转发了这个决定,使这个地方性决定产生了全国性的影响及意义。应该说,有组织纪律保障的报刊批评对预防革命队伍内部腐败起到了积极作用。

中国共产党于1949年10月成为中国执政党之后,更加重视舆论监督在执政党建设和腐败治理中的重要作用。1950年4月19日,中共中央发布《关于在报纸刊物上展开批评与自我批评的决定》,③《决定》认为报刊批评"在今天是更加突出地重要起来",原因在于"我们的党已经领导着全国的政权,我们工作中的缺点和错误很容易危害广大人民的利益,而由于政权领导者的地位,领导者威信的提高,就容易产生骄傲情绪,在党内党外拒绝批评,压制批评"。

到改革开放前,但凡报刊批评得以正常开展的时候,这种舆论监督形式都是作为预防腐败的重要手段而存在的。而改革开放后,舆论监督在惩治腐败中的作用得到彰显,标志性事件是1980年新华社等关于昔阳县重启"西水东调"工程的报道,《人民日报》等关于"渤海2号"钻井船沉没的报

---

① 方汉奇:《中国新闻事业通史》(第二卷),中国人民大学出版社,1996年,第339页。
② 《中共中央山东分局宣传部及山东总分社关于加强新闻报道中批评与自我批评的决定》(1949年6月8日),载《中国共产党新闻工作文件汇编》(上卷),新华出版社,1980年,第343—346页。
③ 《中共中央关于在报纸刊物上展开批评与自我批评的决定》(1950年4月19日),载《中国共产党新闻工作文件汇编》(中卷),新华出版社,1980年,第5—7页。

道,《中国青年报》等关于中纪委对在任商业部长在饭店吃喝不照付费用的报道。这些舆论监督报道,"突破了对重大事故(包括责任事故)和重大决策性错误不公开报道的做法","突破了对先进典型的缺点错误不公开批评的做法","突破了对高级领导干部的错误不公开批评的做法"。①

自2002年党的十六大以来,舆论监督在腐败治理中的地位和作用得到了进一步提升。2003年年底,中共中央出台《中国共产党党内监督条例(试行)》(以下简称"中央2003《条例》"),②把"舆论监督"纳入党内监督制度,从党内法规高度肯定其地位和作用。2005年4月,中共中央办公厅下发《关于进一步加强和改进舆论监督工作的意见》(以下简称"中央2005《意见》"),③以专门文件的形式对舆论监督进行规范和指导。2012年11月,党的十八大报告对舆论监督的表述和之前都不同,这次报告指出:"加强党内监督、民主监督、法律监督、舆论监督,让人民监督权力,让权力在阳光下运行。"④虽然这里"舆论监督"还是排在最后,但是已经跟其他监督形式并列在一起了,不是用"发挥……作用"这样惯用语法结构来表达,而是跟其他监督形式共用了"加强"这个限制词。当然,这种变化并非只是表述方式的变化,更是舆论监督地位的变化,意味着中央要像重视党内监督、民主监督、法律监督一样重视舆论监督,舆论监督在权力制约和监督体系中的主导性更强了。

从文献梳理来看,无论是报刊批评(或新闻批评)阶段还是舆论监督阶段,无论是批评指出革命队伍内部的错误还是制约和监督公权力,无论

---

① 陈业劭:《中国新闻事业通史》(第三卷),中国人民大学出版社,1999年,第463页。
② 《中国共产党党内监督条例(试行)》(2003年12月31日),载《十六大以来重要文献选编》(上),人民出版社,2005年。
③ 《关于进一步加强和改进舆论监督工作的意见》(2005年3月),载《中国共产党党内法规选编(2001—2007)》,法律出版社,2009年。
④ 胡锦涛:《坚定不移沿着中国特色社会主义道路前进 为全面建成小康社会而奋斗——在中国共产党第十八次全国代表大会上的报告》(2012年11月8日),载《中国共产党第十八次全国代表大会文件汇编》,人民出版社,2012年。

是从加强党风廉政建设、预防腐败的角度还是从强化违法行为监督、惩治腐败的角度,党都一直重视并且越来越重视舆论监督在腐败治理中的作用。

制度反腐需要舆论监督怎么做

无论是透明国际的国家廉政体系,还是我国惩治和预防腐败体系,舆论监督都是其中不可或缺的重要组成部分。国外廉政体系研究中对舆论监督研究得比较充分,而我国关于惩治和预防腐败体系研究中对舆论监督研究还比较欠缺,除体系、结构比较单薄外,理论创新也没有超越新闻传播学科对舆论监督既有研究的局限。而新闻传播学科对舆论监督的研究更多着眼于党的新闻政策、媒体操作层面、传播实证分析等,往往使舆论监督这个话题变得颇为敏感,很难在研究视野和学术见解上有所突破。因此,从惩治和预防腐败体系角度来研究舆论监督,既是惩治和预防体系建设的要求,又是舆论监督自身发展的要求。这里,我们从惩治和预防腐败体系构建的角度审视,舆论监督应该从以下几个方面努力。

制度构建:强化力度

虽然我国舆论监督制度化建设走过了"从党内决定到党内制度""从宪法规定到法律授权""从批评错误到监督权力"这一历程,但是舆论监督相关制度依然存在"内容笼统难操作""权利义务不对等""专门法规难出台""地方经验难推广"等缺憾,因此,舆论监督制度构建可从"文件政策与法律法规相补充""党委领导与媒体独立相统一""中央推动与地方创新相协调""专门法规与其他法规相衔接""宏观规范与微观细则相配套"等维度入手。[①]

---

① 张春林:《论我国舆论监督的制度化进路》,载《郑州大学学报》(哲学社会科学版),2014年第2期,第168—174页。

根据透明国际的观点，一旦国家廉政体系中某一支柱的力量弱了，就会相应增加其他支柱的负荷，甚至影响整座廉政大厦的平衡和稳定。同样，惩治和预防腐败体系中舆论监督如果不能承担相应职能，也会加重其他监督制度的负担，甚至影响整个惩治和预防腐败体系建设。英国著名哲学家罗素曾说，法律如果没有舆论的支持几乎毫无力量。作为有效力量的法律，它依赖舆论甚至要比依赖警察的权力为多。因此，作为"现代法治国家不可忽视的代表公众利益的监督力量"[①]，舆论监督不仅不能弱化，反而应该加强。

事实上，无论是中央2003《决定》、中央2004《决定》、中央2005《纲要》、2010《中国的反腐败和廉政建设》白皮书，还是2008《反腐规划》和2013《反腐规划》，以及2002年党的十六大以来的历次党代会报告，其中关于舆论监督的表述都显得十分简单，其他文献也未有舆论监督制度化的系统论述。目前关于舆论监督制度构建最权威的文献是中央2003《条例》，《条例》把"舆论监督"跟"集体领导和分工负责""重要情况通报和报告""述职述廉""民主生活会""信访处理""巡视""谈话和诫勉""询问和质询""罢免或撤换要求及处理"并列，作为十大党内监督制度。与其他九大制度相比，舆论监督还显得比较薄弱，而舆论监督的制度构建应以党内监督制度为突破，与其他九大监督制度均衡发展。

反腐报道：提升质量

舆论监督的实际效果与报道质量密切相关，虽然新闻媒体和惩治和预防腐败体系对报道质量都有严格要求，但是这两方面要求并不完全一致。新闻媒体更多考虑舆论监督报道对目标受众和广告客户的吸附效应，而惩治和预防腐败体系更多关注舆论监督报道对腐败治理的实际效果，因此，两方面要求应该合拍。

---

① 袁峰：《网络反腐的政治学：模式与应用》，中央编译出版社，2012年，第9页。

惩治和预防腐败体系自中央2003《决定》正式提出以来，其对舆论监督的要求也是逐步严格且具体的。中央2004《决定》对舆论监督的要求只是"积极开展舆论监督"一笔带过，中央2005《纲要》在"发挥新闻媒体的舆论监督作用"之前加了"充分"这一关键词，并对舆论监督提出了具体要求，不过，这一要求依然局限于中央2003《条例》。直到2008《反腐规划》，才对舆论监督提出了"科学监督、依法监督和建设性监督"这一新要求，不过至今未有相关权威文献对这一要求做具体阐述，而且这一要求也缺乏操作性。

时至今日，指导舆论监督的最新的专门性中央文件依然是中央2005《意见》，虽然《意见》不少内容在今天仍有指导意义，但是仍然有两点值得商榷：一是《意见》跟惩治和预防腐败体系建设的关联度不高。中央2005《意见》尽管对于舆论监督参与腐败治理有较强的指导性，可这个《意见》基本上是基于新闻媒体如何搞好舆论监督而发的，缺乏从惩治和预防腐败体系的角度的考虑；2008《反腐规划》对舆论监督提出了新要求，但关涉舆论监督的内容还比较简单，新闻媒体只能遵循中央2005《意见》的要求。二是十余年来媒体格局和舆论监督生态发生了许多新变化，《意见》部分内容的适应性受到挑战。以网络舆论监督而言，《意见》强调"要充分发挥党报党刊、电台、电视台等主流媒体在舆论监督工作中的作用"，而把互联网站和小报小刊一起作为"切实加强""管理"的对象。可十余年来网络舆论监督越来越受到党和政府的重视，已成为腐败治理的重要力量，2013《反腐规划》则明确提出"运用和规范互联网监督"的主张。

因此，舆论监督要适应惩治和预防腐败体系的要求，需要更新的权威文件指导，也需要新闻媒体更多的有益探索。科学监督、依法监督和建设性监督这些要求需要细化，只有在制度创新的基础上推进质量建设，舆论监督才能担当廉政支柱的重任。

惩治腐败：前移端口

在舆论监督生态中，新闻媒体蜂拥而上打"死老虎"的现象并不鲜见，尽管这样的报道一定程度上也有助于腐败治理，但是严格说来不能谓之舆论监督，也不能降低腐败行为的社会危害。新闻媒体对已判决案件的报道不是舆论监督，而是"法制宣传教育的重要方式"，舆论监督应着眼于揭露那些由于种种原因尚未受到法律制裁的滥用职权或渎职失职案件的责任人，"通过公开报道发出警报，提供线索，引起有关国家机关和监督部门的注意，督促并协助国家机关依法对滥用职权或渎职失职的违法行为人进行制裁"。①

腐败问题发现得越早，对社会的危害性就越小，这就要求舆论监督要端口前移，尽可能在腐败发生的中期甚至是初期就介入。舆论监督端口前移，要求新闻媒体要善于"主动去发现问题"，"在问题发现之初，新闻媒介就积极参与，有意识地发挥舆论监督的作用，这样才能使腐败者有所顾忌，起到惩一儆百的作用"。②

预防腐败：探索路径

"要遏制并消除腐败，除了腐败发现机制和惩处机制之外，更重要的是要有腐败预防机制。"③自中央2003《决定》正式提出惩治和预防腐败体系建设之后，中央2004《决定》就明确了"惩防并举、注重预防"这一方针。腐败一旦发生，即便受到惩治，也已经对社会造成危害，而预防则是防患于未然，通过体制和机制的创新，一定程度上有效抑制腐败的发生，避免腐败可能带来的社会危害。"实行预防的措施要更加有效，而且要比调查和

---

① 杜力夫：《权力监督与制约研究》，吉林人民出版社，2004年，第359页。
② 王强华、魏永征：《舆论监督与新闻纠纷》，复旦大学出版社，2000年，第31页。
③ 李秋芳、张宇燕：《世界主要国家和地区反腐败体制机制研究》，中国方正出版社，2007年，第110页。

惩处省事得多"①，因此，预防腐败比惩治腐败显得更为迫切。

谈及舆论监督与腐败治理，人们更多侧重于舆论监督惩治腐败，而较少提及舆论监督预防腐败。毫无疑问，舆论监督更多是通过反腐报道使腐败行为受到惩处来参与腐败治理的。不过，舆论监督应该而且能够介入预防腐败。一方面，探寻惩治腐败舆论监督的预防腐败路径。一般来讲，惩治腐败舆论监督大多局限于腐败事实的呈现，很少能跳出新闻业务范畴来对腐败问题进行深入思考。要弥补这一不足，正是舆论监督介入预防腐败所应该做的。惩治腐败舆论监督通常从腐败个案入手，每个典型腐败案例都离不开其所属行业、产业的权力运行体制和机制，个案总是带有强烈的类型化色彩，新闻媒体完全可以通过惩治腐败舆论监督个案及系列案例分析，为某一行业、产业的预防腐败提供可行性建议。

另一方面，探寻舆论监督介入廉政制度设计的相关环节，以提高腐败案件的发现概率，起到预防腐败的作用。"发现与查处是一种前后联结的关系。发现概率直接影响惩治概率，发现概率低，惩治概率自然就低。惩治概率不可能超过发现概率，在发现概率不能提高的情况下，不可能提高惩治概率。"②提高腐败案件的发现概率仅靠专门反腐机构是远远不够的，必须广泛调动群众，而有效调动群众的前提是政府推进信息公开，扩大民众知情权。在信息公开与群众监督之间往往处于两难境地：一是部分信息只能有限度公开，而不能面对所有公众公开；二是一般群众由于专业知识匮乏很难确保其监督效果。新闻记者一般都有良好的政治意识、大局意识、责任意识，又有敏锐的洞察力和过硬的专业素养，舆论监督本来就是由新闻媒体代表公众来履行的一种群众监督形式，因此，把舆论监督纳入廉政制度设计的相关环节是可行的。譬如官员财产申报公开制度，新闻媒体就可以介入，若发现某位官员所申报财产数额远低于实际财产，则说明其中

---

① ［新西兰］杰瑞米·波普：《制约腐败——建构国家廉政体系》，清华大学公共管理学院廉政研究室译，中国方正出版社，2003年，第413页。
② 袁峰：《网络反腐的政治学：模式与应用》，中央编译出版社，2012年，第17页。

可能存在腐败，就可以进行舆论监督；即便没有发现，没有进行监督，舆论监督力量的存在对意欲腐败的官员也是一种震慑。

总之，惩治和预防腐败体系既对舆论监督提出了新要求，又拓展了舆论监督的发展空间，只要在制度创新的基础上推动各监督主体形成合力，舆论监督就一定能够在腐败治理中大有作为。

第二章

转型问题：舆论监督"权利"抑或"权力"

舆论监督作为对公权力进行监督的一种体制外监督，虽然本质上属于权利监督，但是随着反腐败制度设计日趋完善，舆论监督的权力属性得到凸显。无论是从媒体报道自觉的角度，还是从官方制度设计的角度，舆论监督在反腐败中的地位和作用都不可或缺。再拘泥于舆论监督是权利监督还是权力监督的论争已毫无意义，舆论监督的权力属性就应该强化，并由此带来舆论监督的报道转型。

舆论监督"权力"为何只是象征

说到舆论监督的权力属性，就不可忽视舆论监督曾经作为权力监督的历史存在。只有在梳理这一历史存在的基础上，才能对舆论监督的权力属性有更全面而客观的认识。

西方"第四权力""第四等级"是怎么回事

关于舆论监督是权力监督的说法，理论源头来自西方"第四权力"说和"第四等级"说。

早在1787年，美国思想家托马斯·杰弗逊就提出："若由我来决定我们是要一个没有报纸的政府，还是没有政府的报纸，我会毫不犹豫地选择后者。"①这一说法，为"第四权力"之说奠定了认识前提。

"第四权力"有赖于两大基础，一是"三权分立"的国家权力架构。18世纪法国启蒙学者孟德斯鸠把国家权力分为立法权、行政权和司法权，认为三种权力应由不同的人独自行使。二是新闻媒体的独立性。19世纪中叶，美、英等国的新闻业从政党报刊时期逐渐转向商业报刊时期，经济上自主经营，不依赖于政府或政党的津贴；政治上保持独立，不受制于某个党派；业务上实现由主观色彩很浓的"观点纸"向客观报道纯新闻的"新闻纸"转变。这样，新闻媒体就构成了社会中一种相对独立的力量，对立法、行政、司法这三种政治权力起制衡作用。

"第四等级"（又称"第四阶级"）之说源于英国，与"国民等级"这个概念有关。传统的三个等级分别是神职议员（上议院中的神职议员）、世俗议员（上议院中的其他人员）和下议院议员。1771年以后，国会对报刊报道和政治评论采取默许态度。1803年，国会允许记者在后排旁听；1831年，增设记者席，因此出现了记者是国会"第四等级"之说。②

无论是"第四权力"还是"第四等级"，本质上不过是一种比喻和象征，并不意味着新闻媒体在制度设计上被纳入权力制约和监督体系。新闻媒体之所以能够对国家权力进行制约和监督，很大程度上有赖于其舆论监督职能所彰显的权力属性，因此，舆论监督作为权力监督实质上是其权力属性的一种强化表达。

马克思、恩格斯怎么谈"第三种权力"

对舆论监督权力属性的强化表达，也出现在马克思、恩格斯的论述中。英国19世纪已形成三权并立，就新闻媒体对政治权力监督乏力的情况，

---

① ［美］迈克尔·埃默里，埃德温·埃默里，南希·L.罗伯茨：《美国新闻史》，展江译，中国人民大学出版社，2013年，第83页。

② 陈力丹，王辰瑶：《外国新闻传播史纲要》，中国人民大学出版社，2011年，第25页。

恩格斯曾批评："舆论在一般问题上能对政府发生一点影响吗？舆论的权力不是仅限于个别场合和仅仅对司法和行政的监督吗？"[①] 这里"舆论的权力"就是以舆论监督形式呈现的媒体权力。

在谈到法国报刊时，马克思、恩格斯指出："当报纸匿名发表文章的时候，它是广泛的、无名的社会舆论的工具；它是国家中的第三种权力。"[②] 当时法国存在着总统的行政权力和立法国民会议的立法权力这两种力量，而报刊作为"第三种权力"的首要职责就是舆论监督。1849 年，恩格斯为《新莱茵报》辩护时指出，报刊的首要职责是"保护人民不受官员逞凶肆虐之害"[③]。1859 年，德国《总汇报》发表了揭露波拿巴政府间谍福格特的文章，马克思致信该报："当《总汇报》履行在我看来是报刊的首要职责，即揭发招摇撞骗的职责时，决不会有碍于我尽力帮助它。"[④]

实际上，马克思、恩格斯的"第三种权力"并没有相应的制度设计，也只是一种比喻和象征。

中国舆论监督何以延伸政治权力

我国党管媒体的党情国情决定舆论监督有着不一样的权力属性，特别是以报刊批评形式呈现的舆论监督，长期作为政治权力的延伸而存在。

建党之初，"罗针""喉舌""武器"等词汇就成为描述党所领导的媒体与党的使命之间关系的常见词汇。1923 年 6 月，瞿秋白要求复刊后的《新青年》要"成为中国无产阶级革命的罗针"[⑤]。1930 年 8 月，向忠发要求

---

① 《马克思恩格斯全集》(第 1 卷)，人民出版社，1995 年，第 547 页。
② 《马克思恩格斯全集》(第 7 卷)，人民出版社，1959 年，第 523 页。
③ 《马克思恩格斯全集》(第 6 卷)，人民出版社，1961 年，第 280 页。
④ 《马克思恩格斯全集》(第 14 卷)，人民出版社，1962 年，第 755 页。
⑤ 瞿秋白：《〈新青年〉之新宣言》(1923 年 6 月 15 日)，载《新青年》(季刊)，1923 年第 1 期，转引自方汉奇《中国新闻事业通史》(第二卷)，中国人民大学出版社，1996 年，第 126 页。

《红旗日报》成为"全国广大工农群众之反帝国主义与反国民党的喉舌"①。1931年3月,毛泽东要求《时事简报》成为"提高群众斗争情绪、打破群众保守观念的重要武器"。②在革命战争年代,"武器"使用最多,而新中国成立后,则更多使用"喉舌"。

在这样一种关系背景下,舆论监督,特别是以报刊批评形式出现的舆论监督,是中国共产党批评与自我批评作风的媒体呈现,主要承担指出并纠正党和政府工作中的缺点和错误、克服官僚主义作风的职能。早在1927年8月,中央专门发通告要求中央常委会主编内部刊物《中央通讯》来"批评党的错误,登载党员对于党内问题讨论的材料等"③,并要求省委常委会及以下各级党部也出版此类刊物。1929年,刊物《党的生活》指出"布尔塞维克的党,是要在不断的'自己批评'中锻炼出来,没有'自己批评'的精神,决不能成为一个布尔塞维克的党"④。1950年4月19日,中央《关于在报纸刊物上展开批评与自我批评的决定》⑤依然强调报刊批评这一功用,《决定》明确报刊批评"在今天是更加突出地重要起来"。

尽管1987年党的十三大报告中"舆论监督"正式取代了"报刊批评",舆论监督的政治功用也逐步从"批评缺点和纠正错误"过渡到"制约和监督权力",但是新闻媒体作为相对独立的力量开展舆论监督则是1995年都市类报纸诞生之后的事情。改革开放后,随着广告经营政策的放开,虽然一些媒体通过创收减少了对财政的依赖,但是很少有媒体能够完全实现经

---

① 向忠发:《〈红旗日报〉发刊词——我们的任务》(1930年8月10日),载《中国共产党新闻工作文件汇编》(下卷),新华出版社,1980年,第21—22页。
② 毛泽东:《普遍地举办〈时事简报〉》(1931年3月),载《毛泽东论新闻宣传》,新华出版社,2000年,第63—68页。
③ 《中共中央通告第四号——关于宣传鼓动工作》(1927年8月21日),载《中国共产党新闻工作文件汇编》(上卷),新华出版社,1980年,第35—37页。
④ 《"党的生活"的任务》(1929年),载《中国共产党新闻工作文件汇编》(下卷),新华出版社,1980年,第18—20页。
⑤ 《中共中央关于在报纸刊物上展开批评与自我批评的决定》(1950年4月19日),载《中国共产党新闻工作文件汇编》(中卷),新华出版社,1980年,第5—7页。

济独立。而都市报作为社会主义市场经济条件下产生的新报种，在其脱离母体靠发行和广告实现经济独立的同时，舆论监督虽不乏满足读者阅读期待和市场竞争需求的媒体自觉，但这种符合新闻规律和市场规律的自觉，依然是在宣传纪律的框架内，而且很多时候是对宣传政策的一种诠释。因此，即便在经济完全独立下的我国新闻媒体，舆论监督也依然是政治权力的一种延伸。对此，台湾学者冯建三认为，中国的舆论监督带有浓厚的行政权力延伸的性质。[①] 陈力丹也认为："由于体制的原因，我们传媒的舆论监督带有党政权力的延伸和补充的性质。"[②]

作为政治权力延伸的舆论监督，自然会把权力属性攫升到无以复加的地步。不过，这种攫升还缺乏制度设计，容易受领导人意志的左右。

中国学界怎么批评"第四权力"

既然舆论监督在我国长期作为政治权力延伸而存在，那么这种权力一旦受到挑战，势必会遭到一定范围内的强烈反对，尤以"第四权力"之说的挑战为甚。

国内主张新闻媒体是"第四权力"、舆论监督是权力监督的并不鲜见，代表性成果如《第四种权力——从舆论监督到新闻法治》[③]《第四种权力——一个记者的暗访生涯》[④]。

而批评"第四权力"的文章则更多。《媒体是"第四权力"的说法不科学》[⑤] 一文认为，"'第四权力'之说不过是美国自由主义派三大神话之一，事实上，美国宪法从来没有给新闻界这种地位"。《舆论监督不是"第四种

[①] 冯建三：《考察中国舆论监督的论说与实践，1987—2007》，载《台湾社会研究季刊》，2008年第71期，第157—195页。

[②] 陈力丹：《我国传媒人的职业意识和自律问题》，载《学习时报》，2006年11月27日，第6版。

[③] 昝爱宗：《第四种权力——从舆论监督到新闻法治》，民族出版社，1999年。

[④] 辰光：《第四种权力——一个记者的暗访生涯》，中国画报出版社有限责任公司，2010年。

[⑤] 吴飞：《媒体是"第四权力"的说法不科学》，载展江、白贵主编《中国舆论监督年度报告（2003—2004）》，社会科学文献出版社，2006年。

权力"》①一文指出:"我国的新闻媒体,是党和人民的喉舌,舆论监督是处在党的领导下,它绝不是独立于党和政府之外的另外一种权力机制。"《舆论监督是第四种权力的观点是错误的》②一文指出:"我国传媒是党和人民的喉舌,传媒的舆论监督是在党的领导下进行的,……照搬西方'第四种权力'的提法是错误的。"《"舆论监督是第四种权力"的观点是错误的》③一文指出:"这是资产阶级的一种新闻观点。这是一种具有极大欺骗性的观点。因为许多事实已经证明,西方国家的舆论监督权力并不在新闻工作者手里,无一不被政党、财团等掌握与操纵。"

事实上,无论对"第四权力"批评还是支持,都不能脱离我国党管媒体、党管舆论导向这一实际,只要坚持这个大前提不动摇,"第四权力"之说就只是一种象征,在中国语境中也有其本土化的内涵。"第四权力"说强调新闻媒体的独立性,这是确保其舆论监督能够对公权力进行有效制约和监督的关键。鉴于我国已经把舆论监督纳入党和国家监督体系,纳入惩治和预防腐败体系,因此,探讨中国语境中舆论监督媒体的相对独立性也是一个不容回避的话题。

舆论监督如何归位"权利"

无论是带有独立权力比喻和象征意味的舆论监督,还是作为政治权力延伸的舆论监督,都不是舆论监督的本真意味。无论是中国还是西方,在民主政治范畴内的舆论监督,本质上都应该是权利监督,而不是权力监督。因为"无论是有意识地引导、发动,还是自发形成,舆论的主体始终应当是民间的力量,不具有国家强制性;它对于监督对象的作用,主要是基于

---

① 《舆论监督不是"第四种权力"》,载《党建》,2001年第1期,第13页。
② 景晓旭:《舆论监督是第四种权力的观点是错误的》,载《新闻战线》,2000年第7期,第14页。
③ 《"舆论监督是第四种权力"的观点是错误的》,载《新闻导刊》,2000年第4期,第29页。

社会舆论固有的说服力,是一种平等关系。因而,舆论监督只能是民间的一种权利,而不能蜕变为国家或者集团垄断的权力"①。正是舆论监督作为权利监督这种自下而上的力量,有别于权力监督自上而下的力量,让我们对舆论监督权力属性凸显的基础有了更清晰的认识。舆论监督作为权利监督能够从理论变为现实,离不开国家从法律层面对公民言论自由及媒体新闻出版自由的确权。

西方怎么给舆论监督确权

英国政论家弥尔顿最早明确提出言论出版自由是一切自由中最重要的自由权利。他在《论出版自由》一书中指出:"让我有自由来认识、发抒己见并根据良心做自由的讨论,这才是一切自由中最重要的自由。"②不过,英国获得真正新闻自由则经历了一个漫长过程。1712年,英国国会通过《印花税法》,通过征收"知识税"和登记备案来加强对报纸的管理,同时还加强对诽谤罪的惩处。直到19世纪50年代陆续废除各项知识税,新闻自由才正式确立。

英国争取新闻自由的斗争对法国产生了影响。1788年12月,法国国民议会宣告:报纸应享有最大的自由权。著名政治活动家米拉波伯爵将弥尔顿的《论出版自由》译成法文广为传播,他在议会上说:"法律应赋予报纸永久之自由权。报纸若无自由权,其他法律将无效可言。"③1789年8月26日,法国大革命爆发后公布的《人权宣言》规定:"无拘无束地交流思想和意见是人类最宝贵的权利之一,每个公民都有言论、著述和出版的自由,只要他对滥用法律规定情况下的这种自由负责。"④这一条文成为后来许多国家宪法和国际人权公约参考的典范。1881年7月29日,法国《新闻自由

---

① 许道敏:《舆论监督是权利还是权力》,载《检察日报》,2003年9月30日。
② [英]弥尔顿:《论出版自由》,吴之椿译,商务印书馆,1958年,第44—45页。
③ 陈力丹、王辰瑶:《外国新闻传播史纲要》,中国人民大学出版社,2011年,第47页。
④ 王德禄、蒋世和:《人权宣言》,求实出版社,1989年,第15页。

法》正式颁布。

新闻自由这一概念之所以能够被明文写入美国宪法,最早可以追溯至1735年发生在纽约的联邦政府诉曾格案。曾格的律师汉密尔顿声称无论如何,传播事实都不能构成诽谤。在他精彩的辩护下曾格被无罪开释。1776年《弗吉尼亚权利法案》宣称:"新闻自由是一切政治自由的基石,任何一个民主政权都绝不应妨碍这种自由。"1780年《马萨诸塞宪法》中规定:"新闻自由对于保障一个国家其他自由而言必不可少。在新的联邦政府中,这一自由不容妨害。"以此为基础,1791年12月生效的美国宪法第一修正案正式规定:国会"不得废止言论与出版自由;或限制人民集会、请愿、诉愿之自由"[1]。自此,新闻自由制度在美国正式确立。

其他一些西方国家也相继在法律上承认新闻自由,如瑞典1776年颁布了《出版自由法》,德国、日本在19世纪中后期把新闻自由写入宪法。

中国怎么给舆论监督确权

新中国成立后,我国也逐步通过宪法及法律来为舆论监督确权。1949年《共同纲领》[2]明确了人民的言论、出版自由,以及控告国家机关和公务人员违法失职行为的权利。不过,1954年宪法[3]不仅重申了《共同纲领》中公民的言论、出版自由及控告权利,而且把"控告"具体化为"书面控告或者口头控告"。

现行宪法是在1982年宪法修改基础上形成的,1982年宪法[4]在公民对公权力监督方面的规定更明确、更具体了,规定公民对国家机关及工作人

---

[1] 中国社会科学院新闻研究所,北京新闻学会:《各国新闻出版法选辑》,人民日报出版社,1981年,第183—184页。

[2] 《中国人民政治协商会议共同纲领》(1949年),载《建国以来重要文献选编》(第一册),中央文献出版社,2011年。

[3] 《中华人民共和国宪法》(1954年),载《建国以来重要文献选编》(第五册),中央文献出版社,2011年。

[4] 《中华人民共和国宪法》(1982年),载《人民日报》,1982年12月5日。

员有"批评和建议的权利""申诉、控告或者检举的权利"。这两项权利跟言论、出版自由权利结合起来，就是对舆论监督权利的最好注解。

除了宪法外，其他法律法规也把舆论监督权利更加细化。1990年12月《报纸管理暂行规定》①把"发挥新闻舆论的监督作用"作为报纸职能之一。1993年10月《消费者权益保护法》②要求新闻媒体"对损害消费者合法权益的行为进行舆论监督"。1997年12月《价格法》③规定："新闻单位有权进行价格舆论监督。"

在舆论监督作为权利监督本位回归的过程中，我们看到，舆论监督并不是简单地从权力监督滑向了权利监督，从此跟权力划清界限，而是舆论监督权力属性得到了一定程度的法律保障。

尽管舆论监督作为权利监督的本位回归为舆论监督权力属性的凸显寻求了一定程度的法律保障，但是舆论监督权力属性的制度化提升则是跟腐败治理制度化建设密切相关的。以透明国际为代表的西方国家廉政体系建设，以及我国惩治和预防腐败体系建设，都明确把舆论监督纳入其中，这是舆论监督权力属性凸显最有力的表现。

舆论监督如何"权力化"转型

褪去舆论监督作为权力监督和政治权力延伸的权力化外衣，回归到权利监督本位的法律确权，并以此为基础纳入权力制约和监督的制度设计，舆论监督这一权利监督的权力属性日趋凸显。那么，舆论监督就应该顺应这一变化，实现其报道转型。

---

① 《报纸管理暂行规定》(1990年12月25日)，载《报纸出版工作法律法规选编》，中国大百科全书出版社，2003年。
② 《中华人民共和国消费者权益保护法》(1993年10月31日)，法律出版社，1994年。
③ 《中华人民共和国价格法》(1997年12月29日)，法律出版社，1998年。

必然：舆论监督对接权力监督

对接权力监督是舆论监督的需要

把舆论监督纳入权力制约和监督的制度设计，是权力监督对舆论监督的需要。同时，主动对接权力监督，也是舆论监督对权力监督的需要，"因为新闻舆论监督的威力和作用再大，再强有力，它本身始终只能发挥'在口头上加以责备'的功能和作用，而不具有'在行动上加以纠正'的功能和作用。而且，它的'口头责备'究竟能起多大作用，最终要取决于有关权力机关的态度和作为，取决于'权力监督'能否及时跟进"[①]。

那么，要权力监督来确保舆论监督效果，除了权力监督主观上自觉外，舆论监督客观上跟权力监督合拍也至关重要。这种合拍，需要舆论监督在对接权力监督问题上采取主动。而这种主动性又需要新闻媒体在观念上有所转变，搞好舆论监督不仅是媒体自身发展的需要，也是媒体履行社会责任的需要。在传媒的社会责任理论看来，传媒被赋予的六项任务中，其中一项就是"监督政府，保障个人权利"[②]。这一任务，就是舆论监督。

舆论监督对接权力监督的路径

舆论监督对接权力监督，除了体现在制度层面和观念层面，更应该体现在操作层面。具体而言，舆论监督在操作上可从以下几个方面对接权力监督。

一是舆论监督线索与权力监督信息的对接。媒体处理线索快捷、公开，权力监督机关处理信息相对比较慢，大多在内部进行，一般不公开处理结果，这种平台差异使得相当一部分群众存在"不找政府找媒体"的心态，形成平台间的信息差。除接收群众信息外，媒体还会主动搜寻信息，这些信息可能是权力监督没掌握或掌握不完全的。因此，舆论监督线索与权力

---

① 王贵秀：《走出监督的八大误区》，载《北京日报》，2007年5月14日，第17版。
② ［美］弗雷德里克·S.西伯特，西奥多·彼得森，威尔伯·施拉姆：《传媒的四种理论》，戴鑫译，展江校，中国人民大学出版社，2008年，第62页。

监督信息应该实现有效对接。这种对接，除媒体与权力监督机构共享舆论监督线索外，在不影响权力监督正常开展的情况下，权力监督也可以跟舆论监督共享部分信息。

二是舆论监督选题与权力监督议程的对接。"政府重视、群众关心、普遍存在、能够解决"是许多媒体舆论监督选题的成功经验，就腐败治理层面来看，"政府重视"这个口子还可以再收小些，限定为权力监督机构腐败治理议程更合适。舆论监督应主动关心一段时期权力监督议程，围绕这一议程来进行选题。

三是舆论监督报道与权力监督意见的对接。一般来讲，舆论监督报道涉及的第三方意见大多止于监督对象的上级主管部门，较少涉及权力监督机构。如果权力监督机构不主动关注舆论监督报道，并把部分舆论监督案例纳入权力监督范畴，舆论监督就难以进入权力监督视野。而舆论监督一旦进入权力监督视野，监督对象解决问题的速度和力度都会有所提升。与权力监督意见对接，舆论监督要做的不是被动等权力监督来关注，而是主动走进权力监督视野。如果权力监督机构不方便在舆论监督报道中发表意见，媒体也可以把舆论监督报道整理成舆情汇报。

常态：权力监督护航舆论监督

权力监督护航舆论监督的传统

1919年3月，列宁主持制定的俄共（布）八大《党纲》规定，对抗舆论监督者，"革命法庭便对该人员或机关提起诉讼"。这里用法律监督来确保舆论监督效果，是马克思主义经典作家主张用权力监督护航舆论监督的最早论述。

1942年9月，中共中央西北局《关于〈解放日报〉工作问题的决定》规定，对抗舆论监督者"将要受到党纪的制裁"[①]。这是党史上用权力监督

---

① 《中共中央西北局关于〈解放日报〉工作问题的决定》（1942年9月9日），载《中国共产党新闻工作文件汇编》（上卷），新华出版社，1980年，第133—134页。

护航舆论监督的最早论述。1949年6月，中共中央山东分局宣传部及山东总分社《关于加强新闻报道中批评与自我批评的决定》规定，正确对待舆论监督"是党的纪律，绝不允许置之不理"①。这里，"党的纪律"较之前"党纪的制裁"更进了一步。

新中国成立后，权力监督护航舆论监督得到进一步加强。1950年4月中共中央《关于在报纸刊物上展开批评和自我批评的决定》规定，一般对抗舆论监督者"由党的纪律检查委员会予以处理"，如果触犯行政纪律和法律，"由国家监察机关司法机关予以处理"。②党的纪律检查委员行使"党内监督"，国家监察机关行使"行政监督"，司法机关行使"法律监督"，用多种权力监督形式护航舆论监督在党史上是第一次。

新时期以来，特别是20世纪90年代以来，法律监督护航舆论监督取得了实质性进展。《报纸管理暂行规定》（1990年）、《消费者权益保护法》（1993年）、《价格法》（1997年）等法律法规，从为舆论监督授权的角度护航舆论监督。

21世纪以来，舆论监督被纳入权力制约和监督体系，特别是《中国共产党党内监督条例》（2003年）直接把舆论监督纳入党内监督制度，是权力监督护航舆论监督的重大制度创新。

权力监督护航舆论监督的路径

虽然权力监督护航舆论监督有悠久传统，也有制度创新，但是舆论监督遭遇的诸多现实困境说明，这一工作还有待细化和强化。

一是完善舆论监督的制度保障。权力监督护航舆论监督要常态化，前提是舆论监督要有完善的制度保障。当前，我国舆论监督的制度构建与完

---

① 《中共中央山东分局宣传部及山东总分社关于加强新闻报道中批评与自我批评的决定》（1949年6月8日），载《中国共产党新闻工作文件汇编》（上卷），新华出版社，1980年，第343—346页。

② 《中共中央关于在报纸刊物上展开批评和自我批评的决定》（1950年4月19日），载《中国共产党新闻工作文件汇编》（中卷），新华出版社，1980年，第5—8页。

善可从五个维度来进行,即文件政策与法律法规相补充的维度、党委领导与媒体独立相统一的维度、中央推动与地方创新相协调的维度、专门法规与其他法规相衔接的维度、宏观规范与微观细则相配套的维度。①

二是构建舆论监督的容错机制。舆论监督难免出错,如果动辄穷追不舍,甚至恶意诉讼,既不利于舆论监督正常开展,也不利于社会问题的揭露和解决。在党的新闻思想史上,曾出现过舆论监督正确率"百分之五"也要包容这一说法。1954年7月,中共中央《关于改进报纸工作的决议》指出:"对报纸上的批评认为不正确或有部分失实的,应当实事求是地加以解释,但是对于其中正确的部分,即令是只有百分之五,也必须虚心接受。"②虽然正确率"百分之五"不是一个精确数字,但是它表明监督对象对舆论监督错误的最大包容程度。一些西方国家通过法律对舆论监督进行必要的宽容性保护。以美国为例,法律规定,受到批评报道的政府官员如果要起诉新闻媒体,必须自己举证证明记者的报道是"恶意"的,否则法院不予受理。而"恶意"是一个很难证明的主观因素,因此法院审理的这种名誉侵权案并不多。③当然,我国舆论监督容错机制的构建,也应当以法律为基础。

三是归拢舆论监督的评判权限。当舆论监督引发纠纷时,如果进入司法程序,最终评判权在法院。而更多舆论监督引发的纠纷则没有进入司法程序,其处理往往受到权力因素的干扰,有失公允现象时有发生,严重挫伤了舆论监督工作者的积极性。因此,很有必要将非司法程序舆论监督纠纷的评判权限归拢管理,省级及省级以下媒体可归拢到省级记协,省级以上媒体可归拢到全国记协,由记协组织专家团队来进行专业评判。

---

① 张春林:《论我国舆论监督的制度化进路》,载《郑州大学学报》,2014年第2期,第168—174页。
② 《中共中央关于改进报纸工作的决议》(1954年7月17日),载《中国共产党新闻工作文件汇编》(中卷),新华出版社,1980年,第319—329页。
③ 杨亮庆,周婷:《美国政府官员起诉媒体须证明报道为恶意》,载《中国青年报》,2004年7月15日。

创新：监督合力构筑合作模式

舆论监督要最大限度地发挥作用，除了要向权力监督"借力"，还要善于跟权力监督配合形成"合力"。自 2007 年 10 月党的十七大召开以来，"监督合力"一词成为权力制约和监督体系构建中的新术语，党的十七大报告指出："落实党内监督条例，加强民主监督，发挥好舆论监督作用，增强监督合力和实效。"[①] 这种监督合力的形成，除了要求舆论监督与权力监督在目标和方向上一致外，还要求在运作模式上呈现"你中有我、我中有你"的交融状态。

权力监督走进舆论监督

在权力监督走进舆论监督方面已有不少成功经验，主要体现为权力监督部门走进媒体的舆论监督类栏目联手开展监督，尤以广播舆论监督的"阳光热线现象"最为典型。2002 年 6 月 30 日，河北人民广播电台与省民主评议办公室联手创办的舆论监督类节目《阳光热线》正式开播。在有限的 20 分钟时间里，节目每天邀请参加行风评议的省直 51 个职能部门的主要领导和有关处室的负责同志轮流走进直播室现场接听热线电话，围绕某个主题，解答听众的政策咨询，受理听众对相关部门的投诉。在此基础上，职能部门针对听众在投诉中反映的问题，立即派人深入各地，会同当地有关部门的负责同志认真调查，一经核实，立即解决。与此同时，《阳光热线》的记者现场追踪，即时采访，在第二天的节目中通报问题的处理结果。《阳光热线》产生强烈反响，全国 20 多家省级电台仿效《阳光热线》开办了类似的舆论监督节目。[②] 与此同时，地市级电台也纷纷开设类似栏目，如，山东临

---

① 胡锦涛：《高举中国特色社会主义伟大旗帜，为夺取全面建设小康社会新胜利而奋斗——在中国共产党第十七次全国代表大会上的报告》(2007 年 10 月 15 日)，载《十七大以来重要文献选编》(上)，人民出版社，2009 年。

② 申启武：《"阳光热线现象"——广播舆论监督节目的新模式》，载《中国广播电视学刊》，2006 年第 1 期，第 17—19 页。

沂电台的"行风热线"在节目创新方面大胆尝试,特别节目——"市长走进直播间",在全省开了市长到直播间与听众直接对话、交流的先河。①

当然,为让"阳光热线"之类的舆论监督栏目不只是轰动一时的媒体现象,还应该在机制构建上下功夫,使权力监督走进舆论监督规范化、常态化、制度化。

舆论监督走进权力监督

近年来,舆论监督走进权力监督的成功实践以电视问政最为典型。2011年4月6日,武汉市委召开十一届十一次全会,掀起了一场治庸风暴。当年5月,武汉市公布了首批10个亟待解决的突出问题,并通过新闻发布会,由各责任单位"一把手"集中向社会作出对上述问题限期整改的公开承诺。为检验承诺兑现效果,武汉市"责任风暴""治庸计划"工作办公室与武汉电视台联手,于2011年11月22日到25日连续推出了4场"电视问政"。节目播出后社会反响强烈,武汉市委、市政府主要领导提出将"电视问政"常态化。截至2015年4月,武汉市共问责官员5499人,涉及局级干部41人、处级干部810人。其中,给予纪律处分941人,组织处理4559人。②继武汉电视台之后,广东、湖南、河南等多个省市电视台也陆续开播类似节目。不过,舆论监督走进权力监督绝不只是电视问政,还应该有更多媒体平台被整合,还应该有更多形式被发掘。

一般来讲,权力监督走进舆论监督是媒体主导,舆论监督走进权力监督是权力监督机关主导,无论谁主导都是朝着制约和监督公权力、维护群众利益的方向形成合力,把两种监督的效应最大化。

总之,作为权利监督形式的舆论监督,其权力属性日趋凸显,舆论监督报道进行相应转型也自然提上日程。

---

① 王言卓,赵学芝:《创新广播舆论监督的成功实践——谈临沂电台"行风热线"节目的创意与运作》,载《山东视听》,2004年第1期,第24—26页。
② 叶纯,陶涛,刘志强:《武汉治庸:平均每天揪出三个"庸官"》,载《楚天金报》,2015年4月7日,第2版。

第三章

独立性问题：舆论监督的"独"与"不独"

在国家廉政体系研究专家、新西兰学者杰瑞米·波普看来，"媒体独立的程度，便是其能够对于公职官员的行为进行有效公开监督的程度"①。这里"媒体独立的程度"涉及两个层面的含义，一是媒体独立性，二是独立媒体。西方一味倡导"独立媒体"，认为只有独立于政府、独立于政治的私人媒体，才能够对政府进行有效监督，遏制公权力腐败。而我国媒体均属国有，党管媒体的实际，决定了独立媒体在中国没有生存空间。那么，在惩治和预防腐败体系建设中，担负舆论监督这一重要职责的我国媒体如何确保自身的独立性，是一个值得研究的命题。

撕下西方"独立媒体"画皮

西方独立媒体是怎么来的

所谓"独立媒体"，是指所有权和财政独立于政府、政党的私人媒体。西方新闻观认为，只有独立媒体才能免受政府和党派控制，保持"政治中

---

① ［新西兰］杰瑞米·波普:《制约腐败——建构国家廉政体系》，清华大学公共管理学院廉政研究室译，中国方正出版社，2003年，第173页。

立"，成为"社会公器"。

西方所谓的"独立媒体"，跟商业化背景下大众化报纸的产生是一脉相承的。18世纪后期，欧美主要国家先后开始了工业革命，工业革命给近代报业带来了重大影响，各国相继进入廉价报纸时期。廉价报纸产生的原因是：社会经济飞速发展，城市化进程加快，人口迅速集中，为报纸大量发行提供了条件；经济的发展需要普遍提高劳动者素质，于是教育有所普及，粗通文字的平民增多，形成了新的广大读者群；阶级力量发生新的变化，工业资产阶级和工业无产阶级同时在扩大，这就推动了各国政治变革的进程，使办报的政治环境逐步改善；高速轮转印刷机的产生，降低了印刷成本，报纸印得更快更多；随着工商业的繁荣，广告数量大为增加，广告费收入成为报社的主要来源，报纸廉价销售成为可能。[1]

而之前，资产阶级革命成功后由不同党派创办或控制的报刊是政党之间政治斗争的工具，宣传政见，争取舆论，甚至党同伐异，激烈论战；在经济上，因报价较贵、发行量少，没有广告收入，政党报刊只好依赖执政的或在野的政党。资产阶级政党报刊的共同特点是：政治上有明显的倾向性；内容上侧重于时政新闻和言论；读者对象主要是政界和上层人士。[2]像这样的政党报刊，在政治和经济上都依附于所属政党，不可能代表广大民众自下而上对公权力进行舆论监督，更不可能成为国家廉政体系的重要支柱，从而在腐败治理中发挥积极作用。

与政党报纸相比，廉价报纸的主要特点有：政治上标榜独立，不受制于某个党派；经济上自主经营，不依赖政府或政党的津贴；读者对象为平民大众，也称为大众化报纸，这是一种新兴的资产阶级商业报纸；内容上注重地方新闻、社会新闻以及各种消闲性、趣味性的软新闻；形式上文字通俗，版面活泼，可读性强；经营上完全商业化，大量刊登广告，以此降

---

[1] 郑超然，程曼丽，王泰然：《外国新闻传播史》，中国人民大学出版社，2000年，第15页。
[2] 郑超然，程曼丽，王泰然：《外国新闻传播史》，中国人民大学出版社，2000年，第15页。

低售价，扩大发行，进而赢得更多的广告。①

19世纪末至第一次世界大战，由于社会政治经济条件的变化，近代报纸逐步向现代报纸过渡，独立于政府或政党之外的商业性报纸逐步取代政党报纸成为报业主体。第一次世界大战结束后，世界历史进入现代社会，现代报业也随之出现。英、法、美等发达资本主义国家的报纸继续商业化进程，报业的竞争和兼并加剧。在激烈的市场竞争中，舆论监督成为商业性报纸争取读者、扩大发行量、赢得广告商的拳头产品。

与独立于政党和政府的商业性报纸一样，西方发达国家的商业性电台、电视台、网站等媒体，同样也重视舆论监督，对腐败治理起到一定的积极作用。

西方媒体都是独立媒体吗

有的人一说到新闻自由，言必称欧美；一说到媒体独立性，言必称欧美独立媒体。事实上，欧美发达国家媒体并非都是清一色的商业性独立媒体。从所有制形式来看，西方媒体也是私有制、公有制、国有制三种所有制形式并存。

私有制形式下的私营媒体的特点是：依托财团；以营利为目的，广告是主要收入来源，迎合受众，监督政府有一定力度。这类私营媒体商业化程度很高，往往以"民众代表""舆论代表"自居；为了争取受众，往往抨击政府的纲领和政策，尤其对政府的丑闻不遗余力地进行揭露；由于独立负责，立场、观点不受政府制约，有些新闻、评论有一定的深度，有独到的见解。这类商业化私营媒体，就是人们习惯上的独立媒体。美国媒体主要是商业化程度很高的私营媒体。

公有制形式下的公营媒体的特点是：半官方机构，以视听费为主要收入来源，强调对公众负责，不播广告。这类公营媒体通常也被称为公共媒

---

① 郑超然，程曼丽，王泰然：《外国新闻传播史》，中国人民大学出版社，2000年，第16页。

体。这类媒体在名义上是独立的，自定工作方针，自制节目，自主经营，自负盈亏，不受政府领导，不对政府负责，不代表任何党派，但是也和政府有着千丝万缕的联系，负责人是政府首脑任命的，视听费由政府代收。因此，公营媒体本能地偏向于政府，本能地维护现政府的主张，反映政府的立场，其独立性是有限的。英国广播公司（British Broadcast Company，简称BBC）就是接受英国政府财政资助的公营媒体，但其管理由一个独立于政府以外的12人监管委员会负责，并且通过皇家宪章保障其独立性，监管委员以公众利益的信托人的身份管理BBC，他们都是社会上有名望的人士，包括苏格兰、威尔士、北爱尔兰和英格兰的首长，由英国首相提名，英女王委任。欧洲国家的媒体是公有制和私有制并存，公营媒体占相当大的比重。

国有制形式下的国营媒体，其特点是：完全依靠政府，领导由政府任命，工作方针由政府决定，经费全部或大部分来自政府；是政府的宣传机构，自觉地站在政府立场上，宣传政府的施政纲领、方针政策；内容严肃且呆板，以新闻、言论、教育类为主，即便是娱乐内容也强调健康，基本上没有海淫海盗的内容。这类媒体的独立性非常有限。

其实，媒体的独立程度是由媒体与官方的关系决定的：国营媒体是完完全全的官方媒体，独立程度最小；私营媒体是非官方媒体，独立程度最大；公营媒体是半官方媒体，独立程度介于两者之间。

西方独立媒体的独立性是怎样的

通过上面的分析，我们可以看出，西方国家媒体格局是公有制、私有制、国有制三种所有制形式并存，可以称得上独立媒体的只能是私有制背景下的商业化私营媒体。那么，这类独立媒体果真是如西方学者所宣传的那样具有独立性——独立于政府、独立于政党且能够对政府进行不受影响的监督吗？事实并非如此。

其一，媒体会自动站队，依附于政党，依附于政治。"新闻具有双重属性：一是新闻传播属性，二是意识形态属性。前者是一般属性，后者是特殊属性。西方新闻观刻意强调新闻的一般属性，竭力掩盖新闻的意识形态属性。"①而事实上，"无论过去还是现在，西方国家媒体在其意识形态和利益集团的规制下，总是或明或暗、或隐或显地表现出其政治倾向和立场，总会对政党和政府有所依附"②。即便是独立于政党、独立于政府的所谓独立媒体，也没法做到其宣示的那样独立。

其二，西方国家政府即便不直接控制媒体，但它依然有办法通过各种公开或隐蔽的手段对媒体进行控制、施加影响。通常，西方国家控制媒体的手段有五种：③一是法律控制。借助宪法、新闻法、记者法，以及其他适用于新闻传播的相关法律手段，对舆论进行控制。如，2005年美国"特工门"事件中，《纽约时报》记者朱迪斯·米勒因拒绝透露消息来源被判"藐视法庭"而锒铛入狱。二是行政控制。对于公立媒体，通过具体的机构、制度、人事权来管理媒体。对于私营媒体，则是软性控制方法，政府或与其进行人事互换交流，或派官员以个人的身份与其进行交涉，要求这些媒体进行自我审查、自我控制，不能欣然从命的媒体多半会遭到政府的冷落。三是资源控制。西方国家政府通过分配媒体资源、供给内幕新闻等控制媒体，在媒体竞争激烈的社会，遭到政府冷落，失去政府信息资源，也就意味着远离主流。四是行业控制。行业控制是弥补法律行政真空的控制，主要包括新闻行业内自我的伦理道德控制、新闻自律控制、新闻价值观控制。五是资本控制。资本控制是对舆论最根本的控制，主要包括两种：一种是政府出资控制的方式，即政府、政党等通过直接兴办新闻媒体、向一些新闻媒体进行经济补贴的方式来控制；另一种是各种经济势力通过入股、广告控制、赞助控制对新闻传播进行控制。在这五重控制下，即便是独立媒

---

① 李宝善：《自觉坚持马克思主义新闻观》，载《求是》，2013年第16期，第36—38页。
② 郑保卫：《认清西方"媒体独立"的实质》，载《人民日报》，2016年4月7日，第7版。
③ 南疆草：《揭秘西方舆论控制》，来源：海疆在线，http://www.haijiangzx.com/2016/0515/1010406.shtml。

体，要拥有绝对的独立性也是不可能的。

其三，独立媒体的"独立性"不具备广泛的代表性。事实表明，西方国家真正掌握"独立媒体"的，不是西方社会的大多数，不是99%的普通民众，而是大家族、大企业、大财团，是西方社会最有权势、被称为"1%"的那个群体！"1%"对媒体的控制比对政府的影响更加直接，媒体批评政府，与其说是公众对政府的监督和批评，不如说是主人对仆人的监督和呵斥。这才是"独立媒体"的最大真相！①

其四，政府控制的官方媒体冲抵商业性私营独立媒体的影响。即便是媒体商业化程度很高的美国，政府也要通过控制的官方媒体来发声，以冲抵私营独立媒体的影响。譬如美国之音（The Voice of America，简称VOA），1942年初创时，它隶属于美国战时情报局，1953年起归美国新闻署领导，经费来自政府拨款，不是商业媒体，也不是社会公益媒体，而清清楚楚地是政府机构的分支。创办之初，主要从事战争宣传。第二次世界大战结束后，主要进行反共宣传。以后逐渐将重点转为阐明美国政府的政策，宣传美国社会和美国生活方式，报道国内外新闻及时事评论等。可以说，"美国之音"是不折不扣的美国政府官方媒体，所传播的是"美国政府之音"，而非"美国民众之音"，它对一定程度上反映民众诉求的独立媒体之音，必然是一种冲抵。

其五，资本对媒体的控制力影响媒体独立性的发挥。"独立媒体"可以独立于政府、独立于政党，却不可能独立于资本。西方国家所谓"独立媒体"均为财团控制，那些控制着国家经济命脉的大垄断财团，往往会把媒体的所有权和话语权掌握在自己手中，它们通过媒体来控制舆论，通过舆论再影响政府，以获得对自己有利的政策。其体现的"独立性"，本质上是服从和服务于资本的独立性，而非其标榜的服务民众利益的独立性。

---

① 郭纪：《从"占领华尔街"运动透视西方"独立媒体"》，载《求是》，2011年第24期，第52—54页。

中国语境下的媒体独立性

媒体独立性：新中国媒体发展视域

自从20世纪50年代社会主义公有制改造完成后，我国媒体在政治属性上就统一为：党和政府的耳目喉舌，党和政府联系人民群众的桥梁和纽带。因此，我国媒体不存在政治独立性一说，只有一定程度的经济独立性。而经济独立性又是与媒体的市场化程度息息相关的，从市场化程度来看，我国媒体的独立性经历了前市场化阶段、半市场化阶段、市场化阶段三个阶段。

前市场化阶段（1949—1978）

新中国成立初期，还有相当一部分私营媒体。1950年3月全国私营报纸58家，到6月底，减为43家，到11月底为39家；1951年4月底为31家，到同年8月底，就只剩25家。[①]1950年7月，对《大公报》实行了公私合营。1952年年底，全国所有私营报纸都实行了公私合营。1953年后，我国报纸全部实现了公营。新中国刚成立时，全国有私营广播电台34家，到1952年年底全部完成了社会主义改造，成为公营广播电台。[②]50年代初，有关部门也曾力推报纸经营实行"企业化"，报纸发行实行"邮（递）发（行）合一"，使不少报纸实现了经济独立，1950年8月，全国有33家公私营报纸已经或开始做到全部自给而有盈余，1951年，省级以上报纸基本做到自给自养。[③]不过，随着1956年国民经济社会主义改造全面完成，这种独立性便消失殆尽。

社会主义改造全面完成之后，我国形成了高度集中、高度统一的计划

---

① 陈业劭：《中国新闻事业通史》（第三卷），中国人民大学出版社，1999年，第37页。
② 陈业劭：《中国新闻事业通史》（第三卷），中国人民大学出版社，1999年，第42页。
③ 陈业劭：《中国新闻事业通史》（第三卷），中国人民大学出版社，1999年，第44页。

经济体制，这一经济体制对传媒的发展主要有三方面的影响：一是传媒事业单位性质的确立，为其财政依靠找足了依据。这一时期，事业单位实行的是预算拨款制，即本身不从事经营活动，所有开支由国家财政负担。二是对新闻资源的计划配置，严格限制了传媒的自主权。三是社会产品实行统购统销，完全脱离市场，使媒体的广告市场日趋萎缩、枯竭殆尽。① 这样一来，媒体经济属性几近于无，自然也谈不上经济独立性。

半市场化阶段（1978—1992）

前市场化阶段那种完全靠财政拨款的传媒机制越来越不适应传媒业的发展，进入半市场化阶段后，如何解决传媒发展的资金问题成为极其迫切的问题。1978年年末，人民日报等首都数家新闻单位联合给财政部打报告，要求试行"事业单位，企业化管理"的经营方针，希望通过适当的自主经营获得一些经济收入，以弥补政府财政补贴的不足。财政部批准了这个报告，根据当时的有关政策，报社属于事业单位的性质不变，但可以从事一定的经营活动，经营所得的一部分可以用于增加职工的收入和提高职工的福利待遇，也可以用于改善报社的办公设施和技术设备。②1979年1月4日，《天津日报》第三版刊登蓝天牙膏等广告，拉开了报纸广告的序幕；1979年1月28日，上海电视台于17时05分，播发了引人注目的第一例商业电视广告——参桂补酒，时长1分35秒；1979年3月15日，上海人民广播电台播发了"春雷药性发乳"——第一例商业广播广告，启动了广播广告。③有关资料表明，从1980年到1985年，中国报界还出现了在经营方式上实行独立核算、自负盈亏的报纸。④媒体自主性经济收入的增长，大大增加了其独立性。

---

① 张春林：《当代中国传媒的受众策略》，重庆出版社，2006年，第43—44页。
② 唐绪军：《报业经济与报业管理》，新华出版社，2003年，第111页。
③ 《99中国广告年鉴》，新华出版社，2000年，第61页。
④ 陈业劭：《中国新闻事业通史》（第三卷），中国人民大学出版社，1999年，第505页。

市场化阶段（1992—）

20世纪90年代中后期，都市报作为一种新报种的诞生，把我国媒体的经济独立性推向了一个新高度。在都市报诞生之前，没有一种专门针对普通市民的媒体。虽然传统晚报在普通市民中有较好的群众基础，但这些晚报大多履行着城市党报的职能，内容上也不过是日报的"拾遗补阙"，没法充分挖掘普通市民的需求。而都市报则不一样，其"全心全意为市民服务"宗旨的贯彻执行，一方面大大激活了受众对日报、晚报所不能提供的市井新闻、社会新闻、民生新闻等新闻的潜在需求，这些看似"难登大雅之堂"的新闻的确为普通市民所喜闻乐见，也成就了都市报的辉煌。除了承担新闻宣传"规定动作"之外，都市报更多从市民拨打的新闻热线中筛选线索去完成"自选动作"；没有财政经费补贴，运行完全靠广告收入；发行主要是自办发行，而非邮局发行，除大量靠报摊零售外，订阅用户也是报社发行员送报上门；内容丰富，价格便宜，报摊报贩随处可见，极大地方便了读者。与传统晚报基本上在计划经济体制下运作不同的是，都市报完全按市场机制运作，是一个相对独立的市场主体。

如果说都市报兴起的前几年还顶着"事业单位，企业管理"的帽子，那么2011年至2012年非时政类报刊的转企改制，则扔掉了这顶帽子，把以都市报为代表的市场化报刊全面推向了市场。所谓非时政类报刊是相对于时政类报刊而言的，主要包括中央和地方党报党刊所办的都市报、晚报，以及所有企业法人办的报刊。所谓转企改制，就是具备独立法人资格的报刊从事业法人转为企业法人，实行公司化运作。如果说这些报刊之前还有主办单位可依靠，那么转企改制后，就成为完全独立的市场主体，需要独自面对市场，独立担当与风险责任并存。当然，非时政类报刊转企改制并不等于脱离党的领导，也不等于舆论导向方面可以自行其是。

通过对前市场化阶段、半市场化阶段、市场化阶段媒体独立性的梳理，可以看出，当代中国媒体的独立性主要体现在经济层面，随着国民经济及传媒产业市场化程度不断提高，随着文化产业体制改革逐步走向深入，绝大部分媒体都成为完全按市场化运作的独立的市场主体。

媒体独立性：中共新闻思想史视域

为确保党的媒体开展舆论监督的效果，恩格斯曾经主张创办形式上独立的党的刊物。他在告诫德国工人运动领袖奥古斯特·倍倍尔时指出："你们在党内当然必须拥有一个不直接从属执行委员会甚至党代表大会的刊物，也就是说这些刊物在纲领和既定策略的范围内可以自由地反对党所采取的某些步骤，并在不违反党的道德和范围内可以自由批评纲领和策略。你们作为党的执行委员会，应该提倡甚至创办这种刊物……首先需要的是形式上独立的党的刊物。"[①]

不过，恩格斯这一主张在马克思主义新闻理论中强调得并不多，而中国共产党新闻思想史中则更多强调舆论监督编辑记者的独立责任。为减少来自监督对象的干扰，确保舆论监督的效果，1950年，中共中央印发《关于在报纸刊物上展开批评和自我批评的决定》，要求记者、编辑对舆论监督负"独立的责任"，并指出，继续沿用战争年代把舆论监督稿件送给监督对象阅看并征求意见才能发表的做法是"害多利少的，不对的"[②]。

中央人民政府新闻总署署长胡乔木1950年3月29日《在全国新闻工作会议上的报告》中，在谈到舆论监督时，也从给舆论监督"扫除一种不必要的障碍"这一目的出发，主张舆论监督过程中"全部责任由报社来负"[③]。这里的全部责任由报社来负，跟中央《决定》中舆论监督编辑记者负"独立的责任"含义是一致的。

在之后的官方文献中，关于舆论监督编辑记者及媒体负独立责任的表

---

① 《马克思恩格斯全集》（第38卷），人民出版社，1972年，第517页。
② 《中共中央关于在报纸刊物上展开批评和自我批评的决定》（1950年4月19日），载《中国共产党新闻工作文件汇编》（中卷），新华出版社，1980年，第5—7页。
③ 《中央人民政府新闻总署署长胡乔木在全国新闻工作会议上的报告》（1950年3月29日），载《中国共产党新闻工作文件汇编》（中卷），新华出版社，1980年，第42—51页。

述很少，原因在于，这已经成为自觉，不需要强调。

党管媒体与媒体独立性矛盾吗

一说到舆论监督媒体的独立性，一些人总喜欢把其与党管媒体、舆论监督接受党的领导看作一对不可调和的矛盾——似乎主张党管媒体、舆论监督接受党的领导，就没有媒体独立性可言；主张媒体独立性，就不能实行党管媒体，舆论监督就没法接受党的领导。

其实，这种看法是错误的。党管媒体和舆论监督接受党的领导，是我们谈舆论监督媒体独立性的前提和基础，这也是马克思主义新闻观一再强调的。马克思认为，党的报刊对党的批评不是无限度的，一个基本规范是党的报刊不得反对党的纲领。他说："我们容许每个支部对实际运动抱有自己的理论观点，但是有一个前提，即不得提出任何与我们章程直接抵触的论点。"[①]恩格斯所谓"形式上独立的党的刊物"，这种独立也是在党的"纲领和既定策略的范围内"，"在不违反党的道德的范围内"，舆论监督依然要接受党的领导。

毛泽东关于舆论监督的"开、好、管"三字方针，其中"管"就是指党委要管舆论监督，舆论监督要接受党委的领导，认为党委领导是搞好舆论监督"根本的关键"[②]。邓小平也一再强调舆论监督的党性原则，认为"党报党刊一定要无条件地宣传党的主张"，对党的工作中的缺点和错误有批评的权利，但这种批评一定"要合乎党的原则，遵守党的决定"[③]。之后党的历届领导人，一直强调党对媒体的领导，强调新闻宣传工作的党性原则。

[①]《马克思恩格斯全集》（第32卷），人民出版社，1975年，第663页。
[②]《报纸上的批评要实行"开、好、管"的方针》（1954年4月），载《毛泽东论新闻宣传》，新华出版社，2000年，第130页。
[③]《目前的形势和任务》（1980年1月16日），载《邓小平文选》（第二卷），人民出版社，1994年，第272页。

因此，在中国谈舆论监督媒体的独立性，不应该是一个敏感话题，只要在党管媒体、舆论监督接受党领导的前提下，在党性原则框架内，谈媒体独立性就不会犯政治错误。

中国该如何构建媒体独立性

需要哪种媒体独立性

绝对独立性与相对独立性

"不管东方媒体还是西方媒体，其独立性均是有限的，背叛其价值理念和利益集团的绝对独立性是不存在的。"[①] 因此，没有所谓绝对独立性可言，我们能够讨论的只有相对独立性。而这种相对独立性是立足于政体国体、所有制、意识形态等因素的，没有超越政党、超越阶级、超越利益集团的媒体独立性。

在媒体的绝对独立性与相对独立性关系问题上，我们还应该警惕两点：一是极尽美化西方媒体独立性的优点，用以攻击我国媒体独立性的不足。这种观点不仅无视西方媒体独立性存在的问题，更无视我国媒体的特殊性，是错误的，应该反对。二是强调我国媒体的特殊性，简单否定西方媒体独立性，进而避谈我国媒体的独立性。这种观点同样是错误的，西方媒体独立性方面的一些做法值得我们学习和借鉴，只要符合我国国情，就不应该排斥。因此，我们要探讨的媒体独立性是中国特色的媒体独立性。

独立媒体与媒体独立性

党管媒体是我国媒体的最大国情，任何媒体都要坚持党的领导、接受党的领导，这是不容讨论的。政治意识、大局意识、核心意识、看齐意识，是中央对全党的要求，更是对党领导下社会主义新闻事业的要求。讲政治，

[①] 薄鲁军，蔡鹰：《新闻规律与媒体特性》，载《中国广播电视学刊》，2010年第7期，第28—30页。

讲党性，严守政治纪律和政治规矩，应该成为所有媒体人的自觉。而且，我国媒体本身就是党和政府的耳目喉舌，是党和政府联系人民群众的桥梁和纽带，其宗旨是为社会主义服务和为人民服务，党的新闻事业也是党的事业的重要组成部分。因此，从政治上讲，我国媒体没有独立于党和政府的独立性可言，更不能允许独立媒体的存在。

从经济体制上讲，我国实行的是社会主义公有制，新闻媒体在所有权上均归国有，没有私人媒体这一说法。换言之，我国没有独立于社会主义公有制的独立媒体。所以，无论是政治上，还是经济上，我国均没有独立媒体，独立媒体之说不符合我国国情。

当然，没有独立媒体并不等于媒体没有独立性可言。我国媒体的独立性，是在坚持党的领导和坚持社会主义公有制前提下的独立性；这种独立性，是操作运营层面的相对独立性；这种独立性，是充分激发广大新闻工作者创造力、办出党和政府与人民群众"两满意"新闻事业的独立性。

媒体独立性的边界

之所以把我国媒体独立性定位为相对独立性，那是因为媒体独立性有各种边界。我国媒体的独立性主要有四重边界：

一是政治边界。这里的政治边界，要求新闻媒体工作者把坚持党的领导、坚持党性原则内化为新闻工作的政治正确性，"党的新闻舆论媒体的所有工作，都要体现党的意志、反映党的主张，维护党中央权威，维护党的团结"[①]。

二是法律边界。这里的法律边界，要求新闻媒体工作者自觉维护法律的尊严，在自身守法的基础上，积极推动法律法规的贯彻执行，主动运用舆论工具同各种违法犯罪行为做斗争。

三是宣传纪律边界。这里的宣传纪律边界，要求新闻媒体工作者自觉

---

① 光明日报评论员：《切实加强党对新闻工作的领导》，载《光明日报》，2016年2月26日，第2版。

遵守党的宣传纪律，坚持正确的舆论导向、坚持正面宣传为主，积极营造健康向上的舆论氛围。

四是新闻规律边界。这里的新闻规律边界，要求新闻媒体工作者自觉尊重新闻传播规律，积极创新新闻宣传的方法和手段，切实提高新闻宣传的传播力、引导力、影响力、公信力。

谁在干扰媒体独立性

相对于新闻宣传其他方面的工作而言，舆论监督媒体独立性的构建显得尤为迫切。除了舆论监督在惩治和预防腐败体系建设中的重要性外，来自方方面面的干扰因素也是亟待解决的。

来自公权力的干扰

舆论监督的本质就是自下而上对公权力进行监督，因此，来自公权力的干扰无疑会成为影响舆论监督媒体独立性的首要因素。在许多西方国家，即便是媒体市场化程度很高的国家，即便是那些不属于任何政党、政府的所谓独立媒体，也很难不因为舆论监督遭受来自公权力的干扰。

通常，西方国家公权力干扰舆论监督媒体独立性有两种手段：一是政府对舆论监督媒体进行歧视。这种歧视，或以公开的形式出现，如为支持政府的记者"提供更多的获得政府信息的机会和更有效的行动独立性"；或以比较隐蔽的形式出现，"如只向国有媒体或拥护政府观点的媒体提供广告生意"。二是"政府主管部门还经常动用其拥有的法定权力和管制权力来对媒体进行恐吓或审查"[①]。

我国公权力对舆论监督媒体独立性的干扰主要也有两种：一是监督对象滥用公权力打压舆论监督媒体和记者。其中，尤以动用警察公权力为甚。2008年1月初，闹得沸沸扬扬的辽宁西丰县警方以涉嫌诽谤罪进京抓记者

---

① ［新西兰］杰瑞米·波普：《制约腐败——建构国家廉政体系》，清华大学公共管理学院廉政研究室译，中国方正出版社，2003年，第182页。

事件，最终以撤销立案、撤销拘传收场。不过，这并未影响一些地方的党政要员滥用公权力粗暴干涉舆论监督。在百度中输入"警察抓记者"，能找到312万个相关结果。二是一些地方、部门和行业为了自身利益设置舆论监督保护区。譬如，西部某省宣传部门，就曾经给本地媒体开出过舆论监督保护名单，不能采写省属重点企业的舆论监督报道。

来自媒体利益相关方的干扰

新闻媒体不可能成为一座孤岛，其方方面面都要跟其他社会组织机构发生关系，而且不少是利益相关方，媒体为了自身利益，从事舆论监督报道时，势必会对这些利益相关方网开一面，有碍公平正义。其中，广告商与媒体利益关系尤为密切，特别是主要靠广告收入生存的市场化媒体，大型广告客户更是它们特别倚重的；它们不可能一边收着人家的巨额广告费，一边又对这些广告客户进行切实有效的舆论监督；遭遇媒体舆论监督的广告商，也不可能再乐意把广告费投给监督它的媒体。在新闻操作与商业操作发生冲突的时候，很多媒体在舆论监督问题上都选择了妥协。不少西方媒体将大型广告客户列入舆论监督豁免名单，国内一些媒体也曾有这样的做法。

除了广告商之外，媒体销售涉及的利益相关方，也可能对舆论监督媒体独立性进行干扰。譬如，党报的发行主要依靠各级党委宣传部门，这些宣传部门通常会就减少当地舆论监督报道量与承担报纸发行数量之间的关系跟报社交涉。西部某省级党报就曾经遭遇过这样的事情，年终要分派来年报纸发行任务时，一地级市委宣传部就给报社发行部发了一份传真，列举了这家报纸当年对该市进行舆论监督报道的稿件清单；发行部把这份清单转交给分管舆论监督的副总编辑，副总编辑在清单上签署减少该地舆论监督报道数量的意见后，将清单交给承担舆论监督的采编部门执行；发行部还拟出各市州发行报纸数量排行名单，要求对发行量靠前的市州在舆论监督报道上有所减少。

另外，一些政府部门对媒体有直接的管辖权，它们作为与否，事关媒体的切身利益，因此，媒体对这些部门进行舆论监督时也有所顾忌。譬如，工商行政管理机关有权对媒体违法违规发布广告行为进行查处，若严格按照相关法规要求，部分媒体刊播的许多广告都很难过关；倘若这些媒体一味对自身广告有管辖权的工商行政管理部门进行舆论监督，难免会激起其对媒体广告的查处。一家西部报业集团一年的纯利润曾经达到3000万元，旗下某知名都市报的医疗广告年收入刚好也是3000万元，这家报业集团旗下报纸很少做工商部门的舆论监督，甚至部分线索被淡化处理或者弃之不理；集团内部相关人士透露玄机，这家都市报的医疗广告基本上是违法违规的，若工商部门查处，3000万元医疗广告收入没有了，集团立马从盈利企业变成亏损企业。

又如劳动监察部门可以对媒体用工方面的违法违规行为进行查处，媒体对其进行舆论监督也是要慎之又慎。如某省级党报曾经在一组《记者暗访机关作风实录》的策划性报道中，对所在省会城市劳动监察部门的不良作风进行了披露。报道如实记录，无可厚非，可是，该劳动监察部门不是找报社编辑部，而是找到集团人力资源部；来者绝口不提报道问题，而是提醒集团下属某都市报多年没有给大量招聘员工买养老保险，按相关规定，除了补交养老保险，还会被处以金额不菲的罚款，搞得人力资源部负责人莫名其妙；后来对方提示看当天报纸上的相关报道。最后，集团人力资源部责成发稿部门与市劳动监察部门沟通，在赔礼道歉的基础上，并以跟进正面报道作为补偿，协商后还承诺今后若做该市劳动监察系统的舆论监督，刊发前一定与对方多沟通，话外之意不言自明。

来自媒体内部人员关系网的干扰

每个人都是社会人，被各种关系网包裹，舆论监督工作者更不例外。对于一些没法回避的关系网，特别是媒体负责人的关系网，一旦涉及舆论监督，要想不受干扰是非常困难的。即便是号称独立自由的西方媒体，媒体负责人也通常要让自己的关系网在舆论监督报道方面"享受特惠的待遇"。为了规避关系网，搞好舆论监督，调查性记者和主编被描述成"另类物种"——避开了同伴、正常时间、正规着装与其他代表公司价值的标志的孤独狼群。①

而我国舆论监督受媒体内部人员关系网干扰的情况也十分常见,突出表现在两个方面:

一是不监督。除一些地方、部门和行业为了自身利益设置舆论监督保护区外,媒体内部往往也会划定各种类型的舆论监督保护区。某省级党报曾经就有关于舆论监督不成文的内部规定:一位副总编辑曾经在某县挂职当过副县长,这个县的舆论监督不能做,即便做了,当地也会通过这位副总编辑的关系,让报道不能刊发;同理,某副总编辑的家乡、某位省领导定点扶贫联系县、某中央领导曾点名表扬过的县、省里面重点培养后备干部管辖的市州等,舆论监督都不好搞。

二是偏见性监督。除了群众自发向媒体反映情况和媒体主动从社交平台等渠道获取线索外,不少舆论监督线索都是通过媒体内部熟人渠道来的,熟人及熟人的熟人、朋友及朋友的朋友、关系及关系的关系,他们通常与所提供线索之间存在某种利益关系,之所以找到某家媒体,就是希望获得对自己关系网有利的舆论监督。这样一来,媒体在做舆论监督报道时容易先入为主,或主动放弃深入调查,或偏信线索提供者的一面之词,或刻意筛选倾向明显的材料,致使舆论监督报道在事实呈现和观点表达方面都存在偏见。同一事件的舆论监督报道,经常会出现两家媒体截然不同的"打架"局面,很大程度上就是偏见在作祟。

来自监督对象恶意诉讼的干扰

当事前阻碍舆论监督报道公开刊播失灵后,不少监督对象往往会选择事后对舆论监督媒体及记者进行诉讼。据相关资料统计分析,近年来我国1000余起舆论监督引发的官司中,新闻界的败诉率达70%。其实,无论最

---

① 展江,张金玺等:《新闻舆论监督与全球政治文明——一种公民社会的进路》,社会科学文献出版社,2007年,第125页。

终结果是败诉还是胜诉，舆论监督媒体及记者都会因为官司耗费大量的时间及精力，对舆论监督都会造成干扰。

以世界奢侈品协会北京国际商业管理有限公司（简称"世奢会"）诉媒体案为例，该案从微博爆料到媒体新闻报道再到一审、二审，持续时间达3年多。2012年5月，网络大V"花总丢了金箍棒"在其微博上对"世奢会"提出质疑，引起关注。此后《新京报》和南方报业传媒集团旗下《南方周末》对此事分别刊登的报道《"世奢会"被指皮包公司》和《廉价"世奢会"》引发官司。2014年2月，北京市朝阳区人民法院一审判决：判令被告在《新京报》《南方周末》第一版显著位置刊登向"世奢会"的致歉声明。随后上述媒体不服判决，提起上诉。2015年11月9日上午，"世奢会"诉《新京报》、南方报业传媒集团名誉权纠纷案在北京市第三中级人民法院二审宣判；法院认定，南方报业集团与《新京报》报道对"世奢会"现象的调查和质疑具备事实依据，作者写作目的和结论具有正当性，文章不构成对"世奢会"名誉权的侵权；法院判决，撤销一审对《新京报》与南方报业集团的宣判结果判决，驳回"世奢会"全部诉讼请求。2016年3月，民政部公布首批"山寨社团"203家，世界奢侈品协会名列其中。

"世奢会"这样诉讼主体身份的合法性都存在问题的监督对象，针对舆论监督媒体的诉讼，无疑是恶意诉讼。可是，这样的恶意诉讼居然能够旷日持久，不得不让人深思。类似恶意诉讼，无论最后胜诉与否，媒体都伤不起。

媒体独立性构建之路怎么走

主体地位层面的思考

自2012年11月党的十八大以来，以习近平为核心的党中央在惩治腐败问题上坚持无禁区、全覆盖、零容忍，既查处了一大批腐败官员，又大力推进惩治和预防腐败体系建设，特别是对舆论监督主体地位的新论述，为我们审视舆论监督媒体的独立性提供了政策依据。

在党的十八大报告中，第五部分"坚持走中国特色社会主义政治发展道路和推进政治体制改革"第六条"健全权力运行制约和监督体系"中提到舆论监督，要求"加强党内监督、民主监督、法律监督、舆论监督，让人民监督权力，让权力在阳光下运行"①，这里把"舆论监督"与其他监督形式并列，这是对舆论监督主体地位的提升，是之前中央文件表述中没有的。

而党的十九大报告，是在报告结尾部分"新时代党的建设总要求"第七条"健全党和国家监督体系"中提到舆论监督的，要求"构建党统一指挥、全面覆盖、权威高效的监督体系，把党内监督同国家机关监督、民主监督、司法监督、群众监督、舆论监督贯通起来，增强监督合力"②。

与十八大报告相比，十九大报告关于舆论监督的提法有三点不同：一是语境不一样。十八大报告是在"坚持走中国特色社会主义政治发展道路和推进政治体制改革"这一语境中提舆论监督的，而十九大报告是在"新时代党的建设总要求"这一语境中提舆论监督的。二是目标不一样。十八大报告提舆论监督的目标指向是"健全权力运行制约和监督体系"，而十九大报告提舆论监督的目标指向是"健全党和国家监督体系"，特别是"党"和"国家"这两个关键词，凸显了党内监督与党外监督的融合性。三是关键词不一样。十八大报告作用于舆论监督与其他监督形式的关键词是"加强"，而十九大报告则是"贯通"，从"加强"到"贯通"，这是对舆论监督主体地位的又一次提升。

在党和国家监督体系方面，中央和国家高层在顶层设计上也做了相应部署。就党的监督体系而言，2016年10月27日中国共产党第十八届中央

---

① 胡锦涛：《坚定不移沿着中国特色社会主义道路前进　为全面建成小康社会而奋斗——在中国共产党第十八次全国代表大会上的报告》（2012年11月8日），载《人民日报》，2012年11月18日，第1版。

② 习近平：《决胜全面建成小康社会　夺取新时代中国特色社会主义伟大胜利——在中国共产党第十九次全国代表大会上的报告》（2017年10月18日），载《人民日报》，2017年10月28日，第1版。

委员会第六次全体会议通过的《中国共产党党内监督条例》①，相对于2003年12月31日中央发布的《中国共产党党内监督条例（试行）》②而言，主要有两点不同：一是就党内监督体系的表述而言，2003年试行《条例》重点突出"集体领导和分工负责""重要情况通报和报告"等十大监督制度，2016年《条例》则重点突出"党的中央组织的监督""党委（党组）的监督""党的纪律检查委员会的监督""党的基层组织和党员的监督"等多个层面的监督主体和监督对象。二是就舆论监督的表述而言，各级党组织和党的领导干部作为监督对象在对待舆论监督的态度方面，从之前的"重视和支持"变为"认真对待、自觉接受"；在支持舆论监督上增加对监督对象主动性方面的要求，"利用互联网技术和信息化手段，推动党务公开、拓宽监督渠道"；对舆论监督的要求，从之前笼统讲注重"社会效果"到具体谈"对典型案例进行剖析，发挥警示作用"。

就国家监督体系而言，2016年11月7日，中共中央办公厅印发《关于在北京市、山西省、浙江省开展国家监察体制改革试点方案》③，部署在3省市设立各级监察委员会，从体制机制、制度建设上先行先试、探索实践，为在全国推开积累经验。根据中央精神，2016年12月25日，第十二届全国人民代表大会常务委员会第二十五次会议通过了《关于在北京市、山西省、浙江省开展国家监察体制改革试点工作的决定》④，决定在3省市开展国家监察体制改革试点工作。2017年10月29日，中共中央办公厅印发《关

---

① 《中国共产党党内监督条例》（2016年10月27日），载《人民日报》，2016年11月3日，第6版。
② 《中国共产党党内监督条例（试行）》（2003年12月31日），载《十六大以来重要文献选编》（上），中央文献出版社，2005年。
③ 《中办印发〈关于在北京市、山西省、浙江省开展国家监察体制改革试点方案〉》，载《人民日报》，2016年11月8日，第3版。
④ 《全国人民代表大会常务委员会关于在北京市、山西省、浙江省开展国家监察体制改革试点工作的决定》，载《中华人民共和国最高人民检察院公报》，2017年第3期，第1页。

于在全国各地推开国家监察体制改革试点方案》①，明确提出，在2017年年底、2018年年初召开的省、市、县人民代表大会上产生三级监察委员会。2017年11月4日，第十二届全国人民代表大会常务委员会第三十次会议通过《关于在全国各地推开国家监察体制改革试点工作的决定》，②决定在全国各地推开国家监察体制改革试点工作。

党和国家监督体系建设的全面展开，对舆论监督提出了更高的要求。舆论监督如何与党内监督、国家机关监督、民主监督、司法监督、群众监督等监督形式有效贯通，形成监督合力，凸显舆论监督主体地位是至关重要的。而舆论监督媒体的独立性，又是舆论监督主体地位的重要保障，因此，我们需要重新审视媒体独立性。

政治层面的思考

在与公权力的力量关系对比中，舆论监督所要面对的，除了有关部门滥用公权力的"直接干扰"和监督对象借助关系网的"间接干扰"外，还存在囿于上下级关系的"不敢监督"和囿于媒体利益关系的"不能监督"。而这几种情况都是良性舆论监督所不允许的，也是对惩治和预防腐败无益的。鉴于党政机关及工作人员是舆论监督的主要干扰源，因此，可以从政治层面寻求一些突破。

其一，把干扰舆论监督纳入领导干部问责条款。领导干部干扰舆论监督往往不是舆论监督报道本身存在什么问题，而是舆论监督涉及事件与其存在强利害关系，一旦公开，可能影响其政治前途，甚至有可能使其身陷囹圄；干扰舆论监督，实质上是在掩盖违法犯罪事实。如果把干扰舆论监督纳入领导干部问责条款，一旦事实清楚，证据确凿，并按照相应组织程序问责，这会让干扰舆论监督者有所顾忌。

---

① 《中共中央办公厅印发〈关于在全国各地推开国家监察体制改革试点方案〉》，载《决策探索》（上半月），2017年第11期，第5页。

② 《全国人民代表大会常务委员会关于在全国各地推开国家监察体制改革试点工作的决定》，载《先锋队》，2017年第36期，第5页。

其二，强化纪检监察部门与媒体舆论监督部门之间信息沟通与资源共享。如果纪检监察部门把可以共享的办案线索责成媒体去做舆论监督报道，或者媒体把掌握的重要舆论监督线索报送纪检监察部门去查办，或者纪检监察部门加大对舆论监督披露案件的查处力度，这样，在组织监督和舆论监督的双重压力下，干扰舆论监督者也不敢肆无忌惮。

其三，畅通舆论监督内参送达主要领导的渠道。对于不敢监督和不能监督的情况，媒体同样不能放弃舆论监督职责，即便不能公开报道，也要善于通过内参反映情况，促进问题的解决。一般来说，各地党报内参都能顺利送达当地主要领导，而其他媒体内参则不能，这就非常有必要把一个地方的媒体内参工作归拢到党报，由党报根据重要性决定主送领导。不过，值得注意的一点是，近年来一些地方的内参工作下滑厉害，亟待引起重视。

其四，倡导纪检监察部门与媒体合办舆论监督类或者反腐倡廉类的栏目（节目）、专版（专栏）、专刊（专题）。除了媒体相应位置有纪检监察部门的名称及标识外，更应该在内部运作方面深度合作。这样，有组织监督密切配合的舆论监督，其效果肯定要好得多。

经济层面的思考

舆论监督如果与经济利益发生过多联系，就很难确保其公正性。而媒体作为独立的市场主体，其广告经营、产品销售、市场拓展等环节又不得不与外部发生千丝万缕的经济联系。因此，在经济利益面前，舆论监督媒体往往面临两难选择。从经济层面的考量，舆论监督应有以下几个方面的突破。

其一，舆论监督媒体应坚持社会效益优先原则，不因经济利益而放弃对利益相关方的舆论监督。在如今这个信息传播方便快捷的时代，任何单位想要掩盖跟公众利益息息相关的信息线索都非常困难。一条舆论监督线索，即便利益相关媒体不做，利益非相关媒体也会做；即便本地媒体不做，外地媒体也会做；即便地方媒体不做，中央媒体也会做；即便大众媒体不做，社交媒体也会做；即便公开平台一定范围内可控制，一些私密渠道也会广为传播。因此，涉事单位和个人第一时间积极应对，比"捂盖子"更重要。而且，舆论监督的首要目的是促进问题解决，而不是简单曝光涉事单位和个人。作为监督对象利益相关的媒体，如果能够第一时间掌握线索，不应该是回避监督，而应该在确保国家利益和公众利益的前提下，充分利用媒体优势，化解矛盾，把公开报道对监督对象的损害降到最低限度。

其二，阻断舆论监督编辑记者利用职务便利可能发生经济联系的同时，对其予以一定的额外经济激励，稳定采编队伍。正面宣传往往都有各种分口，口子新闻能一定程度上维持记者的工作量；线索来源单位主动联系媒体和记者，会为采访提供各种方便；采访对象积极配合，采访难度小；大多有通稿及相关材料，写作难度相对较小；一般有重要领导出场，发稿容易；政策风险小，记者编辑一般不用担责。而舆论监督则刚好相反，记者不可能分口，没有口子新闻；线索来自群众反映，或者从其他渠道获取，需要记者主动联系采访对象，除利益受损方外，其他采访对象都不愿意配合，特别是监督对象拒绝采访甚至恶意干扰采访的情况很常见，采访难度大；现成材料不多，需要记者主动搜集，事实脉络不清晰，需要记者费力梳理，稿件写作难度大；政策风险大，加上采访对象不配合或提供信息偏差易造成失实，记者编辑担责可能性大；遇重要会议及节庆活动时宣传部门"控负"（控制负面报道），或者公权力从中作梗，发稿难度大。鉴于正面宣传和舆论监督工作性质差别较大，因此，既要阻断舆论监督编辑记者利用职务便利可能发生经济联系，又要对其进行经济激励。就阻断经济联系而言，既要避免正面宣传编辑记者与舆论监督编辑记者混岗，又要禁止舆论监督编辑记者沾染与广告、发行等有关的经济活动。就经济激励而言，除稿费上扬和工作量下抑外，要注意充分考虑撤稿、内参等隐性工作量，还应该增设专门性基金，鼓励舆论监督记者多出好稿。

其三，探索创办不涉经济活动的舆论监督类专门媒体，确保舆论监督工作的纯粹性。这类媒体在管理体制上可列入参照公务员管理的事业单位，财政全额拨款，隶属于纪检监察部门管辖，宣传部门进行业务指导；专门刊播自采自编的舆论监督稿件，可不承担常规媒体的指令性宣传任务，也可不接受常规媒体阶段性"控负"等宣传纪律的刚性要求；不刊播任何形式的广告，不需要受众付费阅看，也不搞其他任何形式的经营活动；若是纸质媒体，可随党报党刊一起赠阅，给予党报党刊适当发行经费补贴即可；若是电视专题，可用政府采购公共服务形式从电视台购买时段；若是APP客户端，可在本地门户网站、权威政务新媒体平台等，建立相应链接；人员工资成本、日常办公成本、稿件采编制作播送成本等，可从财政经费列支；另可设立反腐败基金，接受社会捐款，用以贴补办公经费和激励采编人员。

不过，这里所指的舆论监督类专门媒体应避免走入两个误区：一是办成纪检监察部门的机关媒体，大量刊发工作性报道，挤占舆论监督报道空间，从而丧失其舆论监督媒体的"专门性"特色。二是线索筛选标准不明确，眉毛胡子一把抓，重点不突出，从而缺乏参与惩治和预防腐败的"力度"和"锐气"。为避免出现这两种情况，舆论监督类专门媒体创办之初，就应该跟机关媒体严格区分，不刊播工作性报道，重点刊播根据新闻线索采编的原发性舆论监督报道，另外可刊登一些有警示价值的大案要案解析；严格区分一般性民生情况反映与重要舆论监督线索，围绕权力制约与监督来筛选线索。

法律层面的思考

法律应该成为舆论监督媒体独立性最有力的保障，鉴于目前我国相关法律法规实际，可从以下几个方面入手。

一是立法上更明晰。尽管宪法及相关法律法规为舆论监督赋权的条款不少，但是这些条款过于分散，而且不够具体，在舆论监督引发新闻官司的审判中可操作性不强。因此，很有必要从立法层面为确保舆论监督媒体独立性寻求突破。在出台专门的《新闻法》或《舆论监督法》时机还不成熟的情况下，可以出台《舆论监督条例》，或者有关司法解释，或者在领导干部问责等相关法规中细化舆论监督条款。

二是司法上更宽容。据有关资料显示，美国新闻侵权诉讼中媒体败诉率为9%，胜诉率为91%。美国媒体胜诉率之所以这么高，跟美国司法机构对媒体的宽容有关。美国法院在审判新闻侵权案件中有"实际恶意"（actual malice）这一重要原则，为舆论监督保驾护航。"对于政府官员公务行为的报道和评论，如果官员提起诽谤诉讼，则必须承担证明媒体出于实际恶意的举证责任，即由原告证明被告明知陈述错误，或者毫不顾及陈述错误。这个原则意味着，对于官员起诉的诽谤案，在实体法上把诽谤的成立限制在故意的范围内，在程序上则把新闻失实的举证责任转移到原告方面。"①而我国新闻侵权诉讼中，媒体败诉率高达70%，胜诉率只有30%。我国媒体胜诉率低，一定程度上也反映司法机构对媒体宽容度还有待提升。

三是程序上更简易。一旦沾染上新闻侵权官司，无论胜诉与否，旷日持久的诉讼历程都会让媒体精疲力竭，因此，简化新闻侵权官司审判程序很有必要。我国民事审判有简易和普通两种程序。根据《中华人民共和国民事诉讼法》②，适用简易程序的民事案件，一审期限3个月，二审1个月；适用普通程序的民事案件，一审期限6个月，而且可以延长，二审3个月，也可延长。《中华人民共和国民事诉讼法》第一百五十七条规定"事实清楚、权利义务关系明确、争议不大的简单的民事案件"适用于简易程序。《最高人民法院关于适用〈中华人民共和国民事诉讼法〉的解释》③第二百五十六条对《中华人民共和国民事诉讼法》第一百五十七条简易程序的解释是："简单民事案件中的事实清楚，是指当事人对争议的事实陈述基本一致，并能提供相应的证据，无须人民法院调查收集证据即可查明事实；权利义务关系明确是指能明确区分谁是责任的承担者，谁是权利的享有者；

---

① 展江，张金玺等：《新闻舆论监督与全球政治文明——一种公民社会的进路》，社会科学文献出版社，2007年，第111—112页。
② 《中华人民共和国民事诉讼法》（2017年），中国法制出版社，2017年。
③ 《最高人民法院关于适用〈中华人民共和国民事诉讼法〉的解释》（2015年），载《中华人民共和国最高人民法院公报》，2015年第6期，第3—27页。

争议不大是指当事人对案件的是非、责任承担以及诉讼标的争执无原则分歧。"那么,新闻侵权官司能否进入简易程序的关键在于对这三个条件的认定,特别是对"事实清楚"的认定。鉴于新闻侵权官司的特殊性,在这方面认定可委托专业性的第三方机构来完成;这个第三方机构应该由新闻传播学专家、法学专家、新闻传媒业界权威人士、党和政府的新闻宣传部门官员等组成,在不涉及自身利害关系的前提下,对新闻侵权官司的事实进行认定;第三方机构认定结论,应该作为是否进入简易程序和法院判决的依据;凡"事实清楚"的新闻侵权官司,法院应尽可能采用简易程序审判。

管理层面的思考

一个地方舆论监督工作搞得好不好,跟当地党政领导及相关职能部门关系很大,因此,从管理层面确保舆论监督媒体独立性十分重要。

一是提升对舆论监督的认识。媒体重视舆论监督,是因为舆论监督作为一种重要新闻产品能够引起广泛的社会关注,对受众和广告商有较强的吸附能力。领导干部重视舆论监督,是因为舆论监督对推进工作有积极作用。当然,仅仅局限于这两种认识是不够的,应该从腐败治理的高度来刷新我们对舆论监督的认识。舆论监督作为党和国家监督体系的重要组成部分,在腐败治理中有不可替代的作用,一旦舆论监督功能被弱化,势必对整个监督体系建设造成不良影响。

二是区别对待舆论监督与负面报道。在一些地方新闻宣传部门领导的管理思维中,舆论监督通常是纳入负面报道范畴的,一旦遇到重要活动需要控制负面报道(通常是禁止负面报道)的时候,舆论监督往往也在其中。坚持以正面宣传为主与加强和改进舆论监督的有机统一,是党一贯坚持的新闻政策。"评价一则报道是正面宣传还是负面宣传,我们既要看题材,更要看效果,只有同时从两个维度来考量,才能准确把握党的新闻政策。"[①]舆论监督的题材虽然是消极的,是负面的,只要不是破坏性地简单暴露,

---

① 张春林:《中国共产党舆论监督思想史》,人民日报出版社,2015年,第5页。

而是建设性地推进问题解决,着眼于腐败治理和监督体系建设,其效果是积极的,就不能简单地归入负面报道。因此,应该区别对待舆论监督和一般性负面报道,不能简单用控制负面报道的思维来管理舆论监督。

三是明确对舆论监督的扶持和激励。从腐败治理高度审视舆论监督,应该成为全社会的共识,也应该成为各级领导及有关部门加强和改进舆论监督工作的出发点。无论是舆论监督高潮期还是低谷期,虽然这些年来显性抵制舆论监督的领导及部门在总量上并不占优势,但是隐性压制舆论监督的情况却比比皆是,公开支持舆论监督的风气尚未在全社会真正形成。为此,有关部门应该积极寻求加强和改进舆论监督工作的突破口。而旗帜鲜明地对舆论监督进行扶持和激励,就应该是很好的突破。纪检部门、监察部门、宣传部门可以联合出台扶持和激励舆论监督的相关文件,对舆论监督重点媒体、重点版面、重点栏目、优秀编辑记者、优秀作品等进行扶持和激励。

第四章

边界问题：舆论监督不能无法无天

"许多在反腐败斗争中取得显著成效的国家倡导这样一条原则：在反腐败领域新闻无禁区。"[①]譬如，"南非新闻媒体是揭发和跟踪腐败事件的最大的非官方资源，政府对媒体揭露各级官员的腐败没有限制"[②]。那么，是不是任何国家、任何地区、任何领域的反腐败舆论监督就都可以没有边界呢？显然不是，即便是政府信息高度公开、公众知情权充分保障、被誉为西方民主国家典范的瑞典，反腐败舆论监督也是有边界的。"瑞典法律赋予新闻媒体以充分的知情权和报道权，法律规定政府不准干预新闻报道，新闻媒体有据实报道的自由，不准任何人追查消息来源"，不过，前提是媒体"提供的消息和报道内容不泄露国防、外交机密，真实、确凿"。[③]当然，所谓"国家秘密"之类的保密限制，也容易被政府及官员利用。"如果政府以'国家秘密'为名设置种种报道禁区，凡是官员不愿意让百姓知道的消息一律禁止报道，那么人民就失去了基本知情权。"[④]这样一来，舆论监督不能有效开展，反腐败工作势必受到影响。因此，探究反腐败舆论监督的合理

[①] 杨金卫：《网络：一种新的反腐利器——网络反腐的制度规范与机制创新研究》，山东人民出版社，2012年，第160页。

[②] 李秋芳，张宇燕：《世界主要国家和地区反腐败体制机制研究》，中国方正出版社，2007年，第205页。

[③] 李秀峰：《廉政体系的国际比较》，社会科学文献出版社，2007年，第157页。

[④] 魏晓阳：《日本舆论监督的法律边界》，载《政法论丛》，2012年第6期，第78—83页。

边界问题至关重要。

反腐败没有禁区

关键词:"无禁区""全覆盖""零容忍"

党的十八大以来,以习近平为核心的党中央坚持高压反腐,"无禁区""全覆盖""零容忍"成为反腐败的关键词。

2012年11月15日,在党的十八届一中全会上的讲话中,习近平强调,"要深入抓好反腐倡廉工作,坚持有案必查、有腐必惩,任何人触犯了党纪国法都要依纪依法严肃查处,决不姑息,党内决不允许腐败分子有藏身之地"[①]。这里"任何人"这一关键词,强调了反腐败"无禁区"和"全覆盖","决不允许"这一关键词强调了反腐败的"零容忍"。同日,在中央军委常务会议上的讲话中,习近平再次强调,"任何人违反了党纪国法,都要依法惩治,决不能手软"[②]。这里"任何人"和"决不允许"两个关键词,再次表明了习近平对腐败治理的态度。

2013年1月22日,在十八届中央纪律检查委员会第二次全体会议上的讲话中,习近平强调,"不论什么人,不论其职务多高,只要触犯了党纪国法,都要受到严肃追究和严厉惩处,决不是一句空话"[③]。这里"不论什

---

① 习近平:《在党的十八届一中全会上的讲话》(2012年11月15日),载中共中央纪律检查委员会、中共中央文献研究室编《习近平关于党风廉政建设和反腐败斗争论述摘编》,中央文献出版社、中国方正出版社,2015年。

② 习近平:《在中央军委常务会议上的讲话》(2012年11月15日),载中共中央纪律检查委员会、中共中央文献研究室编《习近平关于党风廉政建设和反腐败斗争论述摘编》,中央文献出版社、中国方正出版社,2015年。

③ 习近平:《在第十八届中央纪律检查委员会第二次全体会议上的讲话》(2013年1月22日),来源:《习近平总书记在十八届中央纪委第二次、三次、五次全会上重要讲话选编》,载《中国纪检监察报》,2016年1月11日,第2版。

么人，不论其职务多高"，可以看作对之前"任何人"的进一步细化和具象化，而且"不论其职务多高"还有明确的指向性，预示着反腐败将突破所谓的职务上限，打"虎"特别是打"大老虎"将成为现实。

2013年4月19日，在十八届中央政治局第五次集体学习时的讲话中，习近平强调，"保持惩治腐败的高压态势，做到有案必查、有腐必惩""要严格依纪依法查处各类腐败案件，坚持'老虎''苍蝇'一起打"①。这里明确提出打"虎"拍"蝇"的反腐败主张，较之前更进了一步，凸显了治理老百姓身边腐败与治理领导干部腐败的同等重要性。

2014年1月14日，在十八届中央纪律检查委员会第三次全体会议上的讲话中，习近平强调，"坚决反对腐败，防止党在长期执政条件下腐化变质，是我们必须抓好的重大政治任务。反腐败高压态势必须继续保持，坚持以零容忍态度惩治腐败"②。这里出现的"零容忍"这一关键词，可以看作之前"任何人"等关键词的另一种表达。

2014年10月23日，在党的十八届四中全会第二次全体会议上的讲话中，习近平强调，"深入推进反腐败斗争，持续保持高压态势，做到零容忍的态度不变、猛药去疴的决心不减、刮骨疗毒的勇气不泄、严厉惩处的尺度不松，发现一起查处一起，发现多少查处多少，不定指标、上不封顶，凡腐必反，除恶务尽"③。这里不仅重申了"零容忍"态度，而且"不变""不减""不泄""不松""不定指标""不封顶"六个"不"对这一态度做了更具体、更科学的表达。

---

① 习近平：《在十八届中央政治局第五次集体学习时的讲话》（2013年4月19日），载中共中央纪律检查委员会、中共中央文献研究室编《习近平关于党风廉政建设和反腐败斗争论述摘编》，中央文献出版社、中国方正出版社，2015年。
② 《习近平在十八届中央纪委三次全会上发表重要讲话强调 强化反腐败体制机制创新和制度保障 深入推进党风廉政建设和反腐败斗争》，载《人民日报》，2014年1月15日，第1版。
③ 习近平：《在党的十八届四中全会第二次全体会议上的讲话》（2014年10月23日），来源：中纪委监察委网站《习近平总书记全面从严治党重要论述数据库》，http://people.ccdi.gov.cn/subject/174/31?slug=learning-project&articleId=363。

2015年1月13日,在十八届中央纪律检查委员会第五次全体会议上的讲话中,习近平强调,"保持高压态势不放松,坚决遏制腐败现象蔓延势头""查处腐败问题,必须坚持零容忍的态度不变、猛药去疴的决心不减、刮骨疗毒的勇气不泄、严厉惩处的尺度不松""反腐败斗争没有禁区,没有特区,也不能有盲区"。① 这里在之前六"不"的基础上,进一步提出"没有禁区""没有特区""不能有盲区"的三"区"主张,从三个不同维度对之前的主张进行了完善。

2016年1月12日,在十八届中央纪律检查委员会第六次全体会议上的讲话中,习近平强调,"惩治腐败这一手必须紧抓不放、利剑高悬,坚持无禁区、全覆盖、零容忍"②。这里"无禁区""全覆盖""零容忍"三个关键词同时出现,之后即成为习近平治理腐败态度的一种连续性、完整性表达。

2016年7月1日,在庆祝中国共产党成立95周年大会上的讲话中,习近平强调,"我们党作为执政党,面临的最大威胁就是腐败""反腐败斗争压倒性态势正在形成""我们要以顽强的意志品质,坚持零容忍的态度不变,做到有案必查、有腐必惩,让腐败分子在党内没有任何藏身之地"③。这里"最大威胁"这一关键词,凸显了腐败治理的重要性、必要性和紧迫性。

2017年10月18日,在中国共产党第十九次全国代表大会上的报告中,"零容忍"这一关键词出现3次,习近平强调,"要坚持无禁区、全覆盖、零容忍,坚持重遏制、强高压、长震慑,坚持受贿行贿一起查,坚决防止党

---

① 习近平:《在第十八届中央纪律检查委员会第五次全体会议上的讲话》(2015年1月13日),来自中纪委监察委网站《习近平总书记全面从严治党重要论述数据库》,http://people.ccdi.gov.cn/subject/174/31?slug=learning-project&articleId=363。
② 习近平:《在第十八届中央纪律检查委员会第六次全体会议上的讲话》(2016年1月12日),载《人民日报》,2016年5月3日,第2版。
③ 习近平:《在庆祝中国共产党成立95周年大会上的讲话》(2016年7月1日),载《人民日报》,2016年7月2日,第2版。

内形成利益集团"①。这里三个"坚持"、一个"坚决",较之前的表述更进了一步,从腐败现象的"外部"查处行贿,从腐败现象的"内部"防止党内形成利益集团,内外联动齐动刀子、斩断腐败利益链。

通过以上梳理不难看出,逐步完善并深化的"无禁区、全覆盖、零容忍"这一腐败治理态度,已经成为以习近平同志为核心的党中央治国理政的重要政治主张。

当然,即便在"无禁区、全覆盖、零容忍"的反腐高压态势下,腐败依然还会长期存在。一方面,这种长期性是腐败行为的特性决定的。"腐败是由于人性中的贪婪引起的,它具有经常性、反复出现以及传染性的特点。因此,人们不能寄希望于通过几次反腐败运动就能彻底解决问题,整个社会必须做好长期斗争的准备。"②另一方面,这种长期性也是反腐败制度建设的长期性决定的。美国腐败问题之所以能够长期保持一个较低水平,跟其相关制度构建是相关的。美国的经验表明,"健全的民主和公民制度、特别是健全且独立的新闻媒体,能够抑制腐败和提高政府绩效。建立这些制度是一个更为复杂而长期的工程"③。虽然不能照搬美国反腐败方面的制度,但是其制度建设的某些经验是值得学习的,我们要构建相应制度,同样需要一个复杂而长期的工程。正是由于这两方面的原因,我们必须承认"抑制腐败是一项长期策略,它既要改变人们的态度和行为,也要改变社会的机构制度"④。

正是基于对反腐败工作长期性的充分认识,习近平在党的十九大报告

---

① 习近平:《决胜全面建成小康社会 夺取新时代中国特色社会主义伟大胜利——在中国共产党第十九次全国代表大会上的报告》(2017年10月18日),载《人民日报》,2017年10月28日,第1版。
② 袁峰:《网络反腐的政治学:模式与应用》,中央编译出版社,2012年,第4页。
③ [美]爱德华·L.格莱泽,克劳迪娅·戈尔丁:《腐败与改革——美国历史上的经验教训》,胡家勇、王兆斌译,商务印书馆,2012年,第144页。
④ [加]里克·斯塔彭赫斯特,[美]萨尔·J.庞德:《反腐败——国家廉政建设的模式》,杨之刚译,经济科学出版社,2000年,第8页。

中两处提到了"永远在路上"这一词组。一处是"全面从严治党永远在路上",另一处是"只有以反腐败永远在路上的坚韧和执着,深化标本兼治,保证干部清正、政府清廉、政治清明,才能跳出历史周期律,确保党和国家长治久安"。2018年1月11日,习近平在十九届中央纪律检查委员会第二次全体会议上发表重要讲话,再次强调,"以永远在路上的执着"把全面从严治党引向深入,开创全面从严治党新局面;夺取反腐败斗争压倒性胜利,要深化标本兼治,"既要夯实治本的基础,又要敢于用治标的利器"。①

因此,党和国家的反腐败斗争不会给腐败分子任何喘息机会,无禁区、全覆盖、零容忍的反腐高压,既是一种常态,也是一种长期状态。

事实:反腐突破所谓"禁区"

据中国经济网地方党政领导人物库资料统计显示,党的十八大以来,省部级及以上落马官员(不含企业任职)已达150人(截至2017年年底),其中副国级以上官员6人,十八届中央委员19人,十八届中央候补委员17人。

徐才厚是十八大之后落马的首名原中央政治局委员,孙政才是首名落马的在职中央政治局委员,苏荣是十八大后落马的首名副国级官员(全国政协原副主席),周本顺是十八大后首名落马的在职省委书记(河北省委原书记),杨栋梁是十八大以来落马的首个国务院直属机构现任"一把手"(国家安全生产监督管理总局原党组书记、局长),苏树林是十八大后首名落马的在职省长(福建省原省长)。

党的十八大以来,党中央旗帜鲜明反对腐败,对腐败现象保持零容忍,坚持"老虎苍蝇一起打","打虎拍蝇"捷报频传,一个个所谓的"禁区"不

---

① 《习近平在十九届中央纪委二次全会上发表重要讲话强调 全面贯彻落实党的十九大精神 以永远在路上的执着把从严治党引向深入》,载《人民日报》,2018年1月12日,第1版。

攻自破。随着周永康（原中央政治局常委）被查处，打破了所谓"刑不上常委"的"级别禁区""职务禁区"；随着郭伯雄（原中央军委副主席）、徐才厚（原中央军委副主席）的落马，打破了军队高层反腐的"行业禁区"；随着退休达8年之久的江苏省委原常委、秘书长赵少麟被立案调查，彻底击碎了一些腐败官员"退休等于'平安着陆'"的黄粱美梦……反腐败没有例外、没有"禁区"，已越来越成为人民群众的普遍共识。①

权力监督没有特区

《党章》及党内法规怎么规定

邓小平在1978年中央工作会议上有过一个重要讲话——《解放思想，实事求是，团结一致向前看》，其中着重提到："国要有国法，党要有党规党法。党章是最根本的党规党法。没有党规党法，国法就很难保障。"②

作为党内根本大法的现行《中国共产党章程》（以下简称"《党章》"），经中国共产党第十九次全国代表大会部分修改，于2017年10月24日通过。③《党章》第八条规定："每个党员，不论职务高低，都必须编入党的一个支部、小组或其他特定组织，参加党的组织生活，接受党内外群众的监督。党员领导干部还必须参加党委、党组的民主生活会。不允许有任何不参加党的组织生活、不接受党内外群众监督的特殊党员。""每个党员"、不允许有任何"特殊党员"，强调了全党遵守《党章》的无例外性、无差别性。《党章》第十条还特别对党的领导人接受监督做出明确规定，"要保证党的领导人的活动处于党和人民的监督之下"。

---

① 申国华：《反腐败没有"禁区"》，载《中国纪检监察报》，2015年10月21日，第2版。
② 邓小平：《解放思想，实事求是，团结一致向前看》（1978年12月13日），载《邓小平文选》（第二卷），人民出版社，1994年。
③ 《中国共产党章程》（2017年），载《人民日报》，2017年10月29日，第1版。

《党章》中的"群众的监督""人民的监督",自然也包括来自新闻媒体的舆论监督,因为舆论监督本质上就是人民群众的监督。早在1989年,时任中共中央政治局常委的李瑞环同志在新闻工作研讨班上的讲话中就指出:"新闻舆论的监督,实质上是人民的监督,是人民群众通过新闻工具对党和政府的工作及其工作人员进行的监督,是党和人民通过新闻工具对社会进行的监督,不应仅仅看成是新闻工作者个人或者是新闻单位的监督。"①舆论监督本质上是人民群众监督这一观点,也已经成为学界和业界的共识。不过,在很多文件政策中时常出现把舆论监督和群众(人民)监督并列的情况,这应该看作一种强调;对党和政府的工作及其工作人员进行的监督,是人民群众的权利,通过新闻媒体来进行的监督谓之舆论监督,通过其他渠道来进行的监督谓之群众监督;舆论监督,不过是人民群众监督的一种形式而已。因此,我们完全可以说,《党章》中说的"每个党员都要接受人民群众的监督",已经包括"每个党员都要接受舆论监督"这层含义。

作为党内重要法规的《中国共产党党内监督条例》(以下简称"《党内监督条例》"),②其第三十九条也明确规定"各级党组织和党的领导干部应当认真对待、自觉接受社会监督,利用互联网技术和信息化手段,推动党务公开、拓宽监督渠道,虚心接受群众批评"。这里的"各级"自然是没有例外,"社会监督"与"人民群众监督"含义上是一致的,自然包括舆论监督,"认真对待"和"自觉接受"是基本态度,"利用互联网技术和信息化手段"是与时俱进的要求,"推动党务公开"和"拓宽监督渠道"是主动性的要求。同时,第三十九条还对舆论监督做出明确规定:"新闻媒体应当坚持党性和人民性相统一,坚持正确导向,加强舆论监督,对典型案例进行剖析,发挥警示作用。"

---

① 李瑞环:《坚持正面宣传为主的方针——在新闻工作研讨班上的讲话》(1989年11月25日),载《新闻工作文献选编》,新华出版社,1990年,第201—222页。
② 《中国共产党党内监督条例》(2016年),载《人民日报》,2016年11月3日,第6版。

从《党章》到《党内监督条例》，我们可以看出，党的各级组织、党的领导干部及所有党员，都应该接受包括舆论监督在内的人民群众监督，没有例外，否则就是一种违纪行为，应该受到相应的党纪处分。

《宪法》及法律法规怎么规定

《宪法》作为国家的根本大法，也对国家机关及其工作人员接受人民群众的监督做出明确规定。其第二十七条规定："一切国家机关和国家工作人员必须依靠人民的支持，经常保持同人民的密切联系，倾听人民的意见和建议，接受人民的监督，努力为人民服务。"[①]这里的"一切"自然没有例外，"人民的监督"同样包括舆论监督。

国务院1993年8月14日公布、1993年10月1日起施行的《国家公务员暂行条例》（2006年1月1日废止），其第六条规定了国家公务员必须履行的八个方面的义务，其中第三项就是"密切联系群众，倾听群众意见，接受群众监督，努力为人民服务"[②]。这里以行政法规的形式，把接受包括舆论监督在内的群众监督，作为国家公务员的一项基本义务。

全国人大常委会2005年4月27日通过、2006年1月1日起施行的《中华人民共和国公务员法》，以国家法律的形式，把接受包括舆论监督在内的人民群众监督，作为公务员应当履行的一项基本义务。该法第十二条从九个方面对公务员应当履行的义务做出了明确规定，其中第三款就是"全心全意为人民服务，接受人民监督"[③]。

由此看来，一切国家机关和国家工作人员接受包括舆论监督在内的人民群众监督，是一项法定义务，拒绝接受监督是一种违法行为，应该受到相应的法律制裁。

[①] 《中华人民共和国宪法》（2004年），载《中华人民共和国反腐败和廉政建设法规制度全书》，中国法制出版社，2011年，第3—17页。
[②] 《国家公务员暂行条例》（1993年），中国法制出版社，1993年。
[③] 《中华人民共和国公务员法》（2017年），中国法制出版社，2017年。

反腐败舆论监督该有哪些边界

反腐败没有禁区，权力监督没有特区，并不等于反腐败舆论监督没有边界。因为，舆论监督只是党和国家监督体系中的一种监督形式，每种监督都有各自的职责和分工，舆论监督只能有利于、不能有害于其他监督的正常开展，在分工基础上协作，才能形成监督合力；与其他监督相比，舆论监督发布的公开性、影响的广泛性、制约的非组织性、调查的非专业性等特点，决定其在强化自律的同时，还必须有他律；党和国家的各级机关及工作人员都有义务接受包括舆论监督在内的人民群众监督，但是任何义务都是与权利相对应的，舆论监督对象的合法权利应该受到保护。因此，反腐败舆论监督有边界，只能在边界范围内加强、改进和创新。

政治纪律边界怎么划

舆论监督要接受党的领导，坚持党性原则，其中最重要的一条就是要严守党的政治规矩、政治纪律。"党的政治纪律，指各个不同时期根据党的政治任务的要求，对各级党组织和党员的政治活动和政治行为的基本要求，是各级党组织和党员在政治生活中必须遵守的行为准则。"[1]作为一个政党，特别是执政党，政治纪律在党的各项纪律中尤为重要。"政治纪律在党的纪律中居首要、核心地位。在党的所有纪律中，居于第一位的是政治纪律和政治规矩。政治纪律是最重要的纪律，是维护党的团结统一的根本保证。"[2]

2015年1月13日，习近平同志在十八届中央纪律检查委员会第五次

---

[1] 《党的政治纪律》，来源：中国共产党新闻网，http://dangshi.people.com.cn/GB/165617/173273/10415328.html。

[2] 苑秀丽：《政治纪律是最重要的纪律》，载《中国纪检监察报》，2017年2月15日，第7版。

全体会议上发表重要讲话指出,"党章是全党必须遵循的总章程,也是总规矩。党的纪律是刚性约束,政治纪律更是全党在政治方向、政治立场、政治言论、政治行动方面必须遵守的刚性约束"①。这里"总章程""总规矩"两个关键词强调了党章在党的纪律中的重要地位,两个"刚性约束"强调了党的纪律特别是政治纪律的严肃性。

2016年10月27日,中国共产党第十八届中央委员会第六次全体会议通过的《关于新形势下党内政治生活的若干准则》规定,"政治纪律是党最根本、最重要的纪律,遵守党的政治纪律是遵守党的全部纪律的基础"②。这里"最根本""最重要""基础"等关键词,强调党的政治纪律在党的纪律中的重要地位。

《中国共产党纪律处分条例》第二编"分则"的第一部分就对违反政治纪律行为的处分做出了具体规定,其中与舆论监督相关的行为有:"通过信息网络、广播、电视、报刊、书籍、讲座、论坛、报告会、座谈会等方式,公开发表坚持资产阶级自由化立场、反对四项基本原则、反对党的改革开放决策的文章、演说、宣言、声明等。"③

党的政治纪律主要有两方面的基本要求,一是"各级党组织和党员,必须在政治原则、政治立场、政治观点和路线、方针、政策上同党中央保持高度一致",二是"党组织和党员对中央已经做出决定的重大方针和政策问题有不同意见,在坚决执行的前提下,可以经过一定的组织程序提出,但决不允许自行其是,公开发表与党的路线、方针、政策和决议相反的言论,采取同中央的决定、决议相违背的行动"。④

---

① 《习近平在十八届中央纪委五次全会上发表重要讲话 深化改革 巩固成果 积极拓展 不断把反腐败斗争引向深入》,载《人民日报》,2015年1月14日,第1版。
② 《关于新形势下党内政治生活的若干准则》(2016年),载《人民日报》,2016年11月3日,第5版。
③ 《中国共产党纪律处分条例》(2015年),载《人民日报》,2015年10月22日,第6版。
④ 《党的政治纪律》,来源:中国共产党新闻网,http://dangshi.people.com.cn/GB/165617/173273/10415328.html。

党的十八大以来，党中央修订颁布实施了一系列新的党内法规条例，包括《关于新形势下党内政治生活的若干准则》《中国共产党党内监督条例》《中国共产党廉洁自律准则》《中国共产党纪律处分条例》《中国共产党问责条例》等，为各级党组织和党员遵守党的纪律包括党的政治纪律提供了制度利器。这些党内法规条例，也是舆论监督应该遵守的政治纪律边界。

法律法规边界怎么划

舆论监督可能触碰的法律法规边界主要包括两个层面，一是对监督对象隐私权、名誉权等民事权利的侵犯，二是对国家秘密的泄露。就前一方面而言，一些国家法律法规的规定相对比较宽松，更倾向于克减公职人员民事权利、保护舆论监督。就后一方面而言，很多国家法律法规的规定都是刚性的，不容忍新闻媒体泄露国家秘密。

无论是哪个层面的法律法规边界，舆论监督都应该恪守，特别是涉及党和国家秘密方面。《中华人民共和国保守国家秘密法》第三条规定："一切国家机关、武装力量、政党、社会团体、企业事业单位和公民都有保守国家秘密的义务。任何危害国家秘密安全的行为，都必须受到法律追究。"同时，第二十七条还规定："报刊、图书、音像制品、电子出版物的编辑、出版、印制、发行，广播节目、电视节目、电影的制作和播放，互联网、移动通信网等公共信息网络及其他传媒的信息编辑、发布，应当遵守有关保密规定。"[1]

国家保密局、中央对外宣传小组等部门联合出台的《新闻出版保密规定》[2]，对新闻出版行业保守国家秘密做出了具体规定，其中第七条对公开报

---

[1] 《中华人民共和国保守国家秘密法》（2010年），载《中华人民共和国反腐败和廉政建设法规制度全书》，中国法制出版社，2011年，第47—52页。

[2] 《新闻出版保密规定》（1992年），载《报纸出版工作法律法规选编》，中国大百科全书出版社，2003年，第141—144页。

道（含舆论监督）的"自审"及"送审"做出了规定："新闻出版单位和提供信息的单位，对拟公开出版、报道的信息，应当按照有关的保密规定进行自审；对是否涉及国家秘密界限不清的信息，应当送交有关主管部门或其上级机关、单位审定。"第八条对不能公开报道的涉密信息（含舆论监督内参）处理做出了规定："新闻出版单位及其采编人员需向有关部门反映或通报的涉及国家秘密的信息，应当通过内部途径进行，并对反映或通报的信息按照有关规定作出国家秘密的标志。"这两条，充分体现了该《规定》"既保守国家秘密又有利于新闻出版工作正常进行的方针"。公开报道传播面宽、影响力大，内参反映专送决策层、执行力强，两条腿走路，舆论监督的自由度依然很大。

宣传纪律边界怎么划

党管媒体怎么管，其中一条就是通过党的宣传纪律对媒体的新闻报道进行约束。"党的宣传纪律，指党对从事报刊、新闻、广播、电视、出版等宣传工作的党组织和党员规定的工作准则和对宣传工作的要求。"[①] 宣传纪律要求党的宣传工作必须服从党的领导，凡是涉及党的路线、方针、政策以及重大政治性理论问题，必须同党中央保持一致。

《中国共产党章程》第十六条规定："党的各级组织的报刊和其他宣传工具，必须宣传党的路线、方针、政策和决议。"[②] 这里有两点值得注意，一是这条规定是作为"党的组织制度"的重要内容提出来的。二是"其他宣传工具"与"报刊"并列，体现了对媒体种类发展形势的充分关注，特别是新媒体平台的宣传工作。

1980年2月29日，中国共产党第十一届中央委员会第五次全体会议通过的《关于党内政治生活的若干准则》（以下简称"1980年《准则》"）就规

---

① 《党的宣传纪律》，来源：中国共产党新闻网，http://theory.people.com.cn/GB/49150/49151/10410145.html。

② 《中国共产党章程》（2017年），载《人民日报》，2017年10月29日，第1版。

定:"党的报刊必须无条件地宣传党的路线、方针、政策和政治观点。对于中央已经做出决定的这种有重大政治性的理论和政策问题,党员如有意见,可以经过一定的组织程序提出,但是绝对不允许在报刊、广播的公开宣传中发表同中央的决定相反的言论;也不得在群众中散布与党的路线、方针、政策和决议相反的意见。这是党的纪律。"① 这里也有两点值得注意:一是只说了"党的报刊",这是基于当时的媒体发展实际,党报党刊是党的主要媒体平台,其他媒体还发展不充分,更没有今天所谓的新媒体之说。二是"党的纪律"的提法,强调了宣传纪律的重要性。虽然2016年10月27日中国共产党第十八届中央委员会第六次全体会议通过了《关于新形势下党内政治生活的若干准则》(以下简称"2016年《准则》"),但是并没有废止1980年《准则》,这说明1980年《准则》依然具有党内法规效力。结合党章规定,1980年《准则》中"党的报刊",适用于今天的媒体格局和传播语境,同样应该延展为"党的各级组织的报刊和其他宣传工具"。

宣传纪律作为"党的组织制度"和"党的纪律"的重要组成部分,是党对新闻宣传工作的要求,自然也是对舆论监督工作的要求。

新闻规律边界怎么划

舆论监督属于新闻报道的一个品种,理应符合新闻规律的要求,这本无可厚非。可是,由于种种原因,舆论监督违背新闻真实、客观、公正的情况却时有发生,这就不得不让我们对舆论监督的新闻规律边界问题进行认真审视。

真实、客观、公正是相辅相成的,只有做到了真实,才能客观,只有客观了,才谈得上公正。不过,真实是一个很复杂的东西。很多时候,有图未必有真相,眼见未必为实,有研究者也提出了"真实的东西有时并不

---

① 《关于党内政治生活的若干准则》(1980年),来源:中国共产党新闻网,http://cpc.people.com.cn/GB/64162/71380/71387/71588/4854595.html。

真实"的论断，因为"生活的真实不等于本质的真实""事件的真实不等于法律的真实""过程的真实不等于结论的真实，原因的真实不等于结论的真实""总体的真实不等于细节的真实"。① 这样一来，舆论监督所要求的真实就是：选取的素材不仅确有其事，还要能反映事物发展的本质；支撑观点的材料不仅要真实，还要在法律上站得住脚；过程和原因要实实在在，结论还要经得起推敲；不仅总体上不违背真实，而且细枝末节也应该是事实。当然，这样的真实是理论层面的、理想层面的，具体新闻实践中很难达到，特别是舆论监督报道。但是，这不妨碍新闻报道对真实性的追求和社会对新闻真实性的要求。

值得注意的一点是，学界和业界对于"真实""真相"的认识发生了一些转变，认为真实、真相是没法穷尽、没法揭示的，我们只能通过努力去接近或逼近。截至 2018 年 1 月 15 日，在 CNKI 数据库中，篇名含有关键词"逼近真实"的文献有 21 篇，"逼近真相"的文献 9 篇，"接近真实"的文献 44 篇，"接近真相"的文献 17 篇，而且，不少文献是跟新闻传播相关的，如《记者要在"杂音"中不断接近真相》②《"接近真相，从现场开始"——从〈新闻调查〉看电视节目的现场意识》③《实现人物报道的目标——逼近真实》④《逼近人，逼近真相，建设性思考——〈东方早报〉长线调查报道打造路径》⑤ 等。

舆论监督在接近或逼近真实和真相的过程中，最容易受到干扰的因素主要有四个方面：

---

① 李富伦：《真实的东西有时并不真实——对舆论监督批评报道中失实情况的分析》，载《新闻界》，2006 年第 2 期，第 71—72 页。
② 卢义杰：《记者要在"杂音"中不断接近真相》，载《中国青年报》，2016 年 7 月 29 日，第 2 版。
③ 安百杰：《"接近真相，从现场开始"——从〈新闻调查〉看电视节目的现场意识》，载《青年记者》，2007 年第 12 期，第 100—102 页。
④ 刘战芳：《实现人物报道的目标——逼近真实》，载《记者摇篮》，2014 年第 4 期，第 23—24 页。
⑤ 黄杨，李鑫：《逼近人，逼近真相，建设性思考——〈东方早报〉长线调查报道打造路径》，载《中国记者》，2013 年第 10 期，第 56—57 页。

来自事件相关方的影响

舆论监督事件相关方一般包括监督对象、利益关联方、其他知情者，特别是前两者最容易对舆论监督真实性造成影响。就监督对象而言，很多人不愿意接受采访，更不要说能够冷静、理性地配合采访，这就使得舆论监督报道中常常会出现监督对象意见与其他方面意见不平衡的状况，这也在一定程度上影响公正。因此，舆论监督报道要尽可能采访到监督对象，即便是监督对象最终没有接受采访，也要从其他渠道获得相关信息。

就利益关联方而言，他们往往出于自身利益诉求，在面对采访时非常积极。不过，他们的诉求是否合理，他们提供的材料是否可靠，也是需要考虑的问题。值得注意的是，不少舆论监督失实案例表明，利益相关方除了刻意隐瞒对自己不利的材料外，有意无意地提供对自己有利的虚假材料也是一个重要的因素。"一般来说，虚假材料提供从动机上分析有过失和故意两种。过失虚假一般是出自对事物的错误判断或疏忽大意的偏离实际；故意虚假则是明知没有的事而捏造，或添油加醋、或标新立异、或张冠李戴。"[①] 无论哪类虚假材料，对舆论监督真实性来说，都是致命的。因此，利益相关方提供的材料，即便是看似真实可信，也要从其他方面核实。

舆论监督编辑记者主观性方面的影响

舆论监督编辑记者往往都有匡扶正义、抱打不平的一腔正气，这没什么不好。可是，也正是这一腔正气，往往容易使他们在舆论监督报道中缺乏理性和冷静。面对利益相关方的冤屈、不平，他们容易自动站队到利益相关方，并给予过多同情；面对监督对象种种违法违纪行为对国家、集体及个人造成的巨大损失，他们容易站到批判者位置，并进行过多的谴责。无论是同情还是谴责，都容易使新闻监督报道有失偏颇。在舆论监督报道中，编辑记者应平等、平衡、理性、客观地面对各方面。所谓平等，就是

---

① 温天翔：《提供虚假新闻材料诱使报道失实应负法律责任》，载《声屏世界》，2002年第8期，第12—13页。

不要把自己当成救世主、当成判官，不要高高在上、盛气凌人，而要甘做事实的记录者和传播者。所谓平衡，就是要特别注意监督对象和利益相关方在意见表达渠道、篇幅等方面的平衡。所谓理性，就是要善于冷静地去陈述事实，尽量不带感情色彩，不用形容词。所谓客观，就是要善于用事实说话，不要在新闻稿中发表任何评论。

相关权威人士不当言论的影响

在社交媒体异常发达的当下，但凡某一事件一经在社交媒体平台公开，都会引来网民热议，特别是一些意见领袖、网络大V、专业人士等的言论，会产生广泛影响。尽管这些权威人士线下也经常接受媒体采访，但是他们线上言论通常与线下言论有较大的差别，线下言论更客观、更理性，线上言论有时比较主观、比较激进。可是，一些舆论监督编辑记者为了减少线下采访的工作量，直接把一些权威人士的线上言论编入新闻稿，多有不妥。其实，在纪检监察部门等党政机构还没有对监督对象的违法违纪事实正式认定前，舆论监督报道最好只进行事实陈述，不要在新闻稿件中引入可能影响公正的言论，也不要单独配发可能影响公正的评论。

偏执社会舆论的影响

在如今这个人人都有"麦克风"的时代，偏执舆论往往受到追捧，而理性分析要么被淹没，要么被棒喝，特别是在一些舆论监督报道引发的热点事件中更是常见。偏执舆论的形成主要有三个方面：基于不完全事实的新闻反转，进而舆论反转，因为广大网民不会去核实事实，只是基于媒体报道的有限事实发表评论，并形成舆论热点；部分网民为了引起广泛关注编造一些事实，与主流媒体的新闻报道混合传播，进而误导舆论；社会公众对"城管""倒地老人"等媒体高关注人群有"刻板成见"，容易依赖"舆论惯性"，往往一看到相关标题、图片、视频就仓促发表与事实不符的评论。偏执舆论固然可怕，比这更可怕的是，一些主流媒体在偏执舆论狂潮中选择沉默，因为他们担心任何不一样的言论都是与网民为敌，都会招致网民语言暴力。其实，越是在偏执舆论甚嚣尘上的时候，越是需要主流媒体特别是舆论监督报道原发媒体客观、冷静、理性的事实挖掘和舆论引导。

无论是政治纪律边界、法律法规边界、宣传纪律边界,还是新闻规律边界,仅靠舆论监督记者的自律是不够的,还应有相应的他律。政治纪律边界、法律法规边界、宣传纪律边界都是刚性的,这三方面的他律比较好办。而新闻规律边界则是柔性的,这方面的他律往往不好执行。对此,有研究者提出把"共同监管"(co-regulation)作为对"自我监管"(self-regulation)的一种前瞻性补充模式,该模式是"一种包括记者和非新闻记者审议新闻投诉的监管方法","将非记者纳入新闻投诉审议中,减少了利益冲突的可能性,提高了透明度,并通过扩展减少了机构腐败的脆弱性以及其他类型的机构失败而不影响新闻自由"。[①]

[①] Aaron Quinn. *Co-Regulation and Anti-Corruption in U.S. Journalism*. Journal of Mass Media Ethics, 2016, 31(2): 116-129.

第五章

传播格局问题：舆论监督须顺应新媒体

互联网改变传播格局

挤压：传统媒体空间

互联网自1993年进入民用以来，就开始不断挤压传统媒体空间，并进而改变传播格局。传统媒体首当其冲的是报业，欧美报业在2000年前后开始全面下滑。据世界报业协会公布的《全球新闻报刊业发展趋势》2001年度研究报告显示，"2001年全球报纸销量比上年增长了0.46%，而1997至2001年这5年期间，全球报纸销量的总增幅为4.8%。全球报刊业的广告收入同时锐减，2001年广告收入减少了7%"。而欧美报业更是危机重重，"美国报业的广告收入在2001年减少了11.5%，报纸发行量不但没有从'9·11效应'中受益，反而下降了0.7%。在欧盟，15个成员国中有9个国家报纸发行量下降，8个国家报业广告收入减少。2001年，欧盟成员国的报刊数量从1467家减少到了1430家"[①]。

与欧美相比，亚洲报业全面下滑的趋势来得稍晚些。据2005年5月29日在韩国首尔举行的第58届世界报业大会公布，在5个全球最大的报业

---

① 《全球报刊业面临危机》，载《粤港信息日报》，2002年6月25日。

市场中，中国、印度、日本是3个保持增长的地区，2004年的日报发行量分别比上年增长了3.7%、8%、0.04%；而德国、美国同项指标分别下降了2%、1%。[1]

不过，随着2011年前后移动互联网的强势出击，2012年开始，中国报业开始出现明显的下滑趋势。2012年，全国共出版报纸1918种，较2011年降低0.5%；总印数482.3亿份，增长3.2%；总印张2211.0亿印张，降低2.7%。报纸出版实现营业收入852.3亿元，增长4.1%；增加值355.0亿元，增长10.9%；利润总额99.2亿元，增长0.6%。[2]虽然2012年报纸出版种数和总印张两项指标下滑，但是报纸收入依然呈增长态势。可是，2013年开始，报纸收入也出现了大幅下滑。2013年全国共出版报纸482.4亿份，与2012年基本持平；总印张2097.8亿印张，同比降低5.1%；报纸出版实现营业收入776.7亿元，同比降低8.9%；利润总额87.7亿元，同比降低11.7%。[3]2014年开始，报纸多项指标均出现下滑，全国共出版报纸1912种，较2013年降低0.2%；总印数463.9亿份，降低3.8%；总印张1922.3亿印张，降低8.4%。报纸出版实现营业收入697.8亿元，降低10.2%；利润总额76.4亿元，降低12.8%。[4]2015年报纸收入出现"断崖式"下滑，全国共出版报纸1906种，较2014年降低0.3%；总印数430.1亿份，降低7.3%；总印张1554.9亿印张，降低19.1%；定价总金额434.3亿元，降低2.1%。报纸出版实现营业收入626.2亿元，降低10.3%；利润总额35.8亿元，降低53.2%。[5]利润降幅达53.2%，这对报纸来说是致命的。2016年，全国共出版报纸1894种，较2015年降低0.6%；总印数390.1亿份，降低9.3%；总印

---

[1]《世界报业协会最新公布世界日报发行量前100名排行榜》，来源：人民网，http://media.people.com.cn/GB/40606/3423570.html。
[2]《2012年新闻出版产业分析报告》，载《中国出版》，2013年第15期，第6—20页。
[3]《2013年新闻出版产业分析报告》，载《中国出版》，2014年第15期，第6—9页。
[4]《2014年新闻出版产业分析报告》，载《中国出版》，2015年第15期，第6—12页。
[5]《2015年新闻出版产业分析报告》，载《中国出版》，2016年第16期，第3—10页。

张 1267.3 亿印张，降低 18.5%；定价总金额 408.2 亿元，降低 6.0%。报纸出版实现营业收入 578.5 亿元，降低 7.6%；利润总额 30.1 亿元，降低 15.7%。① 虽然 2016 年报纸收入降幅放缓，出版营业收入降幅较 2015 年收窄 2.7 个百分点，利润总额降幅收窄 37.5 个百分点，但是依然处于下滑态势。

移动互联网带来的不只是报业的全面下滑，而是传统媒体的整体下滑。CTR 媒介智讯资料显示，2011—2016 年传统广告刊例花费同比增幅依次为 13.1%、4.5%、6.7%、-2.0%、-7.2%、-6.0%，呈现出整体下滑趋势。2016 年中国各类传统媒体广告刊例中，只有广播电台广告呈增长态势，刊例收入同比增加 2.1%，不过，广告时长减少 10.2%；其他传统媒体均呈下降态势，其中电视广告刊例收入同比下降 3.7%，广告时长减少 4.4%；报纸和杂志广告的刊例收入同比分别下降 38.7%、30.5%。而互联网广告刊例收入，则同比增加 18.5%。②

中国社科院新闻所发布的《新媒体蓝皮书：中国新媒体发展报告 No.7（2016）》指出，2015 年中国传媒业市场发生了革命性变化，互联网媒体广告收入首次超过电视、报纸、电台和杂志 4 家传统媒体广告收入之和，从市场规模上看，互联网媒体成为真正的主导，而传统媒体则更加式微。数据显示，2015 年中国互联网广告市场规模达 2096.7 亿元，同比增长 36.1%；而 2015 年电视广告收入为 1219.69 亿元，同比下跌 4.6%；报纸广告收入为 324.08 亿元，同比下跌 35.4%；杂志广告收入为 65.46 亿元，同比下跌 19.8%；广播广告收入为 134.30 亿元，同比上涨 1.1%；2015 年广电报刊四大传统媒体行业的广告收入之和为 1743.53 亿元，低于互联网广告市场的规模。③

中国产业信息网资料显示，互联网广告在整体广告市场份额的占比也

---

① 《2016 年新闻出版产业分析报告》，载《中国出版》，2017 年第 15 期，第 6—13 页。
② CTR 媒介智讯：《2016 年中国广告市场回顾》，来源：央视市场研究股份有限公司（CTR）网站，http://www.ctrchina.cn/attached/11/file/20170704/20170704-mi.pdf。
③ 《新媒体蓝皮书：中国新媒体发展报告 No.7（2016）精读》，来源：中国社会科学网，http://ex.cssn.cn/dybg/dyba_wh/201606/t20160624_3083738.shtml。

呈逐渐上升趋势，2012—2016年互联网广告占比依次为37%、37%、45%、59%、68%。同时，该资料还显示，移动互联网广告增长幅度和在网络广告中的占比都在大幅攀升，2016年中国互联网营销规模达到2903亿元，同比增长32.9%，移动互联网广告市场规模达1750亿元，同比增长75.4%，显著高于网络广告市场整体增速，移动互联网广告占网络广告市场份额由2012年的7%快速上升至60%，成为互联网营销行业主要推动力。①

以上数据说明，在互联网的强势冲击下，传统媒体市场空间越来越狭小，移动互联网正成为互联网的重心，占据信息传播主导地位。

位移：受众接受习惯

一种新媒介的诞生，势必影响受众的信息接受习惯，势必影响受众对之前媒介的接受。据美国Market Facts公司2003年1月9日公布的一项调查结果，"在接受调查的351名企业员工中，有35%的人利用互联网获取新闻信息，25%的人通过看报纸获取新闻信息，21%的人看杂志、17%的人听收音机获取自己希望了解的信息。另外有6%的被调查者则是通过无线电视广播获取新闻，3%的被调查者通过收看有线电视节目获取新闻信息"②。这一调查结果表明，网络不仅给报纸带来了冲击，也使广播电视受到了冲击。又据美国著名的咨询研究机构扬基集团（Yankee Group）2003年10月1日发布的研究报告，"欧洲互联网用户目前平均上网时间已经达到甚至超过了看电视的时间，这预示着互联网产业的潜在商机已经变得相当可观"③。

---

① 《2017年中国广告行业市场前景分析及发展趋势预测》，来源：中国产业信息网，http://www.chyxx.com/industry/201710/576017.html。
② 清晨：《调查显示互联网超过电视报纸成人们看新闻的最爱》，来源：新浪网，http://tech.sina.com.cn/i/w/2003-01-10/1138160506.shtml。
③ 王羽中：《欧洲网民上网时间超过看电视时间》，来源：中广网，http://www.cnradio.com.cn/it/200310050018.html。

世界报纸和新闻出版商协会（WAN-IFRA）网站2015年6月1日刊登文章《世界报业趋势：报纸收入转向新来源》，显示4/5的智能手机用户在醒来后15分钟内查看他们的手机；全球消费者每天在手机（97分钟）和平板电脑（37分钟）上平均花费约2.2小时，二者占媒体消费时间的37%，超过电视（81分钟）、台式电脑（70分钟）、广播（44分钟）、印刷刊物（33分钟）；移动设备用户约有一半时间花费在应用程序（APP）使用上；一些顶尖媒体发现，超过30%的用户将移动设备作为其接触媒体的唯一渠道。①

中国互联网络信息中心（CNNIC）发布的《第41次中国互联网络发展状况统计报告》显示，2017年我国网民规模继续保持平稳增长，全年共计新增网民4074万人，增长率为5.6%。截至2017年12月，我国网民规模达7.72亿人，普及率达到55.8%，超过全球平均水平（51.7%）4.1个百分点，超过亚洲平均水平（46.7%）9.1个百分点。其中，手机网民规模达7.53亿人，网民中使用手机上网人群的占比由2016年的95.1%提升至97.5%。②2007—2017年中国手机网民在整体网民中的占比依次为24.0%、39.5%、60.8%、66.2%、69.3%、74.5%、81.0%、85.8%、90.1%、95.1%、97.5%，手机网民占比快速增长的事实说明，手机日益成为网民上网的主要终端，移动互联网普及率越来越高。③

移动智能设备越来越普及化，刺激了移动阅读市场的活跃度，手机阅读应用的使用率仅次于手机即时通信、手机搜索、手机音乐。中国产业信息网资料显示，2012—2017年中国移动阅读市场规模（单位：亿元）依次

---

① 张宸：《全球报纸发行收入首超广告收入——〈世界报业趋势〉揭示最新发展数据》，载《中国报业》，2015年第13期（7月上），第68—69页。
② 《第41次中国互联网络发展状况统计报告》，来源：中国互联网络信息中心网站，http://www.cnnic.com.cn/hlwfzyj/hlwxzbg/hlwtjbg/201801/P020180131509544165973.pdf。
③ 根据2007—2017年《中国互联网络发展状况统计报告》整理，来源：中国互联网络信息中心网站，http://www.cnnic.com.cn。

为34.7、62.5、88.4、108、130.3、156.9，2014—2017年中国移动阅读市场活跃用户规模（单位：亿人）依次为3.7、4.9、5.9、6.5、6.9、7.2。[①]

以上数据说明，受众的信息接受习惯正在从广播、电视、报纸、杂志等传统媒体向互联网发生位移，特别是以智能手机为终端的移动互联网，正成为受众的主要信息来源。

网络舆论监督优势何在

与互联网替代传统媒体成为信息传播主渠道相伴的是，网络舆论监督在反腐败中的优势越来越凸显。"微博为核心的'自媒体'正迅速获得自身传播地位，多元化、跨地域、零时滞地进行信息发布与腐败揭露，挑战传统媒体的生存空间。"[②] 从哈尔滨"宝马撞人案"、上海"钓鱼执法事件"、南京"天价烟局长事件"到陕西"微笑局长事件"，网络舆论监督制造了一个个爆点，将一个个贪官拉下马，其在反腐败中的地位和作用得到了彰显。网络舆论监督之所以声名鹊起、关注度高，除了网络作为"第四媒体"与生俱来的媒体特性之外，还有网络舆论监督这种监督形式的独特优势。

补短板：体制内监督

腐败源于权力的滥用，而反腐败关键在于对权力的制约和监督。《中国的反腐败和廉政建设》白皮书称，"目前，已形成了由中国共产党党内监督、人大监督、政府内部监督、政协民主监督、司法监督、公民监督和

[①] 《2017年中国移动阅读行业市场规模及发展趋势分析》，来源：中国产业信息网，http://www.chyxx.com/industry/201607/432117.html。

[②] 汪波：《中国网络监督与政府治理创新（1994—2012）——"四维制衡"视角透析》，北京师范大学出版社，2013年，第167页。

舆论监督组成的具有中国特色的监督体系"①。显然，公民监督和舆论监督（含网络舆论监督）属于体制外监督，其他形式监督等都属于体制内监督。

体制外监督应该与体制内监督相互配合形成合力，共同致力于权力制约和监督效果的优化。可是，"网络监督之所以在我国如此发达，与现有其他监督机制一定程度的失效有关"，"首先是政治表达的渠道不够通畅"，"其次是司法机关通过化解纠纷平息社会矛盾的能力有待提高"，"再次是行政过程的开放性不足"。②而体制内监督存在的不足，恰好就凸显了网络舆论监督的优势。

广泛性

网络舆论监督没有任何限制，谁都可以监督，谁都可能被监督，任何内容都可能被监督，这是其广泛性。而体制内监督由于受部门职责、管理权限、人财物条件等影响，其监督面要小得多。网络舆论监督正好可以弥补体制内监督的不足。

独立性

"在应对腐败的过程中，确保监督机构和反腐机构的独立性是能否取得反腐成效的关键因素。"③虽然我国体制内监督在独立性方面做了很多工作，但是由于相关法规不够健全，领导干扰监督的情况时有发生，影响了公正性。而网络舆论监督则不然，作为监督主体的网民，不代表任何机构，跟帖、转帖者跟监督内容也少有利害瓜葛，而且匿名性又有助于真实意见表达，"就事论事""无所顾忌"成为网络舆论的鲜明特点。即便有不同意见，也往往是在相互争辩之中更加接近真相。任何权力想要干预网络舆论监督都是很难的，应该说，这种独立性有效确保了网络舆论监督的公正性。

---

① 中华人民共和国国务院新闻办公室：《中国的反腐败和廉政建设》（2010年12月），中国方正出版社，2010年。
② 毕洪海：《网络监督需与体制内监督对接》，载《法制日报》，2009年3月11日，第3版。
③ 张军：《网络舆论监督与中国行政腐败的预防治理》，载《陕西社会主义学院学报》，2010年第3期，第36—39页。

公开性

腐败见不得阳光，反腐败的最好方式就是确保权力在阳光下运行。虽然自 2008 年 5 月《政府信息公开条例》实施以来，我国政府在信息公开方面有了很大的进步，但是这种公开依然十分有限。一方面，政府信息公开尚不能满足公众要求公开的期待，该公开的不公开、公开不及时、公开不完整等情况依然存在；另一方面，政府信息公开偏重于政府信息的单向度输出，公众意见很难跟政府信息互动，也很难进入政府信息公开的视域，信息不对称和观念梗阻依然存在。就体制内监督而言，监督过程大多封闭运行，公开的往往只有处理结果。而网络舆论监督从网民爆料到最后处理，整个过程都公开进行，也在接受社会监督。在监督与被监督的公开过程中，网络舆论监督的公信力得到了强化。

快捷性

2009 年年初《人民日报》与人民网"网络监督"联合调查结果显示：参与调查者中，有 87.9% 的网友非常关注网络监督，仅有 2.8% 的网友明确表示不关注；当网友在遇到社会不良现象时，93.3% 的人选择网络曝光。[①] 网络舆论监督之所以受广大网友如此青睐，与其渠道通畅、反应迅速的特性密切相关。网民通过 BBS、微博、博客、舆论监督专门网站等渠道提供腐败线索，通常都会即传即显，而且跟帖、转发等情况都一目了然，有关部门处理时限也大为提前。无论是经济成本还是心理成本，网络舆论监督都是低成本。而体制内监督受理群众反映情况的程序烦琐，处理进度缓慢，增加了群众的成本压力。

正是由于网络舆论监督的这些优势，其"将通过一个个焦点事件，捆绑着政府深度介入腐败案件的查处，从而形成一股倒逼政府反腐的正能量，

---

① 孝金波，游海滨：《人民日报与人民网"网络监督"联合调查结果分析》，载《人民日报》，2009 年 2 月 3 日，第 8 版。

加速我国系统内反腐的理性化和制度化进程"①,从而形成网络舆论监督反腐与系统内反腐的合力。

补短板:传统媒体舆论监督

在网络舆论监督风生水起的同时,传统媒体舆论监督却与公众期待相去甚远,个中原因,除了新旧媒体间特性差异外,更有传统媒体舆论监督遭遇的体制及机制障碍。传统媒体舆论监督反腐面临三大瓶颈:"瓶颈之一:体制上同级媒体不能监督同级党委。这种体制衍生下的舆论监督更多地表现为政府的'社会治理工具',同时导致媒体本身可能性地易于忽视舆论的民意基础,难以有效地发挥对反腐倡廉的监督作用。瓶颈之二:地方本位主义障碍。当舆论监督涉及或威胁到受地方政府保护的商家利益的时候,地方政府或官员就会出于保护共同利益的需要,利用手中权力遮掩、搪塞、打压、恐吓,舆论监督受到极大的阻碍。瓶颈之三:舆论监督权缺少应有的法律保障。除《宪法》第四十一条的原则性规定外,国家法律基本上没有关于舆论监督的规定。党的有关舆论监督的政策规定也都比较原则抽象,缺乏可操作性。"② 相比之下,网络舆论监督的自由度要大得多。

匿名性降低了干扰风险

传统媒体舆论监督大多是实名的,利益相关方很容易通过各种渠道进行干扰。而网络舆论监督大多是匿名的,利益相关方很难查找网名背后的真人并进行干扰。即便那些实名认证的网友,由于数量大、身份多样、社会关系复杂,利益相关方也很难有效干扰。可以说,匿名是网络舆论监督真实性的有力保障,因为在很多情况下说真话是要承担很大风险的,只有最大限度地降低这种风险,才可能激发人们说真话的勇气,而网络世界中

---

① 杨爱平、黄泰文、陈景云:《自媒体时代微博倒逼制度化反腐的成因及出路》,载倪星、李泉主编《廉政制度创新的中国经验》,中山大学出版社,2013年,第156页。
② 张宇红:《网络舆论监督在反腐倡廉中的作为》,载《中国地市报人》,2012年第5期,第60—61页。

没有比匿名更能保护说真话者的有效办法。当然，匿名也滋生了网络上的虚假信息、恶意诽谤等弊端，但这并不是主流。不少学者主张推行实名制来约束网民行为，确保网络信息真实性。如果网络实名制真能有效推行，也应对之辩证理解，比较好的网络实名主要应该是后台实名，而不是把所有网友的身份资料都暴露在大庭广众之下；鼓励网民自愿通过身份认证前台实名，而对于不愿前台实名的网民，应该在后台实名的基础上，允许其前台匿名；对于网民的后台实名身份，网站应严格保密，不能随意泄露，只有在网民出现违法犯罪行为的时候，才能向执法部门公开。

开放性拓展了参与空间

传统媒体舆论监督是在媒体机构内封闭进行的，非专业人士很难参与。而网络舆论监督则是开放的，任何人都可以发帖、评论、转发，无论专业还是非专业，无论权威还是草根，都是平等的。传统媒体舆论监督是编辑记者作为舆论代表在说话，网络舆论监督是广大网民自己在发声，后者比前者更能展现真实的舆论。传统媒体舆论监督是静态的，一次报道完成就画上一个句号，而网络舆论监督是动态的，网民可以随时更新。网络舆论监督的广泛参与性不仅带来了不同的意见和观点，而且带来了不同的线索和素材，比传统媒体舆论监督更丰富多彩，更能吸引受众，更能产生影响。

宽松性降低了准入门槛

传统媒体舆论监督重视线索筛选，既要对新闻价值进行考量，又要对媒体定位进行考量，筛选的结果是少量线索被采用，大量线索被遗弃，而网络舆论监督线索筛选的尺度比较宽，更加关注真实性；传统媒体舆论监督讲究报道的完整性和严密性，而网络舆论监督可以是成型稿件，也可以是简要线索，一段文字，一幅图片，一段视频；传统媒体舆论监督必须由专业采编人员完成，需要经过选题、采访、编辑、审稿、校对、签发、审读等环节层层把关，而网络舆论监督则少有专业性要求，只需要网友能够把话说清楚，会使用基本的网络功能就可以了，大部分帖子都能即发即显；

传统媒体舆论监督受宣传纪律影响比较大，如某个时段不能发舆论监督报道、舆论监督的报道比重要严格控制等，而网络舆论监督则没那么严格。传统媒体不能做的，网络可以做，传统媒体可以做的，网络做得更好，这种宽松性赋予网络舆论监督更大的操作空间。

海量性激活了公众诉求

传统媒体由于受到版面容量、播出时段、发稿频次等方面的限制，能够刊播的舆论监督报道十分有限，很难满足广大群众的利益诉求。久而久之，群众就会形成刻板印象，向传统媒体反映情况，反映了不一定能做，做了不一定能发，用了不一定能解决问题，索性就养成懒于向传统媒体提供舆论监督线索的惰性。而网络容量是无限的，发稿是全天候的，更多人的利益诉求在网络上能够及时通畅地表达。加上网络的专题式集纳、多媒体呈现、超文本链接、在线搜索和高关注度等优势，网络舆论监督的有效性越来越高，示范效应越来越明显，越来越多的人信任并选择网络舆论监督。

补短板：官方网络反腐渠道

在网络舆论监督受追捧的同时，官方网络反腐也力度不减。2003年，最高人民检察院就开始建立网络举报平台。2005年中共中央颁布的《建立健全教育、制度、监督并重的惩治和预防腐败体系实施纲要》强调："加强反腐倡廉网络宣传教育，开设反腐倡廉网页、专栏，正确引导网上舆论。"[①]这为网络反腐提供了有力的制度支持。同年12月，中央纪委、监察部首次公布了中央纪委信访室、监察部举报中心的网址，标志着网上举报正式纳入了官方权威反腐渠道。2007年12月，中国国家预防腐败局网站正式开通，网站除了介绍中国预防腐败的方针政策外，还设置了网友互动、网络调查和献计献策等互动栏目，这标志着网络反腐功能的全面扩展。虽

---

① 《建立健全惩治和预防腐败体系2008—2010年工作规划》，中国方正出版社，2008年，第55页。

然官方网络反腐渠道不可或缺，成绩也不小，但是网络舆论监督也有其自身优势。

从信息流向来看

官方网络反腐渠道不能称为严格意义上的媒体，只能算是传统反腐机构的网络延伸。无论是最高人民检察院举报中心网站，还是中纪委信访室、监察部举报中心网站，首页都是一个简单的入口链接，没有更多信息。举报者通过举报网站输入的信息多，而这些机构通过网站输出的信息少。整个举报活动是举报者与相关机构工作人员借助网络的单线联系，不对第三者公开。而网络舆论监督信息则是多向流动的，发帖者、转发者、跟帖者之间信息呈链式网状交织，都是公开的。网络舆论监督多向信息流的对称、对等，比官方网络反腐渠道单向信息流的不对称、不对等，更能吸引网民关注，即便那些选择官方网络反腐渠道的人，也会同时选择网络舆论监督。

从处理效率来看

官方网络反腐渠道利用网络平台，实际处理案件的还是这些机构为数有限的工作人员，处理效率跟非网络渠道受理的案件并无二致。而网络舆论监督则不一样，一旦某一事件引起关注，会有若干网友自觉参与其中，除了评论、转发之外，搜集材料、补充证据也是重要内容。实际上，本该由有关部门完成的部分调查取证工作，已经免费"外包"给广大网友了，加快了案件处理进度。网络舆论监督比官方网络反腐渠道见效更快，已是不争的事实。

从舆论影响来看

官方网络反腐渠道受理举报是在封闭状态下完成的，也不把处理结果对外公开，因而就不能形成舆论，不能产生广泛影响。而网络舆论监督在完全公开状态下进行，除站内评论者、转发者、围观者等数量庞大的网民会形成舆论场之外，其他网站、在线聊天工具、搜索引擎等渠道的传播也会形成一个强大的舆论场。一张传播速度快、传播范围广的舆论之网多向立体交织，由此形成的舆论压力促进有关部门尽快处理。

网络舆论监督问题在哪里

"当代中国虚拟公共空间既存在良性监督,又存在着双重异化:网络公共空间的公共性正受到多数话语暴力与商业侵蚀的双重侵略。"[①] 正是由于这种双重侵略,网络舆论监督在捷报频传的同时,其存在问题也是不容忽视的,而且这些问题暴露了网络监管的制度漏洞。特别是真实性问题、偶然性问题、侵权问题等突出问题严重制约网络舆论监督的健康发展,需要从制度层面寻找相应对策。

真实性怎么把握

网络舆论监督失实表现及成因

一般来讲,网络舆论监督失实主要是事实层面的失实,而观点层面的失实则缺乏关注。所谓事实层面的失实就是指网络舆论监督所承载的信息是虚假的,有主体信息失实和细节信息失实两个层级,前者完全歪曲事实使网络舆论监督沦为恶意诽谤的工具,后者虽不影响基本价值评判,但也会对网络舆论监督的公信度造成不良影响。所谓观点层面的失实是指网络舆论监督所呈现的事实跟所表达的观点之间缺乏必然的逻辑联系,譬如官员戴名表、抽高价烟跟腐败之间可能没有必然联系,但舆论观点却一边倒指向腐败。

网络舆论监督失实的主要原因有:一是信息源提供虚假信息。网络匿名性减少了说假话的责罚,部分网民把网络舆论监督作为泄私愤和实现个人目的的工具,编造信息、PS图片、合成音视频等,这是有意虚假信息。

[①] 汪波:《中国网络监督与政府治理创新(1994—2012)——"四维制衡"视角透析》,北京师范大学出版社,2013年,第245页。

而无意虚假信息则是网民信息获取手段有限性造成的，即便某条贪腐线索是真实的，网民也不可能像专门机关那样展开调查，只能靠网络搜索获得的信息碎片来编织证据链，难免失实。二是网络信息把关人的缺失。在网络舆论监督信息上传之后，网站管理人员缺乏对信息真实性的把关，以致虚假信息能够畅通无阻。三是转发者、评论者主动放弃真实性的追问。但凡有网络舆论监督方面的信息出现，其中涉及官员的贪腐行为会瞬间激起广大网民的愤懑，通过评论、转发来扩大影响是常有的事。而很少有人静下心来追问，这是不是真的，如果不是事实，会不会对相关人员造成不良影响。

捍卫真实的环节

要捍卫信息真实性首先应该从源头着手把好信息的入口关，最大限度降低信息源提供虚假信息的概率。虽然目前在我国全面推行网络实名制还不现实，但是在网络舆论监督领域实行实名制还是很有必要，即便不方便前台实名，至少也应该做到后台实名，让每个人为自己提供信息的真实性负责。

其次是强化网络舆论监督平台管理人员的把关能力和责任意识，把好信息的出口关。不实网络信息的负面影响，除了信息本身的虚假性之外，网络平台监管失职是一个重要方面。网络舆论监督平台应该严格审核信息源上传信息的真实性，同时也应该为刊播虚假信息承担相应的法律责任。

再次是强化转帖、跟帖者的自律和他律，把好信息的扩放关。网络舆论监督如果没有广大网友转帖、跟帖来扩放其传播效果，就很难收到实效。在这个扩放过程中，网友除了发表观点之外，还会补充一些新的材料，无论是观点还是材料，发布者都应该为其真实性负责。

最后应从法律层面严惩发布、传播网络虚假信息行为，提升造谣、传谣者的违法成本。网络舆论监督中虚假信息泛滥，跟相关政策法规不健全、类似违法行为得不到相应处罚有关。在整治网络虚假信息的立法中，应对各环节虚假信息责任人有严格的惩罚措施。

偶然性怎么解决

网络舆论监督的偶然性之忧

许多成功的网络舆论监督案例都隐藏着偶然性。以 2012 年陕西"微笑局长"杨达才为例,要是没有发生在延安的特大车祸,要是杨达才因其他原因没有到现场,要是他没有在车祸现场微笑,要是他的微笑没有被人拍下并发到网上,要是他之前也没有被拍那么多戴名表的照片……要是其中某个"要是"不存在,可能这位被网络舆论监督拉下马的贪官"表哥"依然安坐如山。再看看南京"天价烟局长"事件、广西"局长日记门"、武汉"经适房六连号"事件等,哪个成功的网络舆论监督案例背后没有诸多偶然呢?这种偶然性让我们对网络舆论监督的前景表示担忧。

一方面,是落马贪官的不良示范效应。被命中贪官纷纷落马的事实,在彰显网络舆论监督威力的同时,也给没被命中的贪官提供了镜鉴,越来越多的官员开始注重自身的公众形象,越来越少的贪官在公众面前露尾,但这并不妨碍他们贪,甚至可能更贪,"一个'表哥'倒下去,千万个'表哥'藏起来"的示范效应,将会使网络舆论监督素材日渐稀缺,难以为继。

另一方面,是表象与事实的错位风险。车祸现场微笑、戴名表、抽天价烟等都是表象,这些表象都被网络舆论监督指向了贪腐,也循此指向揪出了贪官。如果就此认为这就是网络舆论监督应走之路,那就错了。车祸现场微笑是道德问题,受点舆论谴责就够了。戴名表、抽天价烟是个人生活取向,只要在合法收入允许范围内,跟贪腐不搭边。事实上,有关部门对这些涉案官员的处理,也并没有停留在这些表象,而是基于更多鲜为人知的贪腐事实。可以说,网络舆论监督的高命中率,是基于官员贪腐问题普遍且严重这一现实,而表象不过成了导火索而已。而表象与事实的对应也只是一种偶然,如果有关部门找不到涉事官员贪腐的有力证据,网络舆论监督也就难免会出现虎头蛇尾,甚至有可能根本就不符合一开始的贪腐指向,使网络舆论监督陷入尴尬。

必然性之路何去何从

网络舆论监督要走出偶然性困境，步入必然性之路，涉及加大政府信息公开力度和网络舆论监督规范化运作这两个方面的因素。

就加大政府信息公开力度而言，虽然各级政府在信息公开方面做了许多工作，但是其公开力度离群众的要求还有一定的差距，特别是涉及领导干部的信息公开还做得不够，尚不能把领导干部纳入公众舆论有效监督视野。官员财产申报制度在国外行之有效，而在我国却步履艰难。早在1994年，第八届全国人大常委会就将《财产申报法》正式列入立法规划，可是这部法律至今没有出台。1995年出台的《关于党政机关县（处）级以上领导干部收入申报的规定》，以及2010年新颁布的《关于党员领导干部报告个人有关事项的规定》，"仍然局限于只申报不公示的党内规范"[1]。党内规范至多为组织监督提供依据，舆论监督很难获取这些信息。可喜的是，一些地方如广东就已经在试点领导干部财产申报公开制度，要求"领导干部财产申报后，要在一定范围内公开，接受人民群众的监督"[2]。我们坚信，从局部试点到在全国推行，从一定范围内公开到全面公开，推行完善的领导干部财产申报公开制度不会太久，这在有效推行制度反腐力度的同时，也必然为舆论监督特别是网络舆论监督提供更大的发展空间。

就网络舆论监督规范化运作而言，由于大部分网络舆论监督是网民自发进行的，其规范化程度和专业化水平远远不及传统媒体舆论监督，因而其可信度和精准度受到一定程度影响。网络舆论监督要规范化运作，发稿网站拥有独立新闻采编权至关重要。当前国内新闻网站中只有传统新闻媒体创办的新闻网站拥有独立采编权，像新浪等商业性新闻网站则不具备独立采编权，而这类网站由于受众面广，刊发在微博、博客上的舆论监督影

---

[1] 朱向东，杜文雅：《我国出台财产申报法势在必行》，载《行政论坛》，2011年第4期，第78—83页。

[2] 黄丽娜：《广东试点领导干部财产申报公开制度》，载《羊城晚报》，2012年5月10日，第A06版。

响大。如果能够允许部分公信度高、影响力大、职业操守好的商业性新闻网站拥有独立采编权,就会大大推进网络舆论监督规范化运作。另外,网络舆论监督的重心也应该从"结果监督"向"过程监督"倾斜,使"预防腐败"优于"惩治腐败",其选题范围就要广得多。

侵权怎么规避

不该忽视的网络侵权

网络舆论监督在彰显其反腐威力的同时,也容易侵犯监督对象及相关人员的合法权益,无论是否引起诉讼,都会对网络舆论监督的公信度造成不良影响。具体而言,网络舆论监督过程中的侵权现象主要表现为"网络舆论监督权和名誉权的冲突,网络监督权和隐私权的冲突,网络舆论监督和保守国家秘密的冲突,网络舆论监督和司法权的冲突等"[①]。网络舆论监督侵权现象频发,主要有以下几个方面的原因。

第一,缺乏保护监督对象合法权益的社会意识。但凡监督对象露出贪腐苗头,势必在社会上形成"贪腐官员人人喊打"的舆论氛围,为其简单贴上"坏人"标签也在所难免,一种贪官理应遭到"雨点般拳头、潮水般责骂"的群体意识占主导,很少有人顾及对其合法权益的保护。对贪官的责罚最终都要进入司法程序,法律在惩罚其不法行为时,也要保护其合法权益。网络舆论监督,无论是网络媒体有组织性的,还是广大网民自发性的,都应严守法律规范。

第二,情绪化判断导致观点偏激。网络舆论监督中网民容易被监督事件激发的情绪所左右,从而丧失理性判断能力。最高人民法院研究室负责人认为,一些网民出于朴素的善恶意识、正义观念、疾恶如仇思想和同情弱者心理等人之常情,打抱不平、"行侠仗义",可以理解;但是在并不了

---

① 吴建华,班生:《当前我国网络舆论监督存在的问题和解决路径》,载《南京政治学院学报》,2009年第3期,第59—62页。

解全面情况和因果关系的情况下,轻率出手,置法律于不顾,随意进行个人道德审判,就超出了正常舆论监督的范畴。[①]网络舆论监督应该以事实为依据,发表观点也应是在全面把握事实基础上的理性表达。

第三,语言暴力危害不浅。网络舆论监督中语言暴力主要体现在两个方面:一是网民针对监督对象在表达意见时爆粗口、说脏话,言辞激烈、过于偏激;二是针对不同意见肆意攻击、谩骂。语言暴力既伤害了对方,又降低了网络舆论监督的品格。

第四,无底限搜索侵犯隐私。一旦某个官员进入网络舆论监督视野,网友都会发挥网络搜索的强大功能,将这位官员相关和不相关的信息暴露无遗。譬如,"人肉搜索"将搜索对象的家庭住址、家庭成员情况等个人私密信息公布在网络上,严重影响了他人的正常生活。

两个向度的平衡与规制

如果单向度强调对监督对象的权利保护,就有可能导致监督对象以侵权为由恶意诉讼,在使网络舆论监督主体官司缠身、耗费时间和精力的同时,也会束缚监督主体手脚,并因担心侵权引发诉讼而怯于监督。这样做的后果,不仅制约了网络舆论监督的发展,而且助长了监督对象的嚣张气焰,有违防范侵权的初衷。因此,从有利于网络舆论监督健康发展的向度来思考侵权问题是很有必要的。

从保护监督对象合法权益的向度来看,应该在普遍性与特殊性之间寻找平衡点。一方面,作为监督对象的公共官员和公众人物应该享有普通公民享有的、受法律保护的名誉权、隐私权等基本权利,这是监督对象合法权益的普遍性。而我国现行法律对公民名誉权、隐私权等权利缺乏系统规定,保护这些权利也缺乏可操作性,因此,尽快完善相关法律法规至关重要。另一方面,监督对象作为公共官员和公众人物的角色和身份决定他们

[①] 王斗斗,袁定波:《网络舆论监督谨防侵犯隐私权》,载《法制日报》,2009年10月30日,第5版。

比普通公民享有更少的名誉权、隐私权，这是监督对象合法权益的特殊性。在现代法律体系比较完善的西方国家，普遍重视对监督对象合法权益特殊性的限定。譬如，美国司法机构在平衡舆论监督和隐私权过程中有三条原则，即公共官员的隐私权适当克减，公众人物的隐私权适当克减，符合公众合理关注和具有新闻价值的隐私权可适当克减。①

在普遍性与特殊性的平衡中，还应该特别注意相关性问题。这里的相关性有两个层面的内容：一是与监督对象相关人员的合法权益保护问题。如监督对象的家庭成员等，如果他们与监督事件无关，其合法权益应该跟普通公民一样受到保护。二是与监督对象相关而与监督事件无关部分的合法权益保护问题。譬如，监督对象的家庭住址、住宅电话、家庭成员信息等，跟监督事件无关，也应跟普通公民合法权益一样受到保护。

从有利于网络舆论监督健康发展的向度来看，应该在限制性和倾斜性之前寻找平衡点。强调对监督对象合法权益的保护，从另一个角度来说，也是为了规范舆论监督主体的监督行为，防止其滥用权力，这是对网络舆论监督的限制性。网络侵权事件频发的事实说明，我们对网络媒体和网民监督行为的规范还做得不够，应该健全相应的法律法规。不过，网络媒体和网民不具备国家有关部门和专职人员那样的调查条件，对监督事件的把握难免会出现偏差，因此，在司法实践中对网络舆论监督应有一定的倾斜性。在美国，受到批评报道的政府官员如果要起诉新闻媒体，必须自己举证证明记者的报道是"恶意"的，否则法院不予受理；而"恶意"是一个很难证明的主观因素，因此法院审理的这种名誉侵权案并不多。② 当然，网络舆论监督不能因为有司法倾斜性的庇护就无视监督对象的权益保护，应更加严格遵守相关法律法规，最大限度地降低诉讼风险。

---

① 展江、张金玺等：《新闻舆论监督与全球政治文明》，社会科学文献出版社，2007年，第113—114页。
② 杨亮庆：《美国记者：政府官员起诉媒体须证明报道为恶意》，载《中国青年报》，2004年7月15日。

网络舆论监督制度如何构建

网络舆论监督"为反腐倡廉建设提供了更多的可能性","科学、准确地把握其形成机制、传播方式、作用机理,充分利用其独特优势,有效抑制其负面影响(如道听途说、网络暴力、舆论变异),成为反腐倡廉建设必须正视并亟待解决的课题"。[1] 而网络舆论监督要克服现实问题,发挥独特优势,彰显反腐威力,必须有制度方面的充分考虑。从网民层面、媒体层面、政府层面多方发力,共同致力于网络舆论监督的健康、有序、实效。

网民从哪里发力

基于有限实名制的自律

据统计,截至 2017 年 12 月底,中国网民规模达 7.72 亿人,网民继续向低学历人群扩散,网民中初中学历人群占比由上年年底 37.3% 上升至 37.9%,小学及以下学历人群占比由上年年底 15.9% 上升至 16.2%,初中及以下学历网民占 54.1%,达 4.18 亿人。[2] 显然,忽视低学历网民大量存在的现实来奢谈提高网民整体素质是不现实的。当然,这并不是说网民自律没有必要,相反,网民自律的重要性更加突出。

目前,有限度推行网络实名制是促进网民自律的重要措施。这种有限度主要包括三个层面的含义:一是在整体推行网络实名制时机尚不成熟的情况下,可以先在网络舆论监督领域推行实名制。二是为有效保护匿名信息源,可推行前台实名和后台实名相结合的网络实名制。三是为有效保护网民个人信息,可推行不完整信息的网络实名制,只要核心信息能确认网

---

[1] 尤光付:《中外监督制度比较》,商务印书馆,2013 年,第 433 页。
[2] 《第 41 次中国互联网发展状况统计报告》,来源:中国互联网络信息中心网站,http://www.cnnic.com.cn/hlwfzyj/hlwxzbg/hlwtjbg/201801/P020180131509544165973.pdf。

民真实身份即可。

基于法律规范的他律

他律是自律的前提和条件，没有良好的他律手段，自律也会显得苍白无力，而法律规范应该是他律的基础。

首先，要尽快出台网民行为规范方面的法律法规，使网民自律有一个基本框架，也使有关部门查处网络违法行为有法可依。虽然现有相关法律法规部分条款也对网民行为有一定的约束力，但是针对性和操作性都还比较欠缺，因此出台专门法规很有必要。

其次，网络媒体应确定相应行为规范。在法律法规框架内，刊发舆论监督信息的网站也制定相应的网民行为规范，并履行对网民行为进行监管的义务，把网民不法行为的不良影响控制在萌芽状态。

最后，应把网络素养教育纳入国民教育体系。媒介素养是国民素质的重要组成部分，互联网作为国民接触最广、最频繁的媒介，其网络行为直接关系国民素质的整体风貌。因此，我们应该把包括网络素养在内的媒介素养教育纳入国民教育体系，使公民从小培养良好的网络行为习惯。

网媒从哪里发力

网络舆论监督平台建设机制

无论什么网站、无论什么栏目都可以刊发舆论监督信息，这是当前我国网络舆论监督平台呈现的散乱无序状态。而要强化网络舆论监督平台建设，可从外部建设和内部建设两方面入手。

从外部建设来看，应着力培育网络舆论监督主流媒体平台。传统媒体所属新闻网站的舆论监督专业性强，但影响力不够；而部分商业网站的舆论监督影响力大，可是专业性又不足；至于那些以舆论监督为名的专门网站，无论是专业性还是影响力，都成了发展瓶颈；制度反腐的网络平台，具备权威性优势，却又缺乏媒体属性。可以说，目前我国还缺乏专业性和影响力兼备的主流网络舆论监督平台。有关部门应该从腐败治理高度，打通传统媒体新闻网站、商业网站、舆论监督专门网站、制度反腐网络平台之间的渠道障碍，打造整合各方优势和资源的主流网络舆论监督平台。

从内部建设来看，应着力网络舆论监督的分类管理。网络信息的海量性给低关注度信息更窄的传播空间，而网络舆论监督信息在整个网络信息中所占比重很小，如果跟其他信息混杂，就更难产生广泛影响。从目前网络舆论监督信息在各类网络平台的呈现状况来看，与其他信息混杂是比较普遍的，特别是在论坛、博客、微博等平台，大量舆论监督信息转瞬即逝，只有少量高关注度舆论监督信息才能被网友持续关注，并取得良好效果。要把更多的网络舆论监督信息从海量的其他信息中凸显出来，就应该进行分类管理。首先要让网络舆论监督在形式上更集中、更显眼，可在相关网络平台的显著位置设置网络舆论监督栏目、专题、链接、快捷搜索入口等。其次要在内容上应有专业团队和规范管理，满足网络舆论监督健康发展的需要。最后要在内部管理政策上倾斜，鉴于网络舆论监督具有政策风险强、调查取证难度大等特殊性，在资金扶持、福利待遇等方面应更优惠。

网络舆情监测与引导机制

传统媒体舆论监督的主动权在媒体，是"媒体主导"的舆论引导模式，网络舆论监督的主动权在网民，是"网民主导"的舆论引导模式。由于网民成分复杂、观点各异，网民主导的舆论引导容易出现观点偏激等导向偏差，所以网络舆论监督中的舆论引导不能出现媒体缺席。从"网民主导"向"网媒主导"，这是网络舆论监督中舆论引导转型的方向。一方面，要允许网民充分释放情绪、发表意见，因为这些信息有助于对舆情的准确把握。另一方面，又要密切关注舆情，并进行正确的引导，这个任务应该由网媒来完成。在舆情监测基础上引导舆论，网络媒体可以通过议程设置和意见领袖来掌握主动权。

就议程设置而言，网络舆论监督的信息来源应该实现从"被动等待"向"主动出击"转向。大多数网络舆论监督都是由网民上传的信息引发的，网络媒体对网民什么时候会上传舆论监督信息及上传什么样的信息，由此引发的网络舆论监督会怎样发展，显得比较茫然，缺乏充分准备，通常只能消极应付。这样下去，不仅不能使网络舆论监督常态化，而且也不利于把握舆论导向。要改变这种状况，网络舆论监督可以从两个方面来强化议程设置：一是从选题方面，可以从众多线索中精选一些典型个案来做深度的舆论监督；二是从内容方面，可以针对性设置一些话题，引导网民针对这些话题展开讨论。

就意见领袖而言，网络舆论监督的舆论引导应该实现从"意见混沌"向"观点明晰"转向。井喷式的意见杂陈、情绪化的语言表达，使网络舆论监督失去理性、包容性、建设性，群体狂欢背后缺乏更多深层次的思考，原因在于意见领袖缺席。原本也有一些自由状态的意见领袖活跃在网络舆论监督中，可是一旦他们的理性表达跟部分网民的失控情绪相左时，势必招致粗俗的谩骂，甚至被扣上"五毛"的帽子，其舆论引导效果被消解。其实，网络媒体应该有组织地培养一些意见领袖，让他们在网络舆论监督中站在更高层面对监督事件进行深入分析，而不是简单针对网民的不理智行为发表看法，用意见领袖的正能量来抵消网络舆论中的负能量，引导网络舆论良性发展。

媒体间协作与创新机制

一旦某个高关注度网络舆论监督信息在网上曝光，各网站往往会遍地开花，以排山倒海之势形成的舆论狂潮把事件各方推向风口浪尖、欲罢不能，一个个成功的网络舆论监督案例似乎说明网络媒体无须动员，无须组织。其实，这是错误的，当我们为成功案例欣喜时，也不要忘记那些失败案例的教训。譬如，2012 年 8 月的哈尔滨垮桥事件，有关部门公布的最终处理意见是货车超载，而非桥梁质量问题，与网络舆论监督的指向相去甚远。究其原因，除了当地政府部门信息不透明之外，网络舆论监督乏力也是不可忽视的，网民对桥梁质量的质疑之声不断，可是很少有媒体去接近真相并揭示真相。虽然很多时候网络舆论监督的最终效果不取决于监督本身,而取决于政府部门的态度,但是要取得好的效果还需要网络媒体的不懈努力。而这种努力,除了各媒体组织外,媒体间的协作与创新是不可或缺的。

一方面,是网络媒体之间的协作与创新。网络媒体间相互转发已经扩大了网络舆论监督的影响面,那么协作与创新就要立足于提升网络舆论监督的质量和影响力。当前尤为迫切的是传统媒体所属新闻网站与影响大的商业网站之间的协作与创新,把前者的采编权与后者的社会影响进行优势嫁接,共同打造高质量的网络舆论监督报道。

另一方面,是网络媒体与传统媒体之间的协作创新。广播、电视、报纸等传统媒体拥有网络媒体不及的公信力、专业化等优势,而网络媒体拥有传统媒体不及的互动性、快捷性、海量性等优势,把网络媒体与传统媒体进行资源整合,就会形成一张立体的舆论监督之网。

政府从哪里发力

政府是舆论监督的起点,因为政府是舆论监督对象,舆论监督的信息源在政府那里。政府同时又是舆论监督的终点,舆论监督涉及问题的最终解决都得靠政府。因此,网络舆论监督反腐要制度化,自然就离不开政府层面的制度考虑。

政务信息公开机制

推进政务信息公开是保障公民知情权的需要,也是丰富信息源,确保网络舆论监督常态化的需要。当前我国政务信息公开的重点在于:首先,要努力促进与群众利益直接相关的公共政策方面信息的公开;其次,要及时公开公共财物的使用情况;最后,要完善党政机关领导干部的财产申报制度。① 不过,政务信息公开方面还存在两个方面的问题:

---

① 张志强:《试论网络监督与制度反腐的有效对接》,载《河南教育学院学报》,2011年第3期,第107—109页。

一是依法应该公开，而没有公开或者公开不彻底，或公开不主动，或公开不及时的。有关部门应经常组织《政府信息公开条例》执行情况的检查，促进政务信息公开。

二是公众认为应该公开，要求公开而又遭到拒绝的。随着公众维权意识的加强，这方面矛盾也日趋凸显，不过，涉及部门通常以"不属于公开范围"为由拒不公开，最后也就不了了之。值得一提的是，2012年郑州消费者赵正军诉卫生部拒绝公开生乳国标制作过程中审评委员会的会议纪要一案，北京市一中院做出了有利于维护公众知情权的判决，要求卫生部在15日内重新对其提出的申请做出答复。[①] 这个判例对公众选择法律渠道来维护知情权具有积极的示范意义。

我国政务信息公开机制建设还有很长一段路要走，法制推动、政府自觉、公众监督等都不可或缺。

舆情快速反应机制

网络传播在迅速扩大网络舆论监督影响力的同时，也放大了其负面效应。而政府部门要对网络舆论监督因势利导，最好的办法就是建立网络舆情快速反应机制，及时处置涉及问题，掌握舆论引导的主动权。

可是，一些地方政府部门及相关领导对网络舆论监督缺乏足够的重视，养成打压传统媒体舆论监督的惯性，以为靠网络公关删帖等手段同样能够钳制网络舆论监督，殊不知，丑态毕现，适得其反，错过事件最佳处理时机，丧失主动权，严重损害了政府的公信力。而且，对于网络舆论监督涉及的腐败案件，如果治理腐败职能部门介入不及时，还会"错过反腐败的最有利时机，使被举报人销毁证据、转移财产、订立攻守同盟等来对付组织和司法机关调查，给案件查处带来难度"[②]。这既影响网络舆论监督的效果，又不利于反腐败工作的开展。

---

① 何欣：《拒绝公开信息 卫生部被判再议》，载《北京晨报》，2012年10月23日，第A14版。
② 孔祥学：《切实发挥网络监督在反腐败斗争中的积极作用》，载《辽宁行政学院学报》，2010年第10期，第68—69页。

实际上，政府对网络舆情的快速反应，既是一种态度——一种正确接受并积极应对网络舆论监督的态度，又是一种方法——一种变被动为主动，掌握网络舆论主动权，赢得公信力的方法。

事件调查督办机制

网络舆论监督对事件涉及的地区、单位及个人有一些负面影响，这是在所难免的。如果处理得好，就会给公众留下有关部门"不护短、闻过则改"的正面印象，较好地冲抵了网络舆论监督的负面效应。如果处理不好，或者拖着不处理，或者不了了之，就会给公众留下这个地方"官官相护、有违民意"的负面印象，与网络舆论监督的负面效应叠加，对政府形象和公信力产生更大的负面影响。因此，政府部门应强化网络舆论监督涉及事件的调查督办机制。

调查督办应注意两个方面的问题：一是本着公正求实的原则，深入调查，回答网民质疑，还原事实真相。在调查处理中，既不能偏袒监督对象，消极应对网络舆论，又不能迫于舆论压力，迎合网民舆论，对监督对象不公。二是本着信息公开的原则，及时公布处理结果，使公众看到政府反腐败的诚意和决心。

新型主流媒体怎么主导融合传播格局

新型主流媒体如何进行目标设定

为何要构建新型主流媒体？因为在互联网特别是移动互联网的冲击下，传统主流媒体在市场占有率、经济收入、社会影响力等方面都面临严峻的挑战。据新浪财经、新浪战略合作部、北京大学市场与媒介研究中心2015年9月联合发布的《90后媒介使用习惯研究报告》，90后平均每天接触各种媒介的时长为：报纸0.2小时、广播和电视0.5小时、台式电脑0.6小时、杂志和平板电脑0.7小时、笔记本电脑2.4小时、手机3.8小时；90后不接触传统媒介的比重为：43%不看杂志，22%不看电视，79%不看报纸，57%不听广播。①

推动传统媒体与新兴媒体的融合，打造新型主流媒体，已经上升为国家战略。2014年8月18日召开的中央全面深化改革领导小组第四次会议，审议通过了《关于推动传统媒体和新兴媒体融合发展的指导意见》（以下简称"《指导意见》"）。中央全面深化改革领导小组组长习近平强调，推动传统媒体和新兴媒体融合发展，要遵循新闻传播规律和新兴媒体发展规律，强化互联网思维，坚持传统媒体和新兴媒体优势互补、一体发展，坚持先进技术为支撑、内容建设为根本，推动传统媒体和新兴媒体在内容、渠道、平台、经营、管理等方面的深度融合，着力打造一批形态多样、手段先进、具有竞争力的新型主流媒体，建成几家拥有强大实力和传播力、公信力、影响力的新型媒体集团，形成立体多样、融合发展的现代传播体系。②这里，关于新型主流媒体，习近平用了"形态多样""手段先进""具有竞争力"等关键词，同时提出了新型媒体集团这一概念，并用"传播力""公信力""影响力"等关键词来限制，两相综合，这些指标就是新型主流媒体的综合要求；从一批单个的新型主流媒体，到重点打造几家新型媒体集团，再到形成现代传播体系，这就是媒介融合中新型主流媒体的打造思路。

当然，中央《指导意见》和习近平的讲话是宏观层面的。在新型主流媒体具体构建之中必须解决两个方面的问题：一是新型主流媒体新在哪里，二是新型主流媒体主流在哪里。

新型主流媒体的"新"，应该包括五个方面的内容：媒体形态新，传统媒体不能固守自身的媒体形态，应该大胆推行与新兴媒体的融合，着力打造微博、微信、APP等新媒体平台；组织流程新，为适应新媒体条件下信

---

① 《90后媒介使用专题研究》，来源：新浪网，http://slide.finance.sina.com.cn/hy/slide_9_71179_343072.html#p=1。
② 《习近平主持召开中央全面深化改革领导小组第四次会议强调　共同为改革想招　一起为改革发力　群策群力把各项改革工作抓到位》，载《人民日报》，2014年8月19日，第1版。

息传播的需要，传统媒体要痛下决心改造采编流程，提升内容生产与传播的质量和效率；技术手段新，要大胆采用AR（增强现实技术）、VR（虚拟现实技术）、MR（混合现实技术）、LBS（位置服务）、AI（人工智能）、大数据、新闻算法等新技术手段，增强传播的表现力；传播方法新，要善于运用精准传播、实时互动等传播方法，提高传播的针对性、参与性、有效性；传播思维新，要锻造互联网思维，谙熟互联网传播规律，抢占传播时机，掌握传播主动权，赢得传播话语权。

新型主流媒体的"主流"，应该体现在实力、传播力、公信力、影响力等方面。在深入分析这个问题之前，我们先来看看学界对"主流媒体"的界定。应该说，学界关于主流媒体的说法比较多，最具代表性的是新华社"舆论引导有效性和影响力研究"课题组的研究成果，该成果列举了判断主流媒体的六条标准：具有党、政府和人民的喉舌功能，具有一般新闻媒体难以相比的权威地位和特殊影响，被国际社会、国内社会各界视为党、政府和广大人民群众意志、声音、主张的权威代表；体现并传播社会主流意识形态与主流价值观，在我国即是社会主义意识形态和与之相适应的价值观，坚持并引导社会发展主流和前进方向，具有较强的影响力；具有较强公信力，报道和评论被社会大多数人群广泛关注并引以为思想和行动的依据，较多地被国内外媒体转载、引用、分析和评判；着力于报道国内外政治、经济、社会、文化等领域的重要动向，是历史发展主要脉络的记录者；基本受众是社会各阶层的代表人群；具有较大发行量或较高收听、收视率，影响较广泛受众群。[1]

不可否认，新华社课题组关于主流媒体的这一说法是基于传统主流媒体而言的，因为当时没有新型主流媒体这一说法，而且这一说法用来言说今天的新型主流媒体也不是很合适。不过，结合这一说法和今天的传播语境，笔者认为，新型主流媒体要体现"主流"还得在传播力、公信力、影

---

[1] 《主流媒体判断标准和基本评价》，载《中国记者》，2004年第1期，第10—11页。

响力等方面达到优于传统主流媒体和新型非主流媒体的效果。

所谓传播力，就是实现有效传播的能力，是传播能力和传播效力的结合。就传播能力而言，是指媒体"对新闻事件进行建构和传播的能力，它涉及媒体本身的综合素质和能力，表征为由媒体自身在发现新闻事件、对新闻事件组织力量进行有效报道以及报道的能力和水平"[①]。这种传播能力既体现在媒体对新闻事件的解码、编码能力上，又体现在达到范围上；既有技术设备、传播渠道等硬件方面的因素，又有人员素质等软件方面的因素。就传播效力而言，主要指传播产生的效果，针对目标受众精确、快速地实现主题的意图。北京大学教授陈刚认为，传播力的本质就是有效果的传播，需要有一个完整的体系来充实、深化和完善传播力这个概念，比如说对受众的覆盖率，此外还有内容的阅读率、网络转载率、影响力等指标，是一套科学的测评系统。[②]

所谓公信力，是指"新闻传媒能够获得受众信任的能力，反映了新闻传媒以新闻报道为主体的信息产品被受众认可、信任乃至赞美的程度"[③]。传统主流媒体有良好的公信力，这一公信力很容易延展到其创办的新型媒体，助推这些新型媒体成为新型主流媒体。这种优势，是单纯发迹于网络的新型媒体所不具备的。

所谓影响力，是指新闻媒体"通过信息传播对受众的认知和行为的影响程度"，是媒体"提升传播力的终极诉求和获得公信力的直接表征"[④]。如果说传统媒体的影响力还是一个模糊的概念，那么新媒体的影响力就可以用很多量化指标来测算，如下载量、订阅量、浏览量、评论数、转发数、粉丝数、点赞数等。

---

① 王宁，张恒山：《新型主流媒体新在哪里》，载《学习时报》，2017年1月16日，第2版。
② 张姝，周志懿：《陈刚：打造不可替代的传播力》，载《传媒》，2006年第9期，第22—23页。
③ 郑保卫，唐远清：《试论新闻传媒的公信力》，载《新闻爱好者》，2004年第3期，第9—11页。
④ 王宁，张恒山：《新型主流媒体新在哪里》，载《学习时报》，2017年1月16日，第2版。

构建新型主流媒体如何双向驱动

关于新型主流媒体的构建，业界、学界大多集中关注"主流媒体新型化"，而对"新型媒体主流化"则关注得不够充分。所谓主流媒体新型化，是指通过传统媒体与新兴媒体的融合，借助传统主流媒体在传播力、公信力、影响力等方面的优势，创办新兴媒体，把这种优势延展到新兴媒体，并把新兴媒体培育成新型主流媒体。

事实上，媒介融合也存在两个维度：一是传统媒体"突围"的维度，二是新媒体"正身"的维度。在互联网特别是移动互联网的冲击下，传统媒体雄风不再，甚至生存维艰，主动去融合新媒体已是突围的必然之路，主流媒体新型化过程中形成了一大批新型主流媒体。譬如，人民日报全媒体方阵拥有29种社属报刊、31家网站、111个微博机构账号、110个微信公众号及20个手机客户端等，成为拥有报纸、杂志、网站、电视、广播、电子屏、手机报、微博、微信、客户端等10多种载体、320个终端载体的媒体集团，覆盖总用户超过3.5亿人。以人民日报社下属新媒体为代表的新型主流媒体在当下新闻传播中扮演重要的角色。人民日报客户端用户自主下载量达到1.54亿次，人民日报法人微博在人民网、新浪网、腾讯网三大平台上的粉丝总数突破8900万人，微信公众号订阅量超过840万次，海外社交平台账号粉丝量及关注订阅数3370余万人次。新华社客户端累计下载量达到1.8亿次，各微博账号粉丝总量4467万人，微信公众号订阅量61万人次，海外社交平台账号粉丝及订阅量突破2200万人。中央电视台"央视影音"客户端下载量5.5亿次，"央视新闻"客户端下载量4195万次、微博粉丝量4700万人、微信公众号订阅量680万次，海外社交媒体账号粉丝及关注数5335万人。[①]

与传统主流媒体相比，发迹于网络的新媒体平台在公信力方面存在天

---

① 汪晓东，曹树林，于洋：《深度融合 构筑媒体新版图》，载《人民日报》，2017年1月5日，第1版。

然缺失，在"多数暴力"和"商业侵蚀"的双重干扰下，其信息的真实性大打折扣。于是，一些强大起来的新媒体平台也开启了主动融合传统媒体之路，以求"正身"获取公信力优势，这就是所谓的新型媒体主流化。这方面最典型的莫过于阿里巴巴，虽然它不是单纯的新媒体，但是近年来却通过融合传统媒体走上媒介化发展之路。阿里巴巴2009年与浙江日报报业集团合办《淘宝天下》，2010年与浙江出版联合集团合办《天下网商》，2013年投资《商业评论》杂志，2014年投资《京华时报》，2015年投资《北青社区报》、与四川日报报业集团联合创办封面传媒、收购香港《南华早报》，2016年与上海报业集团、《北京青年报》、《南方都市报》、《钱江晚报》等在内的52家中国主流都市报签署合作意向书等。

如果说"主流媒体新型化"是"+互联网"，那么，"新型媒体主流化"就是"互联网+"，"在'+互联网'的尴尬和'互联网+'的激情对撞中，媒体特别是传统媒体更应该积极主动地推动新形势下的媒介融合"，[1] 让新型主流媒体格局在这种双向驱动中更加灿烂。

媒介融合怎么助推融合传播

"+互联网"的媒介融合与"互联网+"的媒介融合，彼此交织形成的现代传播体系，其最终效果还得通过融合传播来实现。这种融合传播是多个层面的，包括传统媒体与新媒体、自媒体与他媒体、自媒体内部、他媒体内部的融合传播。[2]

---

[1] 张春林，于丹丹：《论产业融合视野下媒介融合的"互联网+"思路》，载《重庆工商大学学报》（社会科学版），2017年第1期，第12—18页。

[2] "自媒体"这一概念是从英文单词"We Media"翻译过来的。美国新闻业研究所（American Press Institute）属下的"媒体中心"（The Media Center），于2003年7月出版研究报告《互媒体：受众如何塑造新闻和信息的未来》（*We Media: How audiences are shaping the future of news and information*），这份60多页的报告是当下最系统地阐述以博客为代表的个人媒体（自媒体）的文献之一。报告的执笔是亚特兰大的媒体咨询和设计公司Hypergene的Chris Willis和Shayne Bowman，报告对"We Media"下了一个十分严谨的定义："We Media是普通（转下页）

媒介融合语境中开展融合传播的主要思路有：多平台联动，包括自媒体的多平台联动、他媒体的多平台联动、自媒体与他媒体的联动；多文本互补，包括视频文本优于图片文本和文字文本、短文本优于长文本、有特别标注的文本优于没有特别标注的文本、征求意见的文本优于表达观点的文本、反向传播的文本优于正向传播的文本、读题时代的浅阅读和文本传播的深体会等文本特点的综合把握与运用；资源整合，包括他媒体整合自媒体、组建媒体联盟打通平台壁垒、相互内容推介实现资源共享等。①

总之，在媒介融合助推下，我们更应该最大限度地整合平台资源，发挥各平台优势，通过融合传播来优化传播效果。

舆论监督融合传播该注意什么

虽然传统媒体空间受到挤压，受众接受习惯已经从传统媒体向新媒体发生位移，网络舆论监督在反腐败中优势日趋凸显，但是反腐败舆论监督融合传播必须审慎对待传播格局的变化，既不要故步自封，也不要盲目跟风。在融合传播中，反腐败舆论监督应抓好以下几个节点。

紧紧抓住传统主流媒体及其新媒体平台

与其他新闻报道相比，受众对反腐败舆论监督信息来源及发布渠道的权威性要求更高。虽然在新媒体冲击下传统媒体受到一定影响，但是传统主流媒体的权威性依然是广大受众认可的，大事看《人民日报》等传统主流媒体，这种信息接受习惯并没有因为新媒体的强大而有所减弱。而且，与都市报等市场类报纸断崖式下滑不同，近年来，党报却呈现逆势上扬的

（接上页）大众经由数字科技强化与全球知识体系相连之后，一种开始理解普通大众如何提供与分享他们自身的事实、新闻的途径。"简言之，即公民用以发布自己亲眼所见、亲耳所闻事件的载体，如博客、微博、微信、论坛/BBS等网络社区。"自媒体"概念确定后，"他媒体"的边界自然也就清晰了，凡是自媒体之外的其他媒体都应该称为他媒体，无论是传统媒体还是新媒体。所谓"他媒体"，就是非个人化的媒体，即组织机构媒体。

① 张春林：《论媒介融合中自媒体与他媒体的融合传播》（下），载《湖南大众传媒职业技术学院学报》，2017年第1期，第5—8页。

趋势。据中国广告协会报刊分会数据中心资料显示，2016年，《南方日报》广告实收同比增长10.63%，其中新媒体收入增长近乎翻倍；《河南日报》广告同比增长14.53%，并且创造了《河南日报》历史最高纪录；《四川日报》年广告营收中版面实收占68%，单纯性的活动营收占4%，新媒体收入占28%；《大众日报》利润同比增长20%，收入和利润均创新高……[①]而且，党报、党刊、电视台等传统主流媒体的"两微一端"（微博、微信及APP客户端）依然是新型主流媒体，在互联网上拥有大量的粉丝及广泛的影响，因此，反腐败舆论监督应紧紧抓住这片舆论阵地。

紧紧抓住纪委监察委直属新媒体平台

近年来，以中纪委监察委网站为代表的纪委监察委直属新媒体平台第一时间发布反腐败新闻信息，不仅产生了广泛影响，而且这些平台的媒体属性也得到了充分体现。若能有效整合中纪委监察委及各省区市纪委监察委的网站、微博、微信、APP等新媒体平台，形成一张跨平台、全国性、专业性传播网络，对于反腐败舆论监督的传播也大有裨益。

不放松对社交媒体平台的运用与引导

微博、微信等社交媒体平台的网络舆论监督格局中，自媒体监督和公民个人监督占了相当大比重，不过，这类监督往往存在虚假、侵权等问题，也容易受到"多数暴力"和"商业侵蚀"的影响，从而有失公允。因此，加强对社交媒体平台反腐败舆论监督的引导是非常有必要的，而入驻这些平台的新型主流媒体应堪此重任。

不放松与自媒体大号的合作

自媒体要做大做强，必须在加强自律的同时，承担一定的社会责任。事实上，很多自媒体大号已经在社会效益和经济效益方面取得了骄人的成绩。而且，许多自媒体大号有自己的受众圈层、传播渠道及营销策略，其

[①] 媒通研究院：《纸媒式微，党报"风景这边独好"：逆势上扬的底气在哪儿》，来源：搜狐网，http://www.sohu.com/a/150786447_675583。

覆盖面和影响力并不亚于一些传统主流媒体的新媒体平台。若能整合一些与反腐败舆论监督定位相同或相近的自媒体大号，授权其第一时间发布相关信息，既能扩大反腐败舆论监督的影响，又能提升这些自媒体平台的品质。

下编

思路创新

第六章

理念创新：清除舆论监督杂念

一般来讲，理念创新是指革除旧有的既定看法和思维模式，以新的视角、新的方法和新的思维模式，形成新的结论或思想观点，进而用于指导新的实践的过程。"思维方式、观念理念创新是推动社会整体创新的先导"，"推进社会整体创新，需要破除思维定式和传统观念，克服'习惯思维'和'主观偏见'，打破习惯势力的束缚，创新思维方式和思想观念"。① 在制度反腐和舆论监督问题上，我们都还存在不少"习惯思维"和"主观偏见"，如果不切实推进理念创新，就不能有效推进党和国家监督体系框架下的舆论监督制度建设，就不能充分发挥舆论监督在制度反腐中的作用。因此，要以推进理念创新为先导，去推动制度反腐中舆论监督的整体创新和系统创新。

领导干部要善"用"舆论监督

各级领导干部既是舆论监督的重要监督对象，又是舆论监督的有力推手，他们既需要"置身舆论监督"来面对舆论监督，又需要"跳出舆论监

---

① 谭劲松：《让创新理念落地生根》，载《浙江日报》，2016年2月20日，第5版。

督"来推动舆论监督。虽然"我们不可能总是靠开明官员的讲话来主张媒体的正常权利,来保护舆论监督不被打击报复,我们亦不能把传媒发展的希望单纯地寄托在领导讲话上"[1],在舆论监督领导重视与制度建设的权衡中理应是后者优于前者,但是我们依然要强调领导干部理念创新的重要性和必要性。

官员怎么看待舆论监督[2]

基于川、渝、黔、鄂、湘、琼、闽、晋、豫、京、内蒙古等省、直辖市、自治区及网络的问卷调查,分析表明领导干部眼中的舆论监督呈现出喜忧参半的尴尬与矛盾,这些矛盾包括领导干部接触网络多与使用网络不充分的矛盾,领导干部对网络舆论监督关注度高与网络舆论监督可信度低的矛盾,领导干部观念上肯定舆论监督与行动上苛责舆论监督的矛盾,领导干部高调期待反腐与谨慎支持舆论监督反腐的矛盾。

调查缘起

舆论监督之所以困难重重,跟各级领导干部对待舆论监督的态度密切相关。不过,当人们用"地方保护主义""狭隘政绩观"等标签化词汇来形容那些阻碍舆论监督的党政干部时,却很少充分听取他们的真实想法,特别是领导干部这个群体如何看待舆论监督,我们还了解得不够。

领导干部是舆论监督的监督对象,而且不少领导干部还是舆论监督工

---

[1] 南方日报评论员:《舆论监督不能总靠开明官员来主张》,载《南方日报》,2007年2月12日,第A02版。

[2] 问卷调查相关情况说明:领导干部对待舆论监督的态度是本课题研究的重要依据和参照系,因此,课题组在课题立项后首先进行了这个调查,然后以调查结果为重要依据,展开理论研究;问卷调查所处时段,微信应用还不广泛,微信渠道的舆论监督也不多见,因此,本调查分析中把微博作为舆论监督最广泛的互联网应用,而且较之微信而言,微博的公开性和媒体属性更适合舆论监督,事实上,微博至今依然是网络舆论监督的主要阵地。虽然问卷调查是2013年做的,但是通过其他相关文献佐证,调查结论并没有发生明显的质性变化,因此,本课题成果仍然沿用这一调查。

作的领导者和管理者,他们对舆论监督的意见对于舆论监督的健康发展至关重要。因此,我们推出了《领导干部与舆论监督》这一问卷调查,以期能够把握领导干部的真实想法,有助于加强和改进舆论监督工作。

调查概况

本次问卷调查从 2013 年 1 月初开始发放问卷,到 2013 年 8 月底全部回收问卷,历时半年多。本次调查共向重庆、四川、贵州、内蒙古、山西、河南、湖南、湖北、海南、福建、北京等 11 个省市区发放纸质问卷 1000 份,回收问卷 970 份,问卷回收率为 97%,有效问卷 958 份,问卷有效率为 98.76%。同时,利用多个 QQ 群投放电子问卷 100 份,回收问卷 100 份,问卷回收率为 100%,有效问卷 75 份,问卷有效率为 75%。

问卷共设计了 29 个问题,包括调查对象基本情况、媒体使用情况、对舆论监督的认识、对待舆论监督的态度、对舆论监督反腐的看法等方面内容。这次共回收有效问卷 1033 份,从调查对象的职务级别来看,科级(含副科)领导干部 724 人,占 70.09%,处级(含副处)干部 287 人,占 27.78%,厅级(含副厅)及以上领导干部 22 人,占 2.13%。

为强化领导干部与舆论监督的关联度,此次调查对象均为有实职的领导干部,不含享受相应级别待遇的非实职领导干部。为确保问卷内容的真实性,本次调查均要求调查对象匿名填写。

媒体使用情况

在报纸、广播、电视、网络这四类媒体中,调查对象接触最多的媒体,54.21% 的调查对象选择"网络",24.78% 的调查对象选择"电视",18.01% 的调查对象选择"报纸",只有 3.00% 的调查对象选择"广播"。网络所占的比重超过了电视、报纸和广播之和,说明网络正成为领导干部获取信息的主要渠道,其他媒体的地位在降低。

从接触媒体的信息类别来看,调查对象接触最多的媒体信息,77.06% 的调查对象选择"新闻",14.42% 的调查对象选择"实用信息",4.94% 的调查对象选择"娱乐",另有 3.58% 的调查对象选择"其他信息"。这组数据说明，领导干部接触媒体主要是为了获取新闻信息，新闻类媒体、媒体内容中的新闻板块是这个受众群体最看好的。

四类媒体中，网络无疑是受众使用最充分的媒体，就调查对象对微博的使用情况来看，"从不使用"的占27.98%，"偶尔使用，只看帖不转发，不评论"的占42.59%，"经常使用，只看帖不转发，不评论"的占15.39%，"经常使用，要发帖，要看帖，要转发，要评论"的占14.04%。这组数据说明，领导干部对微博这种新媒体形式使用得很不充分，第二项和第三项都属于消极使用，两项之和达57.98%，只有最后一项14.04%的领导干部才算得上是积极使用微博。

调查对象通过网络发表批评意见的情况，与微博使用情况基本一致，"从不"在网上发表批评意见的占44.63%，"偶尔"在网上发表批评意见的占49.66%，"经常"在网上发表批评意见的占5.71%。这组数据说明，领导干部还不习惯运用网络来表达自己的意见，特别是批评意见。

对舆论监督的认识

对我国舆论监督的总体印象，67.47%的调查对象认为"一般"，16.17%的调查对象认为"很好"，11.52%的调查对象认为"很糟"，另有4.84%的调查对象选择"不清楚"。这组数据说明，领导干部对我国舆论监督整体不满意。

对于四类媒体舆论监督的可信度，57.41%的调查对象认为网络舆论监督的可信度最低，可是谈到舆论监督效果时，又有45.40%的调查对象认为网络舆论监督的效果最好，其余依次是35.24%的人选择电视舆论监督，15.10%的人选择报纸舆论监督，4.26%的人选择广播舆论监督。两组数据比较分析可以看出，网络舆论监督处于低可信度与高效果不相称的尴尬境地。

对于"如何看待舆论监督对政府工作的作用"，80.54%的调查对象选择"舆论监督曝光问题，有利于政府开展工作"，只有11.04%的调查对象选择"舆论监督曝光问题，不利于政府开展工作"，另有8.42%的调查对象选择"不清楚"。这组数据说明，绝大多数领导干部能够正确认识舆论监督的积极作用。

对于"如何看待舆论监督对地方形象的影响",80.15%的调查对象选择"真正影响地方形象的是政府工作中存在问题,而不是舆论监督",只有11.23%的调查对象选择"舆论监督对地方形象有负面影响,应严格控制",另有8.62%的调查对象选择"不清楚"。这组数据说明,绝大多数领导干部能够正确认识舆论监督的消极影响。

对于"怎么看待舆论监督出现的错误",67.67%的调查对象选择"真实是新闻的生命,对于舆论监督出现的错误也应严加追究",23.62%的调查对象选择"媒体不是专业调查机构,对舆论监督记者无心之过应该宽容",另有8.71%的调查对象选择"不清楚"。这组数据说明,大多数领导干部对舆论监督的真实性要求高。

对于"你认为新闻舆论监督该不该接受监督",78.02%的调查对象选择"该,防止媒体权力滥用",15.59%的调查对象选择"不该,确保舆论监督独立性",另有6.39%的调查对象选择"不清楚"。这组数据说明,大多数领导干部主张通过强化对舆论监督的监督来确保舆论监督的正确性。

对于"你如何看待党委对舆论监督的领导",73.38%的调查对象选择"党委应该为舆论监督创造更宽松的环境,推动舆论监督工作健康发展",18.20%的调查对象选择"党委应全面介入新闻舆论监督各个环节,确保舆论监督不出偏差",另有8.42%的调查对象选择"不清楚"。这组数据说明,大多数领导干部能够正确认识党委对舆论监督的领导。

对待舆论监督的态度

作为舆论监督对象,领导干部的隐私权和名誉权容易受到舆论监督报道的损害。与普通群众相比,领导干部隐私权和名誉权受保护的程度,67.86%的调查对象选择"同样受保护",25.07%的调查对象选择"有限度受保护",只有4.55%的调查对象选择"不受保护",另有2.52%的调查对象选择"更受保护"。这组数据说明,大部分领导干部主张他们跟普通群众拥有同样的隐私权和名誉权,不过,从25.07%的调查对象选择"有限度受保护"这一事实可以看出,相当一部分领导干部已经意识到其隐私权和名誉权的特殊性及差别性。

"党报不能批评同级党委"是舆论监督执行了60多年的规矩,今天还要不要坚守,新闻业界和学界有不同的看法,作为舆论监督对象的领导干部会怎么看呢? 70.28%的调查对象选择"反对,任何组织和个人都应该接受监督,党委也不例外",17.91%的调查对象选择"支持,有利于确保党委对党报舆论监督的领导",另有11.81%的调查对象选择"不清楚"。这组数据说明,大部分领导干部支持任何权力都要接受监督这一观点。

对于"当媒体舆论监督采访涉及本单位时你会怎么做",79.48%的调查对象选择"尽力配合采访",16.17%的调查对象选择"尽力回避采访",3.19%的调查对象选择"找关系疏通给记者施压",1.16%的调查对象选择"给好处让记者放弃报道"。这组数据说明,大多数领导干部都能积极配合舆论监督,不过,20.52%不配合舆论监督的比重同样不容忽视,这也正是很多地方舆论监督难以正常开展的重要原因。

对于"当涉及本单位舆论监督报道播发后你会怎么做",58.57%的调查对象选择"认真整改,尽快把整改结果告知媒体",33.88%的调查对象选择"严格查找报道中涉及问题,就不实之处跟媒体交涉,并要求更正,必要时提起诉讼",3.68%的调查对象选择"对媒体报道不予理睬",另有3.87%的调查对象选择"不清楚"。虽然这组数据中主张结合舆论监督报道认真整改的调查对象超过半数,但是第二项和第三项合计所占比重达37.56%也是一个很严重的问题,这正是舆论监督整体效果不佳的重要原因。

对于"你对网络爆料的态度",55.57%的调查对象选择"支持",19.65%的调查对象选择"反对",另有24.78%的调查对象选择"不清楚"。这组数据说明,虽然超过半数的调查对象支持网络爆料,但是跟网络舆论监督红红火火的大趋势相比,这一支持率仍然不高,这跟网络舆论监督的可信度不高有关。

对于"你对网络人肉搜索的态度",41.92%的调查对象选择"反对",

31.75%的调查对象选择"支持",另有26.33%的调查对象选择"不清楚"。这组数据三个选项差别不大,说明调查对象对网络人肉搜索的分歧还比较大,难以形成主流意见。

对于"关于网络发布官员艳照及不雅视频,你的态度",48.11%的调查对象选择"反腐新渠道,值得推崇",21.78%的调查对象选择"不妥,容易侵犯官员隐私",18.30%的调查对象选择"官员道德败坏,就应该让其出丑",另有11.81%的调查对象选择"不清楚"。在这组数据中,第一项和第三项之和达66.41%,说明大部分人支持这种形式的舆论监督,另一方面也说明调查对象对这个问题还缺乏理性思考,有看热闹之嫌。

对舆论监督反腐的看法

舆论监督本质上是公民借助媒体对公权力的制约和监督,预防和惩治腐败。对于"你认为我国权力制约和监督体系整体状况",80.15%的调查对象选择"不够健全",只有12.01%的调查对象选择"健全",另有7.84%的调查对象选择"不清楚"。对于"你认为我国权力制约和监督整体效果",77.73%的调查对象选择"不够好",只有12.78%的调查对象选择"好",另有9.49%的调查对象选择"不清楚"。这两组数据说明,领导干部对我国权力制约和监督体系建设及效果,总体上不太满意。

对于"你认为民众利益诉求的官方渠道",73.57%的调查对象选择"不够通畅",只有18.30%的调查对象选择"通畅",另有8.13%的调查对象选择"不清楚"。这组数据说明,"民众利益诉求的官方渠道不畅通"是大部分领导干部的共识,这也是舆论监督线索来源此消彼长的重要原因。

对于"关于官员财产申报制度,你的态度",48.89%的调查对象选择"如实申报完全公开",24.59%的调查对象选择"如实申报不公开",21.39%的调查对象选择"选择性申报有限度公开",只有5.13%的调查对象选择"没必要申报更没必要公开"。这组数据说明,绝大多数领导干部支持官员财产申报,只是对如何公开还没有形成绝对优势的意见。

对于"关于政府信息公开,你的态度",51.11%的调查对象选择"群众要求公开，在不违背法律法规的情况下，应该公开"，27.69%的调查对象选择"法律要求公开才公开，法律没明确要求的，就不公开"，16.75%的调查对象选择"上级部门要求公开才公开，不要求公开就不公开"，另有4.45%的调查对象选择"不清楚"。在这组数据中，第一项超过半数，这是一个可喜的变化，说明越来越多的领导干部注意从群众利益的角度来考虑，而不是简单地唯上唯法，讲究解决问题的灵活性。

对于"关于房产登记机构内部人员公开'房叔''房婶''房爷'房产信息，你的态度"，66.60%的调查对象选择"反腐败没有旁观者，每一股力量都值得倡导"，21.78%的调查对象选择"侵犯公民个人隐私，此举涉嫌违法"，另有11.62%的调查对象选择"不清楚"。这组数据中，虽然第二个选项只占21.78%，但也说明公民反腐阻力不小，一旦腐败分子不被查处，举报者势必受到不公待遇，那么公民反腐寻求媒体支持就是重要选择。

对于"你对网络反腐的态度"，80.25%的调查对象选择"支持"，7.84%的调查对象选择"反对"，另有11.91%的调查对象选择"不清楚"。对于"你认为网络反腐的效果"，65.34%的调查对象选择"好"，13.75%的调查对象选择"不好"，另有20.91%的调查对象选择"不清楚"。这两组数据对比说明，一方面，大部分领导干部都看好网络舆论监督的反腐败功用；另一方面，网络舆论监督反腐败的实际效果跟领导干部的期望值还有一定差距。

问题与思考

通过以上数据分析，我们看到，领导干部眼中的舆论监督呈现出喜忧参半的尴尬与矛盾，这种状况主要体现在以下几个方面。

尴尬之一：接触网络多与使用网络不充分的矛盾。

四类媒体中网络是受众使用度最高的媒体，虽然54.21%的调查对象选择了网络作为其接触最多的媒体，可是他们对网络使用并不充分。就网络媒体中应用面最广的微博而言，只有14.04%的调查对象选择"经常使用，要发帖，要看帖，要转发，要评论"，称得上是在积极使用网络。而对于在网络上发表批评意见，只有5.71%的调查对象选择"经常"，称得上是在积极使用网络。从54.21%到14.04%再到5.71%这样依次缩小的比重,让我们看到领导干部使用网络不充分这一隐忧。

而舆论监督发展的一个重要现象是传统媒体舆论监督借助网络媒体扩大了影响,异军突起的网络舆论监督正在发挥巨大作用,领导干部使用网络不充分将在很大程度上影响他们对舆论监督形势的研判,制约舆论监督的健康发展。当然,54.21%这一比重也不高,说明领导干部在网络媒体的接触频率方面也有待提高。

尴尬之二:网络舆论监督的关注度高与可信度低的矛盾。

55.57%的调查对象支持网络爆料,80.25%的调查对象支持网络反腐,这说明领导干部对网络舆论监督特别是网络反腐的关注度高。虽然45.40%的调查对象认为网络舆论监督的效果最好,超过了电视舆论监督(35.24%)、报纸舆论监督(15.10%)和广播舆论监督(4.26%)的比重,但是没有过半这一事实说明网络舆论监督的整体效果还不高。就网络舆论监督反腐败效果而言,65.34%的调查对象认为网络反腐效果好,这一数据虽然超过了半数,但与80.25%的期望值还有14.91%的差距,说明网络舆论监督的反腐效果还不尽如人意。网络舆论监督总体效果离领导干部的期望值有较大差距,跟网络舆论监督可信度不高有一定关系,57.41%的调查对象认为四类媒体中网络舆论监督的可信度最低。

尴尬之三:观念上肯定舆论监督与行动上苛责舆论监督的矛盾。

80.54%的调查对象选择"舆论监督曝光问题,有利于政府开展工作",80.15%的调查对象选择"真正影响地方形象的是政府工作中存在问题,而不是舆论监督",这两个数据说明,绝大部分领导干部对舆论监督的积极作用是肯定的。可是,这种观念上的肯定并不等于行动上的支持。对于舆论监督出现的错误,67.67%的调查对象选择"严加追究",只有23.62%的调查对象选择"无心之过应该宽容",这说明来自领导干部的高压是舆论监督的常态,让记者在怯于犯错的高压下从事舆论监督,无疑是一种束缚。对于涉及本单位舆论监督报道的态度,虽然58.57%的调查对象会积极配合,但是仍有37.56%的调查对象表示会干扰舆论监督，这必然会影响舆论监督的整体效果。80.54%和80.15%与23.62%之间的数据反差，反映出许多领导干部在舆论监督问题上，说的是一套，做的又是一套。

尴尬之四：高调期待反腐与谨慎支持舆论监督反腐的矛盾。

健全的权力制约和监督体系有助于预防腐败，80.15%的调查对象认为我国权力制约和监督体系还不够健全，畅通的民意诉求渠道有助于惩治腐败，73.57%的调查对象认为我国民意诉求渠道还不够通畅，这两个数据说明，领导干部对反腐败期待较高。可是，涉及政府信息公开与官员财产申报等反腐败措施时，调查对象又十分谨慎，就前者而言，只有51.11%的调查对象主张"群众要求公开，在不违背法律法规的情况下，应该公开"，就后者而言，只有48.89%的调查对象主张"如实申报完全公开"，这两个数据说明领导干部对公开的后果比较担心。政府信息公开与官员财产申报的大力推进，无疑会强化舆论监督的反腐功能，领导干部的这种担心实质上是对舆论监督的担心，进而影响对舆论监督反腐的支持。67.86%的调查对象主张领导干部跟普通群众在隐私权和名誉权方面同样受保护，只有48.11%的调查对象明确表示支持网络艳照及不雅视频反腐，这两个数据说明，领导干部对舆论监督反腐的支持是比较谨慎的。

舆论监督为何早比晚好

《中国共产党第十八届中央纪律检查委员会第三次全体会议公报》指出，在反腐败问题上要"坚持抓早抓小，对党员干部身上的问题早发现、早提醒、早纠正、早查处"[①]。这里的"早发现"包括舆论监督的发现，"早提醒"包括舆论监督的提醒。

早发现、早提醒，既有利于避免问题继续恶化，又有助于避免问题官

---

① 《中国共产党第十八届中央纪律检查委员会第三次全体会议公报》（2014年1月），载《人民日报》，2014年1月16日，第1版。

员酿成大错。因为"通过对小环节、小问题的抓早和早抓,防止了一般违纪行为演变成重大违纪违法问题"①,可以避免官员违法违纪给社会造成重大损失;同时,对问题官员也是一种保护,因为大问题都是从小错误开始的,在明察暗访中发现问题就及时提醒告诫,可以防止小错酿成大祸,把问题解决在萌芽状态,有效防止"好干部"变成"阶下囚"。②

那么,舆论监督在腐败治理早发现、早提醒中的表现如何呢?有关资料表明,官员落马前,舆论监督缺席是常态,以党的十八大后落马的23名地市级以上的一把手或者曾长期担任地市以上一把手的高官为例,他们都有在同一省份或同一领域长期工作的经历,同地任职的平均时长达31年;在同一地域或系统工作时间长,难免形成盘根错节的人脉关系网络,这样的关系网络在贪腐官员处经常演变成为利益网;在他们盘踞多时的地方,没有任何所谓舆论监督报道和负面新闻出现;而与此截然相反的是,一些个性鲜明的官员甚至会在媒体上大谈特谈如何清廉、如何反腐,其个人爱好也会被媒体夸张放大。③官员落马前舆论监督缺席的事实表明,新闻媒体不仅没有通过舆论监督在这些高级别问题官员腐败问题的早发现、早提醒方面起到积极作用,反而运用所谓"正面宣传"起到了反作用。

舆论监督在腐败治理中的早发现、早提醒需要新闻媒体和领导干部这两个方面共同努力。就新闻媒体而言,既要敢于监督,更要善于监督,把实际效果作为评价舆论监督工作的核心指标,这方面将在本书后面章节论述,此处不展开。就领导干部而言,能够一如既往地支持舆论监督的开明官员毕竟只是少数,"在地方利益、部门利益、行业利益及至私人利益之下,总会有官员站出来或明或暗地反对舆论监督。他们有的或许此时欢迎舆论监督,彼时却又反对;有的或许被动性地表态支持舆论监督,却阳奉阴违,只欢迎对别人的监督,却拒绝对自己的监督,甚至不惜动用各方面

---

① 肖春苹:《早发现早提醒早查处》,载《中国纪检监察报》,2016年3月8日,第3版。
② 罗健泉:《早"得罪"比晚"得罪"好》,载《中国纪检监察报》,2016年4月26日,第3版。
③ 石勇:《官员落马前舆论监督缺席》,载《记者观察》,2014年第8期,第24—26页。

资源遏制、封杀新闻报道的刊发"①。

其实，在移动互联网飞速发展、社交媒体平台异常活跃的今天，任何涉事官员想要封杀舆论监督都十分困难，往往会适得其反——越封杀，关注度越高；越封杀，影响越大；越封杀，上级部门查处力度越大、速度越快……无论是涉事官员，还是非涉事官员，在对待舆论监督问题上，都应该进行理念的彻底更新——抛弃"舆论监督就是揭丑"的错误认识，树立"舆论监督就是对自己违法违纪问题善意地早发现、早提醒，避免犯更大错误"的正确观念；与其回避问题、迁怒舆论监督，不如正视舆论监督、积极解决问题，防微杜渐，步入正轨。因此，领导干部，特别是那些违法违纪初期就被新闻媒体盯上的领导干部，应该对舆论监督心存感激，是舆论监督的早发现、早提醒保护了他们。

为何把公共利益考量放首位

腐败是掌握公共权力者在行使公共权力的过程中，背离公共权力的授权目标，违反公共权力的使用规范，牺牲公共利益谋取少数人利益的行为。因此，任何腐败必然造成公共利益的损失，而反腐败的目的就是避免或者降低公共利益的损失，舆论监督是其达到这一目的的手段之一。

反腐败是世界性难题，腐败对公共利益造成的经济损失也不断被刷新。美国兰德公司欧洲分部公布的一项研究报告显示，腐败问题每年给欧盟带来的全部经济损失总计高达9900亿欧元，远远超过之前预计的1200亿欧元，其中欧盟国家每年政府采购领域的腐败造成直接经济损失就达50亿欧元。② 俄罗斯联邦总检察长尤里·柴卡在一份报告中透露，2016年俄罗斯登记腐败案件32924起，较2015年增加了1.4%，2016年俄罗斯因腐败

---

① 南方日报评论员：《舆论监督不能总靠开明官员来主张》，载《南方日报》，2007年2月12日，第A02版。
② 惠梦：《欧盟每年因政府采购腐败问题损失50亿欧元》，载《中国政府采购报》，2016年4月8日，第4版。

犯罪所造成的损失超过 780 亿卢布（约合 96 亿元人民币）。① 根据巴西警方 2017 年 6 月公布的统计数字，过去 4 年间警方进行了 2056 起反腐调查，截至 2017 年 3 月 31 日，这些腐败行为给国家和社会带来的损失高达 1230 亿雷亚尔（约合 370 亿美元）。其中，巴西最大国有企业巴西石油公司（简称巴油）的"洗车行动"是巴西迄今为止规模最大、牵扯面最广的反腐调查，经评估这一案件造成的损失金额约为 42 亿美元。② 中纪委信息显示，从党的十八大到 2015 年 6 月，全国纪检监察机关在查处腐败案件的同时，已经有效挽回经济损失 387 亿元。③ 国际货币基金组织（IMF）发表的报告称，贿赂每年会给全球经济造成约 1.5 万亿到 2 万亿美元损失，这约占全球 GDP 的 2%。而因为贿赂只是腐败的一种形式，所以腐败给全球经济和社会造成的损失可能远不止这么多。④

当我们惊讶于这些数字的时候，腐败已经对公共利益造成了巨大损害，而这时对腐败最有效的手段只能是惩治。当然，在腐败治理中，"惩治是预防的前提条件，预防是惩治的必然要求"⑤。预防腐败比惩治腐败更为重要，要尽可能从制度设计上去预防腐败，在体制层面，要通过建立国家廉政体制，"使得腐败成为一件'高风险'和'低收益'的事情。这样，它能防止腐败在其源头发生，而不是坐等事情发生后去惩戒它"⑥。在机制层面，"除

---

① 鲁金博：《俄罗斯 2016 年腐败犯罪造成近百亿元损失》，载《廉政瞭望》（上半月），2017 年第 6 期，第 17 页。
② 陈威华，赵焱：《巴西腐败为何难根除》，载《工人日报》，2017 年 6 月 27 日，第 8 版。
③ 《中纪委：十八大以来反腐同时挽回经济损失 387 亿》，来源：中国新闻网，http://www.chinanews.com/gn/2015/07-29/7434145.shtml。
④ 《国际货币组织：腐败造成全球经济数万亿美元损失》，来源：新浪网，http://news.sina.com.cn/w/zx/2016-05-12/doc-ifxsenvm0311542.shtml。
⑤ 《〈建立健全惩治和预防腐败体系 2008—2012 年工作计划〉辅导读本》，中国方正出版社，2008 年，第 54 页。
⑥ ［新西兰］杰瑞米·波普：《反腐策略——来自透明国际的报告》，王淼洋等译，上海译文出版社，2000 年，第 7 页。

了腐败发现机制和惩处机制之外,更重要的是要有腐败预防机制"①。无论是体制还是机制,落实到效果层面,都离不开领导干部的理念创新,特别是在舆论监督问题上,创新与媒体之间的关系。

不过,在舆论监督问题上,许多领导干部的观念都存在问题,"积极接受或者主动公关正面报道,拒绝、阻扰负面报道,没事时不主动接触媒体已经成为我国官员与媒体关系的惯例"②。从制度反腐高度审视,领导干部应该自觉养成"把舆论监督降低公共利益损失放在首位"的观念,这一观念主要包括两方面的内容。

一方面,坚持公共利益至上原则,其他利益应让位于公共利益。领导干部作为公共官员,他们的职务活动"本来就体现的是对公共权力的承担,对实现公共利益的追求,而领导干部只不过是公共职位的短期占据者和实现公共利益的代表者"③。而新闻媒体通过舆论监督去制约和监督行使公共权力的领导干部,进而达到维护公共利益的目的。因此,领导干部和新闻媒体在公共利益上的目标和方向是一致的,双方应该是良好的合作关系,而不是敌对关系。特别是牵涉舆论监督,领导干部应该在公共利益至上的前提下,再来审视部门利益、行业利益、地方利益及个人利益。

另一方面,"主动"邀请新闻媒体"及早"介入"可能引发腐败"的、涉及"重大"公共利益的项目和活动,借舆论监督之力避免公共利益遭受腐败侵蚀。在腐败治理领域,很多时候,舆论监督都是"事后监督",即贪腐行为发生并已经造成一定社会危害之后的监督,而不是"事前监督",通过"提前介入"来防范贪腐避免危害,也不是"事中监督",通过"过程介入"来遏制贪腐减轻危害。而且,在人们的习惯性观念中,一般都把舆论

---

① 李秋芳,张宇燕:《世界主要国家和地区反腐败体制机制研究》,中国方正出版社,2007年,第110页。

② 李东晓:《居间政治:中国媒体反腐的社会学考察》,中国传媒大学出版社,2012年,第191页。

③ 周银超:《领导干部应该具备的基本道德素质》,载《光明日报》,2014年6月4日,第13版。

监督当成惩治腐败的力量——通过发现和揭露腐败让腐败分子受到应有的惩罚，而较少把舆论监督当成预防腐败的力量——通过提前介入和过程介入让相关官员怯于贪腐，从而达到预防腐败的目的。

舆论监督要端口前移，变事后监督为事前监督和事中监督，既是舆论监督发展的需要，更是腐败治理的需要。而舆论监督的端口前移，仅靠新闻媒体是不够的，还必须有领导干部的高度重视和身体力行。领导干部对待舆论监督的态度，应该实现从"被动接受监督"到"主动邀请监督"的转变，只有给予舆论监督充分的时间和空间，才能更好地发挥舆论监督减少公共利益受损的功能。

怎样才能"反面文章正面做"

利用舆论监督来改进和推动党和政府的工作，既是党加强和改进舆论监督的成功经验，又是党对各级领导干部对待舆论监督态度的基本要求。1989年11月25日，时任中共中央政治局常委李瑞环在中宣部新闻研讨班上的讲话中，就把"党和政府要支持和善于利用舆论监督来改进和推动工作"作为近几年舆论监督的一条成功经验加以总结，并认为"这是舆论监督取得实际效果的关键"。[①]2003年12月31日，中共中央印发的《中国共产党党内监督条例（试行）》以党内法规的形式明确了舆论监督推动工作的功用，《条例》指出："党的各级组织和党员领导干部应当重视和支持舆论监督，听取意见，推动和改进工作。"[②]2005年3月24日，中共中央印发的《关于进一步加强和改进舆论监督工作的意见》，在明确舆论监督是"党和政府改进工作的手段"这一功用的同时，既要求舆论监督报道要"着眼于改进工作"，又要求各级领导干部要"善于通过舆论监督听取人民群众的意

[①] 李瑞环:《坚持正面宣传为主的方针——在新闻工作研讨班上的讲话》（1989年11月25日），载《新闻工作文献选编》，新华出版社，1990年，第201—222页。

[②] 《中国共产党党内监督条例（试行）》（2003年12月31日），载《十六大以来重要文献选编》（上），中央文献出版社，2005年。

见和呼声,发现和解决问题,推动和改进工作"。①

要使舆论监督推进党和政府工作的功用最大化,要求领导干部在舆论监督问题上积极应对,因势利导,不仅解决舆论监督报道所涉及的问题,而且还要举一反三解决类似问题,这样就会产生"反面文章正面做"的良好舆论效果。舆论监督并不可怕,可怕的是不会抓住时机"反面文章正面做"。舆论监督报道"反面文章正面做"一般有两次机会:其一,在舆论监督报道的采写过程中,领导干部积极果断表态,媒体报道出来产生的效果是这个部门领导不护短,坚决查处违法违规行为,其正面效果大于负面效果。其二,舆论监督报道出来之后,积极查找问题,抓行业系统的整改,媒体后续报道就显示为"闻过则改""举一反三"之类的正面效果。

《四川日报》"服务热线"版曾经报道过四川省井研县马踏镇殡葬改革乱收费怪相,题目为《马踏镇殡葬改革太离谱 向活人收取火化宣传费》,与一些地方官员抵制舆论监督、消极应付不同的是,该县民政局负责人积极配合舆论监督采访,而且态度非常明确,"上级及县里没有任何一份文件规定推进火葬要收取宣传费""借用推行火葬之名赚取死人的钱,绝对不能允许""马踏镇的做法肯定是错误的",并承诺县民政局将尽快查清马踏镇收取火化宣传费的问题,保证给群众一个满意的答复。

第一次报道见报后,按理说,井研县就事论事解决问题,给媒体一个反馈就可以了,可是,县委、县政府并未止步,而是以此为契机,开展了全县的问题排查和作风整顿。《四川日报》第二次报道显示:县民政局、物价局、国土局受命组成联合调查组,赶往马踏镇,及时着手调查情况,并召开县委常委会,专题研究落实整改措施;县委决定,由县政府发文,废止马踏镇政府所发问题文件,对马踏镇政府借殡葬改革乱收费的严重违

---

① 《关于进一步加强和改进舆论监督工作的意见》(2005年3月),载《中国共产党党内法规选编(2001—2007)》,法律出版社,2009年。

规行为立即予以纠正，责成马踏镇政府写出深刻检查；由县纪检监察部门牵头，对相关部门做进一步调查，对有关责任人严肃查处；召开全县各乡（镇）党委书记、乡（镇）长、县级各部门负责人大会，通报马踏镇借殡葬改革乱收费的行为，要求全县各级各部门全面排查并立即纠正各类"三乱"行为，并向县委、县政府写出自查报告；县委、县政府进一步加强对全县27个乡镇的领导、督促、检查，切实落实各乡镇的自查自纠，并落实专人，对乡镇和部门行为进行审核把关，采取坚决果断措施，全面整顿全县干部的工作作风。

一般情况下，到第二次报道见报，马踏镇殡葬改革乱收费这一舆论监督报道中当地领导干部的"反面文章正面做"效果已经非常明显了。可是，新闻的纵深发展远不止于此。第一次报道见报后，时任四川省委书记张学忠先后两次做出批示，指出："井研县马踏镇是土葬区，但向活人收取火葬宣传费，这太离谱了。望举一反三，切实加强作风建设，杜绝类似事件，以维护政府形象，取信于民。"时任四川省长张中伟也做出批示："狠抓整改措施的落实。举一反三，对民政系统不正之风，列出典型事例，并提出切实可行的整改措施。"收到省委书记和省长批示后，乐山市委、市政府开展了全市范围内的举一反三、作风整顿。于是，有了刊发在《四川日报》头版上的第三次报道《乐山举一反三改进作风》，该报道显示：乐山市委召开常委会，做出五条具体措施，即由市委副书记、市纪委书记带队，市纪委等部门负责人组成工作组，立即赶赴井研县，彻查马踏镇乱收费问题；全市各县（市、区）和部门认真排查，坚决纠正各种名目、各种形式的乱收费及其他违法违规行为；在彻底查清事情经过的基础上，区分责任，依据党纪政纪，从严、从快处分有关人员；在全市领导干部中开展一次以坚决纠正各种不良工作作风为主要内容的集中教育整顿活动；市委、市政府向省委、省政府做出深刻检查。

通过对《马踏镇殡葬改革太离谱 向活人收取火化宣传费》这一舆论监督报道及其后续报道的梳理，事件的发展：镇→县→市，领导干部介入：

县民政局长→县长、县委书记→市长、市委书记→省长、省委书记，报道版面：三版→三版→一版，不难发现，各级领导干部在积极面对舆论监督推进新闻纵深发展的同时，也使舆论监督推进当地工作的效应达到了最大化。马踏镇殡葬改革乱收费舆论监督报道中，省市县各级领导干部积极应对的事实说明，舆论监督是推进工作的重要契机，只要运用得好，不仅能够有效推进工作，还会产生积极的正面效果。

舆论监督对涉事单位及个人来说，自然会产生一定的负面效果，但是这种负面效果的影响面及影响力，与上级部门及领导干部对待舆论监督的态度密切相关，若积极应对，正面效果会抵消负面效果，反之，负面效果会叠加。

司法部门要善"护"舆论监督

司法部门作为法律的执行者，既是舆论监督的监督对象，又是舆论监督的有力保障。"西方社会实行舆论监督时，有一个普遍的基本理念：舆论监督必须得到法律的支持，法律要为媒介实施舆论监督建构必要的法律保障。"[①]要把法律对舆论监督的保障落到实处，仅有法律制度建设是远远不够的，还必须有司法部门的理念创新，特别是司法部门自身成为舆论监督对象时的理念创新。

为何不可乱扣"媒介审判"帽子

在舆论监督与司法审判的关系问题上，人们通常把那些可能影响司法审判公正性的舆论监督称为媒介审判，并加以批判。在媒介审判概念从西

---

① 童兵：《西方国家舆论监督理念与制度的演变》，载《新闻爱好者》（理论版），2007年第10期，第4—6页。

方国家到中国的传播过程中，变异及误用的情况时有发生，以致出现借批判媒介审判之名，干扰正常舆论监督的情况。因此，在对待反腐败舆论监督的理念创新方面，司法部门更应从以下几个方面审慎考虑，不可乱扣媒介审判帽子，利用手中权力干扰舆论监督。

搞清楚媒介审判的内涵

媒介审判最主要的特征是：媒体在案件审理过程中"超越司法程序抢先对案情做出判断，对涉案人员做出定性、定罪、定量刑以及胜诉或败诉等结论"[①]。目前一些人在谈论"媒体审判""新闻审判""舆论审判"时，都是在此意义上而言的。在此意义上，批评者认为，"媒体审判"有违无罪推定的法律原则，干预了司法独立，破坏了法治。[②] 当然，媒介审判还有更丰富的内涵，鉴于不是对此专门研究，此处不再展开论述。

司法领域舆论监督与媒介审判的边界应由法律法规界定

作为新闻媒体对公权力的监督，舆论监督的范畴比媒介审判宽泛得多，只有舆论监督涉及司法领域时，才可能跟媒介审判扯上关系。并非新闻媒体对司法领域的任何舆论监督都可以称为媒介审判，"媒介审判只是媒体监督在司法领域不适当应用的结果"[③]。目前，学界存在对司法领域舆论监督与媒介审判边界含混不清的情况，跟相关法律法规对此缺乏明确界定有关。《最高人民法院关于人民法院接受新闻媒体舆论监督的若干规定》[④]第九条规定的人民法院"可以向新闻主管部门、新闻记者自律组织或者新闻单位等通报情况并提出建议"，"违反法律规定的，依法追究相应责任"的五种情形中，只有第二种情形和第五种情形跟媒介审判有关联。第二种情形

---

① 魏永征：《新闻传播法教程》，中国人民大学出版社，2002年，第113页。
② 魏永征：《新闻传播法教程》，中国人民大学出版社，2002年，第114页。
③ 时金阳、岳华范：《由"媒介审判"困境带来的思考》，载《中国检察官》，2016年第21期，第22—24页。
④ 《最高人民法院关于人民法院接受新闻媒体舆论监督的若干规定》，载《人民法院报》，2009年12月24日，第2版。

为"对正在审理的案件报道严重失实或者恶意进行倾向性报道,损害司法权威、影响公正审判的",第五种情形为"其他严重损害司法权威、影响司法公正的",而这两种情形,都不足以判断一则涉及司法领域的舆论监督是否为媒介审判。因此,为规范司法领域的舆论监督,亟待出台相关法规对舆论监督与媒介审判的边界进行界定。若舆论监督违反相关规定,依法依规处理即可。反之,在没有相关法规的情况下,不可给舆论监督乱扣媒介审判的帽子。

正确对待新闻媒体意见

无论是健康的舆论监督,还是所谓"媒介审判",司法部门对于新闻媒体的意见都不可简单处理。首先,新闻媒体关于司法报道的意见不一定是错的,不一定是不专业的,不一定比法官的水平差。如今,媒体报道越来越专业化,很多媒体都非常重视报道的专业水准,从事司法活动报道的记者大多受过专业的法律训练,有的还是法学硕士、博士。而且,新闻报道客观性标准要求记者不能在新闻报道中发表自己的意见,报道所呈现的意见都是采访相关法学专家及法律权威人士的意见。

其次,法官有必要广泛听取意见,包括新闻媒体的意见。任何人都有局限,法官也不例外,他人的合理性建议,特别是新闻媒体的合理性建议,"可以给法官认识问题和判断是非提供额外的知识补给,以保证其对问题的认识更全面,判断更符合公众期许,从而确保审判更公正"[①]。

最后,媒体意见不会影响司法公正。"司法公正的决定性因素是法庭或者说是法官,而不是媒体。""一个合格的、称职的、有理性的法官,理应清楚媒体报道和舆论与司法审判是什么关系,应该明白自己判案是以法庭审理查明的'事实'为依据,以法律为准绳,而不是以媒体报道的'事实'为依据,以'舆论'为准绳;不能无视案件事实和法律,任由媒体的报道

---

① 周泽:《舆论评判:正义之秤——兼对"媒体审判"、"舆论审判"之说的反思》,载《新闻记者》,2004年第9期,第6—10页。

和舆论牵着鼻子走。"① 因此，正确的媒体意见有利于司法公正，即便是错误的媒体意见，也不会有害于司法公正。

正确处理舆论监督与司法审判之间的关系

抛开被异化为"媒介审判"的非正常舆论监督，正常舆论监督无外乎有两种，一种是客观公正的舆论监督，另一种是有偏见的舆论监督。有偏见的舆论监督也分两种形态：一种是客观原因造成的偏见，舆论监督编辑记者主观上是善意的，由于采访手段、知识阅历、传播条件等客观因素，导致报道存在一定偏见；另一种是主观原因造成的偏见，舆论监督编辑记者受到利益驱使、外部压力等主观因素影响，在事实的选取、材料的运用、意见的平衡等方面有强烈的倾向性，以致报道存在明显的偏见。对于后一种偏见，不属于健康的舆论监督范畴，完全可以按照新闻职业道德等方面相关规定处理。对于前一种偏见，应该持一种宽容的态度，因为它客观上也不会影响司法公正。即使在美国，"社会科学未能证实以下假设的有效性：带有偏见的报道会给刑事审判系统带来有害的影响"②。扣除媒介审判和不健康的舆论监督，健康的舆论监督与司法审判之间应该是一种良性关系，健康的舆论监督应该是推动司法公正和确保司法公正的不可替代力量。

在舆论监督与司法审判之间的关系上，司法部门应该秉持的态度是：以开放的心态欢迎新闻媒体对司法审判进行全程监督，当然，相关法律法规不允许的除外；如果司法是不公正的，正好可以通过舆论监督来推进司法公正；如果司法是公正的，该怎么审判就怎么审判，舆论监督更不可怕。不可否认，我国还存在一定范围内的司法不公正现象，无论是历史原因还是现实原因，无论是主观因素还是客观因素，很多冤假错案的发现及纠正都需要新闻媒体的介入，特别是舆论监督的推动。

---

① 周泽：《舆论评判：正义之秤——兼对"媒体审判"、"舆论审判"之说的反思》，载《新闻记者》，2004年第9期，第6—10页。

② [美]唐·R.彭伯：《大众传媒法》，张金玺，赵刚译，中国人民大学出版社，2005年，第392页。

如何切实推进司法公开

阳光是最好的防腐剂,"一个信息公开透明的社会是反对腐败的最佳利器"[①],从腐败治理的角度讲,推进信息公开是必要的。而且,信息公开更有利于公共权力接受监督,"权力的运行应该公开与透明,以便接受公众的监督"[②]。特别是舆论监督,更需要公共权力的信息公开,因为"知情权和信息公开是舆论监督的前提条件"[③],舆论监督需要从公开的信息中寻找新闻线索和政策支持。与此同时,信息公开的制度化建设也非常重要,"公开应该通过制定公开制度和接受独立媒体的监督而进一步加强"[④]。无论是从治理司法腐败的角度,还是从维护司法公正的角度,推进司法部门的信息公开,并使这种公开制度化,都势在必行。

作为《最高人民法院关于人民法院接受新闻媒体舆论监督的若干规定》的配套文件,《最高人民法院关于司法公开的六项规定》(以下简称"《六项规定》")在2009年3月就同步发布了[⑤]。《六项规定》包括立案公开、庭审公开、执行公开、听证公开、文书公开、审务公开等方面的具体内容,特别是庭审公开、文书公开、审务公开与舆论监督密切相关。《六项规定》明确"庭审公开"的目的,就是"建立健全有序开放、有效管理的旁听和报道庭审的规则,消除公众和媒体知情监督的障碍",要求人民法院"以发放旁听证或者通过庭审视频、直播录播等方式满足公众和媒体了解庭审实况的需要";"文书公开"规定,"除涉及国家秘密、未成年人犯罪、个人隐私以及其他不适宜公开的案件和调解结案的案件外,人民法院的裁判文书可

---

① 袁峰:《网络反腐的政治学:模式与应用》,中央编译出版社,2012年,第44页。
② 吴丕,袁刚,孙广厦:《政治监督学》,北京大学出版社,2007年,第44页。
③ 周甲禄:《舆论监督权论》,山东人民出版社,2006年,第194页。
④ [新西兰]杰瑞米·波普:《制约腐败——建构国家廉政体系》,清华大学公共管理学院廉政研究室译,中国方正出版社,2003年,第260页。
⑤ 《最高人民法院关于司法公开的六项规定》,载《人民法院报》,2009年12月24日,第2版。

以在互联网上公开发布";"审务公开"规定,"各级人民法院应当逐步建立和完善互联网站和其他信息公开平台",向社会公开审判管理工作以及与审判工作有关的其他管理活动。应该说,这些规定从制度层面为新闻媒体开展对司法领域的舆论监督提供了便利。

不过,《六项规定》属于原则性规定,对于司法公开的内容和细节还不够具体,操作性也不够强。这项规定出台至今,虽然我国司法公开取得了一定成绩,但是依然存在不少问题。据《最高人民法院关于深化司法公开、促进司法公正情况的报告》分析,我国司法公开工作中存在的突出问题表现在四个方面:一是部分法官对司法公开的认识还有待进一步深化。有的法官对司法公开的重要作用认识不足,认为只要依法办案就行了,推进司法公开没有必要;有的法官一味强调客观困难,认为司法公开只会增加工作负担,存在被动应付、等待观望现象;有的法官存在畏难情绪,有的能力不足、作风不正,担心公开后陷入被动,怕"找麻烦""添乱子""出洋相",因而不敢公开、不愿公开等,影响了司法公开工作的深入推进。二是部分法院公开的信息不够全面充分。一些法院存在裁判文书选择性上网现象,部分应当上网的裁判文书由于种种原因未上网公开。一些裁判文书过于简单,说理不充分,有的还暴露出裁判尺度不统一等问题。一些法院公开的审判流程信息中程序事项多、实体内容少,全国统一的审判流程信息公开平台尚未最终建成。执行案件信息录入不准确、不全面及自动化水平不高的问题不同程度存在。一些法院的司法政务信息公开力度不大,门户网站信息不全、更新不及时甚至长期不更新的问题较为突出。三是司法公开的体制机制有待进一步规范。司法公开过程中,一定程度上存在着内容和形式不统一、不规范、随意性大等问题,司法公开的标准和范围有待进一步细化。督促检查制度及第三方评估机制不够健全,对信息公开的准确性、完整性和及时性缺乏有效管理和科学评估。一些法院只注重信息上网,较少运用大数据技术对数据进行深入分析,司法公开成果应用不足。四是司法公开工作发展不平衡。全国各地法院的司法公开程度参差不齐,部分法院特别是中西部地区基层法院信息化基础薄弱,软硬件设施达不到司法公开平台建设的要求。有的法院裁判文书上网的自动化水平低,一线审判人员开展裁判文书上网的工作量过大。①

正是司法公开存在的这些问题,"客观上限制了传媒监督功能的发挥"②,因此,为更好地维护司法公正、预防司法腐败,司法公开的制度化建设,理应寻找与舆论监督的最佳耦合点。有学者提出"完善法院与媒体合理对话的司法公开制度",包括从完善信息发布机制、建立舆论回应机制等方面来建立法院与媒体合理对话的司法公开机制,从加强法院规范的制度建设、加强法院内部的监督机制建设、加强法院外部的监督机制建设等方面来加强司法公开机制的法治保障。③

当然,在探寻司法公开制度与舆论监督之间最佳耦合点的过程中,不能单纯地从司法部门角度考虑,还应该多从舆论监督的角度考虑,充分听取新闻媒体及相关专业人士的意见。

怎样自觉主动接受舆论监督

自觉接受舆论监督是法官的义务,《中华人民共和国法官法》第七条"法官应当履行下列义务"中第七项明确规定"接受法律监督和人民群众监督"④。鉴于舆论监督实质上是人民的监督,是人民群众通过新闻工具对党和政府的工作及其工作人员进行的监督,因此,这里的"人民群众监督"已经包含了舆论监督。

---

① 周强:《最高人民法院关于深化司法公开、促进司法公正情况的报告——在第十二届全国人民代表大会常务委员会第二十四次会议上》(2016年11月5日),载《人民法院报》,2016年11月9日,第2版。

② 郑保卫,叶俊:《司法公信离不开传媒报道和舆论监督》,载《法制日报》,2014年8月4日,第7版。

③ 李瑜青,博雅文:《司法公开制度实践及其完善》,载《哈尔滨工业大学学报》(社会科学版),2017年第1期,第31—32页。

④ 《中华人民共和国法官法》(2017年),中国法制出版社,2017年。

《中华人民共和国法官职业道德基本准则》第六条也明确规定:"法官应当公开并且客观地审理案件,自觉接受公众监督。"①同样,这里的"公众监督"也包括舆论监督,凸显了"自觉接受"这一关键词。

《最高人民法院关于人民法院接受新闻媒体舆论监督的若干规定》(以下简称"《若干规定》")第一条指出:"人民法院应当主动接受新闻媒体的舆论监督。"②作为处理司法部门与舆论监督关系的专门性文件,这里凸显了"主动接受"这一关键词,相对于"自觉接受"更进了一层。

虽然接受舆论监督是法官及司法部门的法定义务,但是司法实践中法官及司法部门拒绝舆论监督的情况时有发生,特别是以"媒介审判"为由拒绝舆论监督,通常有两种情况:"一是司法机关自身存在暗箱操作行为,害怕见光;二是担心媒体搞'媒介审判',影响自己独立、公正判案,这是造成司法与传媒关系紧张的一个重要原因。"③

作为处理司法部门与舆论监督关系的专门性文件,《若干规定》固然有开创意义,"在制度上,它朝着新闻立法和依法管理媒体的正确方向迈出了一步"④。不过,这个《若干规定》依然是一个原则性的规定,内容不够具体,操作性也不够强,特别是第九条的禁止性条款,"对媒体报道做了比较细致的限制和制裁性规定,好像一下子把媒体推到了司法的对立面"⑤。譬如,第九条规定中的"损害国家安全和社会公共利益的""对正在审理的案件报道严重失实或者恶意进行倾向性报道""以侮辱、诽谤等方式损害法官名誉""干扰人民法院审判、执行活动,造成严重不良影响的""其他严重

---

① 《中华人民共和国法官职业道德基本准则》,载《人民法院报》,2010年12月16日,第2版。
② 《最高人民法院关于人民法院接受新闻媒体舆论监督的若干规定》,载《人民法院报》,2009年12月24日,第2版。
③ 郑保卫、叶俊:《司法公信离不开传媒报道和舆论监督》,载《法制日报》,2014年8月4日,第7版。
④ 展江:《媒介审判值得我们担忧吗?》,载《南方都市报》,2010年1月3日,第TM02版。
⑤ 林爱珺:《宽容舆论监督维护司法尊严——从最高法院〈关于人民法院接受新闻媒体舆论监督的若干规定〉谈传媒与司法关系》,载《新闻记者》,2010年第2期,第36—40页。

损害司法权威、影响司法公正的"等，①都有很大的弹性空间，解释权都在司法部门，司法部门完全可能对正常舆论监督做出对自己有利的解释，并以此为由，或拒绝舆论监督，或打击舆论监督。这样，就有违最高人民法院发布《若干规定》的初衷。

要理顺司法部门与舆论监督的关系，要把司法部门自觉主动接受舆论监督这一相关制度落到实处，在《若干规定》基础上，还应该有相应的实施细则；除了通过明确的、具体的允许性条款和禁止性条款对新闻媒体的舆论监督行为进行规范外，更要通过明确的、具体的允许性条款和禁止性条款对司法部门对待舆论监督的行为进行规范，特别是对司法部门违法违规拒绝和打击舆论监督的行为进行问责。

另外，值得注意的一点是，这个《若干规定》不是法律，它只是最高人民法院对辖下各地方法院的指导性文件，是一个法院系统的内部规定，是一个行业规定，它着力解决的问题应是法院如何接受舆论监督。"这样的内部规定对新闻媒体而言，并不具有法律约束力。"②因此，从其他规范传媒活动的法律法规来界定和解决司法部门与舆论监督之间的关系很有必要，这样才有助于把司法部门从兼具"运动员"和"裁判"双重身份的尴尬中解脱出来，推动司法部门和舆论监督关系的良性发展。

如何宽容善意的舆论监督

"由于人性的局限，每个人包括由人组成的机构都可能在智性上出错，在德性上利己。而强势一方的过错后果通常更为严重。因此在不能杜绝双方出错可能的预设下，限制强者的权力和保护弱者的权利就尤为重要。"③

---

① 《最高人民法院关于人民法院接受新闻媒体舆论监督的若干规定》，载《人民法院报》，2009年12月24日，第2版。
② 林爱珺：《宽容舆论监督维护司法尊严——从最高法院〈关于人民法院接受新闻媒体舆论监督的若干规定〉谈传媒与司法关系》，载《新闻记者》，2010年第2期，第36—40页。
③ 秦晖：《从法治角度看舆论监督》，载《南方周末》，2003年1月29日，第3版。

而在舆论监督问题上,作为监督对象的公权力通常处于强者的地位,作为监督主体的新闻记者及媒体往往处于弱者的地位,强调对舆论监督错误的宽容,是保护弱者的必要措施。

宽容舆论监督的错误,是鼓励舆论监督的需要,"对新闻媒体宽容,要特别表现在媒体对国家机关和国家工作人员进行批评监督时,允许媒体在一定范围内出错。不允许媒体出错,就无异于不要公众的监督"①。这种对舆论监督过错的宽容,具体体现为公权力对媒体过错赋予不予追究的"豁免权","公权部门应该为新闻媒体监督创造更多的条件,而不是设置障碍,甚至应当在一定程度上赋予新闻监督豁免权"②。

与其他公权部门相比,司法部门对舆论监督的宽容尤为重要,因为其掌控国家司法大权,作为裁判机构,在社会上具有崇高神圣的地位。"宽容的要旨是司法既能欢迎传媒的正面报道,又要容忍传媒的善意批评。传媒的意义在于能够将千千万万人的聪明才智得以无所顾忌地表达。"③司法部门对舆论监督的宽容主要体现在两个方面。

一方面,司法部门作为舆论监督对象时,要有宽容舆论监督错误的雅量。"现实生活中,新闻报道往往会偏离社会现实,司法机关不能太苛求新闻报道的真实性,对媒体的一般过失应给予容忍和宽容"④,切不可利用其掌控国家司法大权的地位来对抗挤压舆论监督。

另一方面,在审理舆论监督引发的新闻官司时,司法部门作为裁判机关应有宽容舆论监督错误的自觉意识。有学者主张,通过强势者公权力对舆论监督的有错举证和对自身的无错举证这种双重举证责任的要求,来最大限度地限制公权力的滥用,从而达到对舆论监督进行宽容。"当权者诉传

---

① 孙旭培:《宽容媒体出错推进舆论监督》,载《采·写·编》,2008年第4期,第37—38页。
② 林爱珺:《宽容舆论监督维护司法尊严——从最高法院〈关于人民法院接受新闻媒体舆论监督的若干规定〉谈传媒与司法关系》,载《新闻记者》,2010年第2期,第36—40页。
③ 贺卫方:《传媒与司法三题》,载《法学研究》,1998年第6期,第21—26页。
④ 李艳:《论舆论监督与司法公正的协调》,载《求索》,2013年第11期,第214—216页。

媒诽谤这类司法问题上的'无罪推定',在司法程序之外就构成一种强势者'有错推定'的原则:为了避免滥用司法权力,强势一方必须承担有罪举证责任,如不能证明你有罪,那你就被视为无罪;而为了约束行政权力,对强势一方的舆论监督实际上不能不依靠'有错推定'原则:强势一方在公共舆论面前必须承担'无错举证责任',如不能证明你无错,那你就被视为有错。换言之,强势者在舆论面前充当'被告'时不能要求弱势批评者承担有错举证责任。正如强势者在法庭上充当原告时不能要求弱势被告承担无罪举证责任一样。"[1]

当然,司法部门对舆论监督的宽容也需要制度化、规范化。这样,新闻媒体才能放心大胆地搞舆论监督,不会总担心犯错受罚而畏手畏脚。

新闻媒体要善"任"舆论监督

媒体发展舍得了舆论监督吗

正面宣传和舆论监督是新闻媒体新闻内容的两个方面,对于任何一家新闻媒体来说,只有正面宣传而没有舆论监督,是不完整的。不仅如此,舆论监督还是新闻媒体参与市场竞争的利器,与媒体发展息息相关。

媒体之间的竞争,说到底是内容的竞争,而舆论监督又是"一个容易轰动的焦点,或者说是一个引人注目的'卖点'";舆论监督"已不只是党和政府'批评和自我批评'的需要,不只是群众要通过新闻媒介行使监督权力的需要",它也成了传媒业"自身生存与发展的需要,成了在新闻竞争中取胜的一张王牌";"舆论监督外延与内涵的不断变化和日趋丰富,使其在政治功能不断加强的同时,市场功能也日益凸显";而舆论监督的市场功能就是媒体"以舆论监督增强权威性和吸引力,以适应社会市场需要满足

---

[1] 秦晖:《从法治角度看舆论监督》,载《南方周末》,2003年1月29日,第3版。

读者需要","它包含两层含义:一是内容上不断拓展与调整,积极适应社会与读者的需求;二是更好地利用批评报道社会反响大的特点,吸引读者,占领市场"。[①](引者注:此处批评报道等同于舆论监督。)

自 1992 年我国实行社会主义市场经济体制以来,舆论监督与媒体发展关系最为紧密的,当数 20 世纪 90 年代中期以来兴起的都市报。都市报之所以能够在当时的中国报业市场横空出世,跟其新闻内容的两大拳头产品直接相关,一是民生新闻,二是舆论监督。被誉为中国第一张都市报的《华西都市报》,就曾经"把是否加强舆论监督提高到事关报纸走向市场成败的战略高度而常抓不懈,把搞好批评报道、提高批评报道艺术作为新闻改革的突破口和'试验田'"。该报编委会认为,"加强舆论监督,是体现一张报纸战斗力和生命力的重要标志;能不能搞好批评报道,是一张报纸是否具有可读性和贴近性的测量器。搞好了批评报道,不仅树立了报纸的威信,加强了可读性,也有利于报纸走进家庭、走向市场"。[②](引者注:此处批评报道等同于舆论监督。)

舆论监督成就了都市报,如今,都市报发展面临困境,同样不能放弃舆论监督。"从以往的情况看,都市报受市民欢迎之处,还在于它们所做的舆论监督类报道,发挥了维护社会公平正义的作用";因此,"在办报的整个过程中,要打好新闻舆论监督牌,帮助民众排忧解难、维护合法权益,这是都市报的强项。坚持这样做,会使之深得民心"。[③]

不过,舆论监督作为都市报的撒手锏、拳头产品,近几年不好做了,主要有两个方面的原因:一方面,"因为传播,这个拳头产品出来之后,没有完善的版权保护,它的传播容易失去自己的标志";另一方面,"在注意力分散的年代,对受众来说,他对舆论监督和社会新闻的需求并没有减弱,

---

① 曹轲:《舆论监督的市场功能》,载《采·写·编》,2003 年第 3 期,第 58—59 页。
② 李鹏:《加强舆论监督是报纸走向市场的助推器》,载《新闻战线》,1998 年第 10 期,第 55—56 页。
③ 丁柏铨:《论都市报的困境与出路》,载《新闻爱好者》,2013 年第 1 期,第 15—17 页。

只是说我们供给侧这儿出了问题"。① 总之，都市报舆论监督的问题，不是舆论监督这个新闻品种自身的问题，而是在当下新媒体传播语境中我们搞舆论监督的策略和方法出了问题。

当然，舆论监督与都市报生存及发展之间的依存关系，并不只局限于都市报，也不只局限于报业，而是可以推演到整个传媒业。所谓"不怕通报，就怕见报"，怕的就是媒体的舆论监督。所谓"防火、防盗、防记者"，防的就是记者的舆论监督。公共官员及公权力机构害怕舆论监督揭露自己的丑事，这是"痛点"。人民群众需要舆论监督来维护社会公平正义，这是"快点"。受众喜欢看到违法违规行为被揭露、遭查处，这是"兴奋点"。新闻媒体搞好舆论监督之后，关注度高，影响力大，销售收入和广告收入丰厚，这是"市场切入点"。总之，新闻媒体应该树立舆论监督关系自身生存及发展的理念，把"痛点""快点""兴奋点"转换成"市场切入点"。

媒体责任卸得掉舆论监督吗

在美国学者西奥多·彼得森看来，"社会责任理论下的传媒功能与自由至上主义理论下的传媒功能基本相同。随着传统理论的发展，传媒被赋予了六项任务：（1）为政治制度服务，提供有关公共事务的信息、观点和讨论；（2）启发民智，使之能够自治；（3）监督政府，保障个人权利；（4）为经济制度服务，利用广告沟通买卖双方的商品和服务；（5）提供娱乐；（6）保持经济自立，不受特殊利益集团的压迫"②。其中第三项功能"监督政府，保障个人权利"，就是舆论监督。西方社会之所以把新闻传媒当成对立法、司法、行政起制衡作用的"第四种权力"，也正是看重其舆论监督职能。

---

① 陈国权，赵晓梦，胡敏，李军，支英琦：《晚报都市报价值的重构与转型方向》，载《青年记者》，2016年第27期，第20—24页。
② [美]弗雷德里克·S.西伯特，西奥多·彼得森，威尔伯·施拉姆：《传媒的四种理论》，戴鑫译，展江校，中国人民大学出版社，2008年，第62页。

复旦大学李良荣教授把新闻传媒的社会功用归纳为五种：沟通情况，提供信息；进行宣传，整合社会；实施舆论监督；传播知识，提供娱乐；作为企业，赢得利润。[①]舆论监督同样是其中重要的一项。

把舆论监督看作新闻媒体的一项基本职能，已经成为新闻传播学界及业界的共识。正是通过开展舆论监督，新闻媒体才能肩负起社会"雷达"、社会风气"守望者"、社会体系之树"啄木鸟"等重任。因此，舆论监督作为媒体的一项重要职责，应该成为媒体发展的自觉，不搞舆论监督或者舆论监督搞得不好，就是一种失职。

在我国，中国共产党历来重视舆论监督，把加强和改进舆论监督作为党对新闻媒体的一项基本要求。2005年3月24日，中共中央办公厅下发的《关于进一步加强和改进舆论监督工作的意见》，其中第一条就指出："高度重视舆论监督工作的重要作用"，"舆论监督是社会发展的要求、新闻工作的职责、人民群众的愿望、党和政府改进工作的手段"。[②]值得注意的是，这里明确提出了"新闻工作的职责"这一具体定位。党的十八大以来，以习近平同志为核心的党中央对新闻媒体的舆论监督提出了新要求。2016年2月19日，习近平在党的新闻舆论工作座谈会上再次强调，"舆论监督和正面宣传是统一的。新闻媒体要直面工作中存在的问题，直面社会丑恶现象，激浊扬清、针砭时弊，同时发表批评性报道要事实准确、分析客观"[③]。如果新闻媒体不搞舆论监督，或者搞不好舆论监督，又如何体现舆论监督与正面宣传的统一？

而且，舆论监督还是新闻记者及新闻媒体的法定权利。我国《宪法》第四十一条规定："中华人民共和国公民对于任何国家机关和国家工作人

---

① 李良荣：《新闻学概论》，复旦大学出版社，2001年，第109—113页。
② 《关于进一步加强和改进舆论监督工作的意见》(2005年3月)，载《中国共产党党内法规选编(2001—2007)》，法律出版社，2009年。
③ 杜尚泽：《习近平在党的新闻舆论工作座谈会上强调 坚持正确方向创新方法手段 提高新闻舆论传播力引导力》，载《人民日报》，2016年2月20日，第1版。

员，有提出批评和建议的权利；对于任何国家机关和国家工作人员的违法失职行为，有向有关国家机关提出申诉、控告或者检举的权利，但是不得捏造或者歪曲事实进行诬告陷害。"[1] 这里的"公民"包括新闻记者，这里的"批评和建议""申诉、控告或者检举"包括通过新闻媒体渠道的舆论监督。既然《宪法》赋予了新闻记者及媒体这项权利，就应该充分行使这项权利。

总之，无论是从媒体自身功能的角度，还是从党对媒体要求的高度，以及《宪法》法定权利的维度，搞好舆论监督都是媒体的一项重要责任。

制度反腐离得开舆论监督吗

舆论监督作为新闻媒体代表公众自下而上对公权力实施的权利监督，它势必跟腐败治理发生联系。媒体搞舆论监督有媒体的运行逻辑，腐败治理机构搞腐败治理也有它的运行逻辑，两种逻辑也不会天然吻合。而使两种逻辑最大限度吻合的方法，就是把舆论监督纳入制度反腐框架。

西方国家制度反腐框架的代表性成果就是国家廉政体系，建构国家廉政体系的概念是透明国际在1993—1994年间提出的，旨在探讨建立一个透明和具有问责度的制度，在此框架下有效推进反腐败改革。透明国际的国家廉政体系的构成包括立法机关、行政机关、司法机关、审计总署、监察特使、监督机制、公务员系统、媒体、公民社会、私人部门、国际行动者11根支柱。[2]

国家廉政体系在全世界会出现许多不同的变化形式，但是，社会上最常见的，是寻求以责任的方式来管辖自己的8根"廉政支柱"，它包括：执行机构、议会、司法部门、行政部门、监督机构（国家账款委员会、总审计师、特派员、警察、反腐机构，等等）、市民社会（包括同业工会与私人

---

[1] 《中华人民共和国宪法》（2004年），载《中华人民共和国反腐败和廉政建设法规制度全书》，中国法制出版社，2011年，第3—17页。

[2] ［新西兰］杰瑞米·波普：《制约腐败——建构国家廉政体系》，清华大学公共管理学院廉政研究室译，中国方正出版社，2003年，第53—54页。

部门）、大众传媒、国家机构。①

无论国家廉政体系是 11 根支柱还是 8 根支柱，新闻媒体都是其中不可或缺的一根支柱。新闻媒体之所以成为国家廉政体系的重要支柱，正是因为其舆论监督的威力。

与西方国家廉政体系把新闻媒体纳入制度反腐框架不同的是，我国制度反腐框架中直接提的是舆论监督。我国对制度反腐框架的描述，用得最多的一个词语是"惩治和预防腐败体系"，这一概念在 2003 年 10 月党的十六届三中全会作出的《中共中央关于完善社会主义市场经济体制若干问题的决定》中首次提出。2005 年 1 月中共中央颁布《建立健全教育、制度、监督并重的惩治和预防腐败体系实施纲要》，这是我国关于惩治和预防腐败体系建设的第一个专门性中央文件。之后先后发布了《建立健全惩治和预防腐败体系 2008—2012 年工作规划》《建立健全惩治和预防腐败体系 2013—2017 年工作规划》。

从 2003 年到 2017 年期间，与"惩治和预防腐败体系"相对应的有"权力制约和监督体系"和"权力运行制约和监督体系"这两个内容一致的概念，表述最为明确的当数 2010 年 10 月国务院新闻办发布的《中国的反腐败和廉政建设》白皮书，该白皮书指出，包括舆论监督在内的中国特色监督体系已经形成。而 2017 年 10 月党的十九大报告中，则没有出现"惩治和预防腐败体系"这个词语，也没有出现"权力制约和监督体系"，"权力运行制约和监督体系"出现了 1 次，而凸显的是"党和国家监督体系"。这种词语表述的变化，可以看出我国党和政府制度反腐策略，正在往"加强党对反腐败工作集中统一领导"的方向调整。

尽管制度反腐策略在调整，但是舆论监督依然是制度反腐框架的重要组成部分，而且地位越来越重要。2012 年 11 月党的十八大之前，中央文件

---

① ［新西兰］杰瑞米·波普：《反腐策略——来自透明国际的报告》，王淼洋等译，上海译文出版社，2004 年，第 10 页。

在制度反腐框架中关于舆论监督的表述通常是言说其他监督形式之后，补上一句"发挥舆论监督的作用"，而十八大报告则把舆论监督与其他监督形式并列，表述为"加强党内监督、民主监督、法律监督、舆论监督"，十九大报告则更进了一层，表述为"把党内监督同国家机关监督、民主监督、司法监督、群众监督、舆论监督贯通起来"。

只有"从制度层面确保组织监督、群众监督和舆论监督真正落到实处，才能孕育权责一致、相互制约的权力结构，从根本上形成不敢腐、不能腐、不易腐的权力运行机制"①。相对于党内监督、国家机关监督、民主监督、司法监督等监督形式而言，我国舆论监督的制度建设还比较滞后，这对舆论监督作用在制度反腐中的发挥有一定影响。

随着制度反腐框架中舆论监督制度建设的推进，社会必然对舆论监督提出更高的要求。搞不搞舆论监督，怎么搞舆论监督，舆论监督搞得怎么样，等等，不再只是媒体自身及新闻传媒行业的事情，而是制度反腐的事情。因此，新闻媒体需要从制度反腐的高度来加强和改进舆论监督。

总之，在制度反腐框架下，新闻媒体的舆论监督需要从媒体发展、媒体责任、制度反腐等维度综合考虑。

---

① 李永忠：《打开制度反腐的新视野》，载《人民日报》，2014年1月22日，第5版。

第七章

制度创新：舆论监督须依法依规

搞好舆论监督离不开领导重视，特别是舆论监督涉及地区和部门党政一把手的态度，关系舆论监督的实际效果。舆论监督时有时无，时强时弱，因人而异，因事而异，因时而异，在很多地方已是常态。究其原因，在于我们对缺乏制度约束的"领导重视"寄予了过高的期望，而忽视了舆论监督的制度建设。领导重视舆论监督具有个别性和偶然性，靠领导重视来推动舆论监督在本质上是一种"人治"。舆论监督要抓出实效，要常态化，必须实现从"人治"向"法治"的转变，对"舆论监督的问题的查处，不是靠领导人决定，而是由制度安排"[①]。当然，这种制度安排不能仅仅停留于党委和政府出台什么意见、什么决定，还必须上升到法律法规层面。一方面，领导重视舆论监督需要制度约束。另一方面，要善于把领导"对舆论监督的重视变成刚性的法律法规"[②]。

[①] 殷国安，程绍德，沈峰，武海义：《舆论监督的制度性尝试》，载《珠江晚报》，2012年5月31日，第3版。

[②] 晶报社论：《舆论监督需要制度化保障》，载《晶报》，2010年11月12日，第A2版。

中国舆论监督如何制度化

谈及舆论监督制度化,往往有两种意见:一是简单否定我国舆论监督制度化的历史和经验,认为舆论监督制度建设还相当匮乏;二是盲目推崇一些地方舆论监督制度化的新举措,而缺乏更深入全面的思考。因此,很有必要回顾我国舆论监督的制度化历程,并探寻历史经验的现实意义。

政党制度:从"党内决定"到"党内法规"

在中国共产党新闻思想史上,舆论监督是作为党的批评与自我批评作风的媒体呈现形式而存在的,无论是1987年党的十三大之前的报刊批评及新闻批评,还是之后的舆论监督,都承载了党风廉政建设这一职能。党一直非常重视舆论监督,并出台专门文件推动舆论监督。早在1949年6月,中共中央山东分局宣传部及山东总分社就颁布了《关于加强新闻报道中批评与自我批评的决定》(简称"山东局1949《决定》")[①],这是中国共产党新闻思想史上关于舆论监督的第一个专门文件。同年,中宣部向全国新闻单位转发了这个决定,使这个地方性文件具备了全国性意义。值得一提的是,《决定》用党内监督确保舆论监督效果,《决定》指出:"今后凡各地党报对某一工作、某一干部提出批评或质问时,应当立即做负责地声明或解答(特别是县以上机关和干部),必须认为这是党的纪律,绝不允许置之不理。"

1950年4月,中共中央做出《关于在报纸刊物上展开批评与自我批评的决定》(简称"中央1950《决定》")[②],这是中国共产党新闻思想史上关于

---

① 《中共中央山东分局宣传部及山东总分社关于加强新闻报道中批评与自我批评的决定》,载《中国共产党新闻工作文件汇编》(上卷),新华出版社,1980年,第343—346页。

② 《中共中央关于在报纸刊物上展开批评与自我批评的决定》,载《中国共产党新闻工作文件汇编》(中卷),新华出版社,1980年,第5—7页。

舆论监督的第一个专门性中央文件。《决定》把监督对象不配合舆论监督的行为纳入制度规范，"如被批评者拒绝表示态度，或对批评者加以打击，即应由党的纪律检查委员会予以处理。上述情事触犯行政纪律的法律的部分，应由国家监察机关司法机关予以处理"。这里不仅强调党的纪律检查委员的"党内监督"，而且重视国家监察机关的"行政监督"和司法机关的"法律监督"，较山东局1949《决定》来说，确保舆论监督的手段更多了。

自中央1950《决定》之后，虽然中央没有出台舆论监督专门决定，但凡是舆论监督得以正常开展的情况下（反右、"文革"等政治运动期间除外），中央都非常重视舆论监督，特别是2002年党的十六大以来，在舆论监督与党内监督的制度化对接方面迈出了重要一步。2003年12月，中共中央印发了《中国共产党党内监督条例》（简称"中央2003《条例》"）①，这个《条例》第三章"监督制度"中的第八节专门谈舆论监督，把"舆论监督"作为与"集体领导和分工负责""重要情况通报和报告""述职述廉""民主生活会""信访处理""巡视""谈话和诫勉""询问和质询""罢免或撤换要求及处理"等并列的党的十大监督制度。这是中国共产党历史上首次把舆论监督纳入党内法规，也是首次把舆论监督纳入党内监督制度，更是舆论监督制度化建设的重要标志。

从山东局1949《决定》、中央1950《决定》到中央2003《条例》，我们可以看出，舆论监督与党内监督已经实现了制度对接。

法理制度：从"宪法规定"到"法律授权"

虽然我国现行宪法条文中并没有出现"舆论监督"这一字眼，但是相关条款实际上对舆论监督进行了授权。《中华人民共和国宪法》（以下简称

---

① 《中国共产党党内监督条例》（试行），载《十六大以来重要文献选编》（上），中央文献出版社，2005年。

"《宪法》")①第二十七条第二款规定:"一切国家机关和国家工作人员必须依靠人民的支持,……倾听人民的意见和建议,接受人民的监督。"这里的"人民的监督"自然包括舆论监督,"一切"说明监督对象没有例外。

《宪法》第三十五条规定:"中华人民共和国公民有言论、出版、集会、结社、游行、示威的自由。"言论自由、出版自由作为公民的一项基本权利,是舆论监督的前提和基础,作为公民成员的新闻记者对国家机关及工作人员进行舆论监督报道是言论自由和出版自由的集中体现。

《宪法》第四十一条第一款规定:"中华人民共和国公民对于任何国家机关和国家工作人员,有提出批评和建议的权利。"这里不仅把包括舆论监督在内的批评和建议权明确为公民的权利,而且把批评和建议对象规定为"任何国家机关和国家工作人员",既说明这种批评和建议是针对公权力的,又说明在公民行使这项权利时国家机关和工作人员没有不受监督的特权。第二款规定:"对于公民的申诉、控告或者检举,有关国家机关必须查清事实,负责处理。任何人不得压制和打击报复。"这里从批评对象履行义务的角度来强化公民的这项权利,"负责处理"是为了确保批评的实际效果;"不得压制和打击报复"是对批评主体批评权利的维护,有利于批评活动正常开展。第三款规定:"由于国家机关和国家工作人员侵犯公民权利而受到损失的人,有依照法律规定取得赔偿的权利。"这里从对批评对象责任追究的角度,进一步确保批评主体的批评权利。

与《宪法》相比,其他法规为舆论监督授权则更明确了。1990年12月,新闻出版总署颁布的《报纸管理暂行规定》要求报纸要"反映人民群众的意见和建议,发挥新闻舆论的监督作用"②,这是舆论监督一词最早在政府部门规章里面出现。

---

① 《中华人民共和国宪法》(2004年),载《中华人民共和国反腐败和廉政建设法规制度全书》,中国法制出版社,2011年,第3—17页。
② 《报纸管理暂行规定》,载《报纸出版工作法律法规选编》,中国大百科全书出版社,2003年,第129—140页。

1993年9月颁布的《中华人民共和国反不正当竞争法》①（以下简称"《反不正当竞争法》"）规定："国家鼓励、支持和保护一切组织和个人对不正当竞争行为进行社会监督。"这里的"一切组织和个人"包括新闻媒体和新闻记者，"社会监督"也包括舆论监督。

1993年10月颁布的《中华人民共和国消费者权益保护法》②（以下简称"《消费者权益保护法》"）两处提到舆论监督。第六条第三款规定："大众传播媒介应当做好维护消费者合法权益的宣传，对损害消费者合法权益的行为进行舆论监督。"明确为舆论监督授权。第三十二条所列举消费者协会履行的职能中包含"对损害消费者合法权益的行为，通过大众传播媒介予以揭露、批评"，强调消协组织与新闻媒体协作搞好舆论监督。

1997年12月颁布的《中华人民共和国价格法》（以下简称"《价格法》"）规定："新闻单位有权进行价格舆论监督。"③ 与《消费者权益保护法》从责任的角度为舆论监督授权不同的是，这里强调进行价格舆论监督是新闻单位的权利。

以上法律法规为舆论监督授权，都是在《宪法》框架下进行的，虽然国家层面明确授权的法律法规不多，但是并不能以此断定新闻媒体行使舆论监督权利缺乏法律依据，也不能以此否定舆论监督的法制化进程。这一点，我们从地方法规对舆论监督授权中可以看出。

2000年以来地方法规纷纷为舆论监督授权，这种授权多见于预防职务犯罪条例。特别值得注意的是，不少法规是在中央2003《条例》颁布之前，这充分说明这些地方在舆论监督法制化方面的自觉性。早在2001年5月，《无锡市预防职务犯罪条例》④就明确规定："新闻、文化、出版单

---

① 《中华人民共和国反不正当竞争法》，法律出版社，1998年。
② 《中华人民共和国消费者权益保护法》，法律出版社，1994年。
③ 《中华人民共和国价格法》，法律出版社，1998年。
④ 《无锡市预防职务犯罪条例》，来源：中国职务犯罪预防网，http://www.yfw.com.cn/fgwj/flfg/200107/t20010718_667717.shtml。

位应当运用多种形式,宣传预防职务犯罪工作,对国家工作人员的职务行为进行舆论监督。"这是我国第一部关于预防职务犯罪的地方法规,也是第一部为舆论监督授权的地方法规。此外,安徽、江西以及邯郸、乌鲁木齐、南京等省市为舆论监督授权的预防职务犯罪法规都是在中央2003《条例》颁布之前出台的。在中央2003《条例》颁布之后,湖北、浙江、山西、四川以及深圳、昆明等省市的预防职务犯罪法规也为舆论监督授权。

可以说,从宪法法律、行政法规到地方法规,舆论监督的法制化框架已基本形成。

制度基点:从"批评错误"到"监督权力"

在中国共产党早期党报中,舆论监督实际上有监督政府、批评工作中缺点与错误、揭露敌人三方面的职责。1931年12月11日,《红色中华》发刊词就宣示其工作:"第一要组织苏区广大工农群众积极参加苏维埃政权","引导工农群众对自己的政权,尽了批评、监督、拥护的责任";"第二要指导苏维埃的实际工作,纠正各级苏维埃在工作中的缺点与错误";"第三要尽量揭露帝国主义与国民党军阀及一切反动政治派别进攻革命欺骗工农的阴谋"。[①] 尽管《红色中华》提出了这三项工作,但是在整个革命战争年代,中国共产党报刊在舆论监督方面以揭露敌人为主,只有根据地报刊有少量围绕工作缺点和错误的批评报道,至于监督政府(以苏维埃为代表的由中国共产党执政的革命政权)——这一在今天看来属于权力制约和监督的职能,尚没有史料证明在那时得到有效开展。

新中国成立后,舆论监督中揭露敌人的职能退居次位,批评工作中缺点和错误这一职能占主导,直到1990年前,相关文献中也强调这一职能,

---

[①]《〈红色中华〉发刊词》,载《中国共产党新闻工作文件汇编》(下卷),新华出版社,1980年,第23—24页。

鲜有监督政府的表述。中央1950《决定》颁布的初衷，是使报纸能够"对于我们党的人民政府及所有经济机关和群众团体的缺点和错误"公开地、及时地开展批评与自我批评①。这里强调对"缺点和错误"的公开批评，还没达到制约和监督权力的高度。同年的《中央人民政府新闻总署关于改进报纸工作的决定》也强调，"报纸对于政府机关及其工作人员、经济组织及其工作人员的工作中的缺点和错误，应负批评的责任"②。这里依然说的是"工作中的缺点和错误"。可以说，20世纪50年代初期的舆论监督都是围绕这个问题展开的。

改革开放后的10余年时间，舆论监督的主导功能依然是批评党政机关及工作人员工作的缺点和错误。1987年党的十三大报告对舆论监督的表述是："要通过各种现代化的新闻和宣传工具，增加对政务和党务活动的报道，发挥舆论监督的作用，支持群众批评工作中的缺点错误，反对官僚主义，同各种不正之风作斗争。"③虽然这里的"舆论监督"代替了之前的"报刊批评"和"新闻批评"，但是重心仍然是"批评工作中的缺点错误"，"官僚主义"和"不正之风"只不过是其表现而已，跟20世纪50年代初期的舆论监督思想没有本质区别。

1990年3月，党的十三届六中全会通过了《关于加强党同人民群众联系的决定》④，明确提出建立和完善权力监督制度的构想，并把舆论监督纳入其中。《决定》指出："对各级领导机关和领导干部必须加强监督。要建立和完善党内监督与党外监督，自上而下的监督与自下而上的监督的制度。"

---

① 《中共中央关于在报纸刊物上展开批评与自我批评的决定》，载《中国共产党新闻工作文件汇编》（中卷），新华出版社，1980年，第5—7页。
② 《中央人民政府新闻总署关于改进报纸工作的决定》，载《中国共产党新闻工作文件汇编》（中卷），新华出版社，1980年，第75—77页。
③ 《沿着有中国特色的社会主义道路前进——中国共产党第十三次全国代表大会上的报告》（1987年10月25日），载《十三大以来重要文献选编》（上），人民出版社，1993年。
④ 《中共中央关于加强党同人民群众联系的决定》，载《十三大以来重要文献选编》（中），人民出版社，1993年。

而舆论监督正是自下而上对公权力的监督,《决定》进一步指出:"充分发挥舆论监督的作用。对于违背党的路线、方针、政策和违反国家法律的行为,对于严重侵犯群众利益的现象,党委要支持舆论机关按照有关规定予以揭露和批评。"这里,舆论监督已经超出了批评工作中缺点和错误的要求,作为监督制度的重要组成部分,达到了制约和监督权力的高度。

自1990年之后的中央文件,但凡说到舆论监督与权力制约和监督,通常都是把舆论监督跟其他监督形式一起作为构建权力制约和监督体系的重要组成部分。2010年12月,国务院新闻办发布的《中国的反腐败和廉政建设》白皮书指出:"目前,已形成了由中国共产党党内监督、人大监督、政府内部监督、政协民主监督、司法监督、公民监督和舆论监督组成的具有中国特色的监督体系。"[①]这是我国官方首次正式宣布权力制约和监督体系建成,舆论监督是这个体系的重要内容。

如果说"批评工作中的缺点错误"体现的还是舆论监督的一种权利的话,那么纳入"权力制约和监督体系",则使舆论监督拥有了更多权力的色彩。这种话语转换背后,是舆论监督从"权利监督"到"权力监督"的角色转换,舆论监督自下而上、由外到内进入了监督制度的范畴。

中国舆论监督制度缺点儿什么

虽然我国在舆论监督制度化建设方面做了不少工作,但是这些制度还不能有效保障舆论监督的健康发展,因为这些制度还存在不少缺憾,主要体现在以下几方面。

[①] 中华人民共和国国务院新闻办公室:《中国的反腐败和廉政建设》(2010年),中国方正出版社,2011年。

内容笼统难操作

我国舆论监督的相关制度主要来自两个方面，一是党和政府的相关文件政策及领导人的讲话，二是相关法律法规。

就第一个方面而言，可以说是我国舆论监督最成熟、最完备的规制，可是这些规制"多数是大而化之的原则性意见，解释上具有较大的弹性，实际操作中遇到各种矛盾，传媒很难以此为据进行自我保护"①。仅就关于舆论监督的专门文件而言，山东局1949《决定》和中央1950《决定》都提到对监督对象对抗舆论监督的行为进行制裁，可什么样的行为应受到什么样的制裁，如何实施这种制裁，两个《决定》都说得很笼统，也没有配套的实施细则。

自中央1950《决定》之后，中央没有出台类似专门决定，现行舆论监督专门性文件是中央办公厅2005年印发的《关于进一步加强和改进舆论监督工作的意见》（简称"中央2005《意见》"）②，《意见》经过党中央同意后印发，可以看作中央文件。虽然《意见》有六个方面的内容，但是这些内容主要是从新闻媒体如何搞好舆论监督角度提出来的，没有涉及舆论监督制度保障方面的具体问题。关于监督对象对待舆论监督的态度方面，《意见》要求"各级领导干部要正确对待舆论监督，增强接受舆论监督的自觉性，善于通过舆论监督听取人民群众的意见和呼声，发现和解决问题，推动和改进工作"。这种基于自觉性的要求不具备制度的强制性，对监督对象缺乏约束力。

就第二个方面而言，"舆论监督立法比较零乱，缺乏系统性"③是一个

---

① 陈力丹：《论我国舆论监督的制度困境》，载《南通大学学报》（社会科学版），2007年第3期，第130—134页。

② 《关于进一步加强和改进舆论监督工作的意见》（2005年3月），载《中国共产党党内法规选编（2001—2007）》，法律出版社，2009年。

③ 阚敬侠：《论我国的舆论监督法律制度》，载《新闻记者》，2000年第4期，第46—49页。

长期存在的事实。虽然《宪法》第二十七条、第三十五条、第四十一条之规定都适用舆论监督，但是并没有明确指向舆论监督，从舆论监督角度解读只是对《宪法》条文的一种合理引申，而且像民事、刑事、行政等基本法中没有相应明确的规定。就是明确提到舆论监督的《报纸管理暂行规定》《消费者权益保护法》《价格法》等法律法规，对舆论监督的授权也如前文所述，显得很笼统，缺乏可操作性。

法律法规中舆论监督相关条款缺乏操作性这种情况，在地方性法规中也普遍存在。为舆论监督授权最多的地方性法规是预防职务犯罪条例，且不说黑龙江、吉林、济南等省市条例没有提及舆论监督，就是提及舆论监督的江苏省无锡市①、河北省邯郸市②、新疆自治区乌鲁木齐市③、江苏省南京市④、安徽省⑤、江西省⑥、湖北省⑦、浙江省⑧、山西省⑨等省市条例也均是"新闻媒体对国家工作人员履行职务的行为进行舆论监督"之类的一笔带过，没有更具体内容，自然谈不上可操作性。

---

① 《无锡市预防职务犯罪条例》，来源：中国职务犯罪预防网，http://www.yfw.com.cn/fgwj/flfg/200107/t20010718_667717.shtml。
② 《邯郸市预防职务犯罪条例》，来源：中国职务犯罪预防网，http://www.yfw.com.cn/fgwj/flfg/200207/t20020723_667746.shtml。
③ 《乌鲁木齐市预防职务犯罪条例》，来源：新疆职务犯罪预防网，http://www.xj.yfw.com.cn/shownews.asp?id=19794。
④ 《南京市预防职务犯罪条例》，来源：中国职务犯罪预防网，http://www.yfw.com.cn/fgwj/gzzd/201202/t20120208_800685.shtml。
⑤ 《安徽省预防职务犯罪工作条例》，来源：安徽省职务犯罪预防网，http://www.ah.yfw.com.cn/shownews.asp?id=13524。
⑥ 《江西省预防职务犯罪工作条例》，来源：中国职务犯罪预防网，http://www.yfw.com.cn/fgwj/flfg/200312/t20031215_667821.shtml。
⑦ 《湖北省预防职务犯罪条例》，来源：新浪网，http://news.sina.com.cn/c/2005-06-02/10536059192s.shtml。
⑧ 《浙江省预防职务犯罪条例》，来源：中国人大网，http://www.npc.gov.cn/npc/xinwen/dfrd/zhejiang/2007-03/23/content_362905.htm。
⑨ 《山西省预防职务犯罪工作条例》，来源：百度文库，http://wenku.baidu.com/view/bda8efd333d4b14e85246824.html。

预防职务犯罪地方法规对舆论监督授权最充分的，是 2004 年 12 月颁发的《深圳市预防职务犯罪条例》①。《条例》第十九条第二款规定："新闻媒体依法对国家工作人员履行职务的行为进行舆论监督，并对其宣传报道负责。有关单位和国家工作人员应当自觉接受新闻媒体的监督。"这里不仅为舆论监督授权，而且注意到责任与权利的平衡；强调监督对象"自觉接受"舆论监督这一义务，为确保舆论监督实际效果提供了法律依据。第十九条第三款则明确了新闻记者作为舆论监督主体的基本权利，规定："新闻工作者在宣传和报道预防职务犯罪工作过程中依法享有进行采访、提出批评建议和获得人身安全保障等权利。"第十九条第四款则对舆论监督涉及问题的处理做出了具体要求，有利于确保舆论监督的实际效果，该款规定："新闻媒体报道或者反映的问题，可能涉嫌职务犯罪的，有关部门应当及时进行调查，对其中有重大影响的问题，可以将调查处理情况向新闻媒体通报。"第二十三条把"阻碍新闻媒体依法开展舆论监督，造成恶劣影响的"这一情形纳入对权力机关及领导干部的责任追究范畴，并要求"构成犯罪的，依法追究刑事责任"。从"刑事责任"的高度进行责任追究，对舆论监督对象是一种震慑。应该说，与其他类似法规相比，这个《条例》具有一定操作性，不过由于不是专门法规以及地域的局限，其对舆论监督的积极影响依然很有限。

权利义务不对等

与法律法规对舆论监督授权不充分形成鲜明对比的是，对舆论监督的禁止性规范则相当成熟，且内容详尽。法律法规中舆论监督权利义务不对等主要体现在两个方面：一是关于失实报道的规范，二是关于侵权报道的规范。

---

① 《深圳市预防职务犯罪条例》，来源：深圳市人大网站，http://www.szrd.gov.cn/viewszfgnews.do?id=77。

就失实报道的规范而言，1999年7月8日，新闻出版总署发布《报刊刊载虚假、失实报道处理办法》（简称"总署1999《办法》"）[1]，《办法》一共八条，对虚假、失实报道的处理办法做出了具体规范。其中第二条明确了出版单位的责任，规定："报纸、期刊刊载虚假、失实报道和纪实作品，有关出版单位应当在其出版的报纸、期刊上进行公开更正，消除影响；致使公民、法人或其他组织的合法权益受到侵害的，有关出版单位应当依法承担民事责任。"第三条明确当事人的权利，规定："报纸、期刊刊载虚假、失实报道和纪实作品，致使公民、法人或者其他组织的合法权益受到侵害的，当事人有权要求更正或者答辩，有关出版单位应当在其出版的报纸、期刊上予以发表；拒绝发表的，当事人可以向人民法院提起诉讼。"第四条明确更正要求，规定："凡公开更正的，应自虚假、失实报道和纪实作品发现之日起，在其最近出版的一期报纸、期刊的同等版位上发表。""凡按当事人要求进行更正或发表答辩的，应自当事人提出要求之日起，在其最近出版的一期报纸、期刊的同等版位上，予以发表。"像这样具体可操作的规定，在法律法规对舆论监督授权条款中是没有的。

2001年12月12日，国务院颁布《出版管理条例》（简称"国务院2001《条例》"）[2]，这个《条例》以国务院行政法规的形式对失实报道的处理做出规范，比总署1999《办法》这一部门规章更有效力。不过，《条例》相关内容比较简单，基本上是总署1999《办法》主体内容的综合。2005年9月20日，新闻出版总署出台《报纸出版管理规定》（简称"总署2005《规定》"）[3]，虽然这个《规定》也只有一条内容对虚假、失实报道的处理进行规范，但是内容比国务院2001《条例》翔实，基本上萃取了总署1999《办法》

---

[1]《报刊刊载虚假、失实报道处理办法》，载《报纸出版工作法律法规选编》，中国大百科全书出版社，2003年，第229—230页。

[2]《出版管理条例》，载《报纸出版工作法律法规选编》，中国大百科全书出版社，2003年，第102—118页。

[3]《报纸出版管理规定》，载《中华人民共和国新闻出版法规文件选编》，商务印书馆，2010年。

的核心内容。

从总署 1999《办法》到国务院 2001《条例》及总署 2005《规定》，我们可以看出，国家对于报纸虚假、失实报道的处理政策是相对稳定的，而且这些处理方法至今还在沿用。相比之下，关于广播电视新闻及网络新闻虚假、失实方面的规范性文件不多，而且没有报纸规范那么详尽，主要原因在于报纸虚假、失实报道的相关规定能够在广播电视及网络新闻领域变通使用。

就报道侵权的规范而言，主要体现在法律法规对个人及组织权利的规定、新闻报道禁止性条款、侵权案件审理的司法解释三个方面。从法律法规的权利规定来看，集中体现在《民法通则》[①] 中，其中第一百零一条规定："公民、法人享有名誉权，公民的人格尊严受法律保护，禁止用侮辱、诽谤等方式损害公民、法人的名誉。"第一百二十条规定："公民的姓名权、肖像权、名誉权、荣誉权受到侵害的，有权要求停止侵害，恢复名誉，消除影响，赔礼道歉，并可以要求赔偿损失。法人的名称权、名誉权、荣誉权受到侵害的，适用前款规定。"

从新闻报道的禁止性条款来看，《出版管理条例》[②]《广播电视管理条例》[③]《互联网信息服务管理办法》[④]《互联网新闻信息服务管理规定》[⑤] 都有禁止刊播"侮辱或者诽谤他人，侵害他人合法权益"方面内容的规定。

从名誉权案件的司法解释来看，对舆论监督的禁止性条款则更加具

[①] 《中华人民共和国民法通则》，法律出版社，1996 年。
[②] 《出版管理条例》，载《报纸出版工作法律法规选编》，中国大百科全书出版社，2003 年，第 102－118 页。
[③] 《广播电视管理条例》，载《广播影视法规汇编》（2012 年），中国法制出版社，2012 年。
[④] 《互联网信息服务管理办法》，载《中华人民共和国新闻出版法规文件选编》，商务印书馆，2010 年。
[⑤] 《互联网新闻信息服务管理规定》，载《中华人民共和国新闻出版法规文件选编》，商务印书馆，2010 年。

体。在1993年6月《最高人民法院关于审理名誉权案件若干问题的解答》[①]中，主要有三个问题跟舆论监督相关，分别是："因新闻报道或者其他作品引起的名誉权纠纷，如何确定被告？""侵害名誉权责任应如何认定？""因撰写、发表批评文章引起的名誉权纠纷，应如何认定是否构成侵权？"1998年9月《最高人民法院关于审理名誉权案件若干问题的解释》[②]中，共有四个问题跟舆论监督相关，分别是："新闻媒介和出版机构转载作品引起的名誉权纠纷，人民法院是否受理？""新闻单位报道国家机关的公开的文书和职权行为引起的名誉权纠纷，是否认定为构成侵权？""因提供新闻材料引起的名誉权纠纷，如何认定是否构成侵权？""对产品质量、服务质量进行批评、评论引起的名誉权纠纷，如何认定是否构成侵权？"实际上，两次司法解释七个问题的具体回答，都是对舆论监督的禁止性规范。

可以说，法律法规中存在舆论监督义务大大重于权利这种不对等状况，已是既成事实，这在一定程度上也会影响舆论监督的健康发展。

专门法规难出台

在舆论监督制度化方面，一些地方进行了积极的探索，这种探索呈现两大特色：一是在进行相关地方性法规的立法时，把推进舆论监督纳入其中，如上面所述的职务犯罪预防条例；二是一些地方党委出台推进舆论监督的专门性文件。

就专门性文件而言，珠海可谓走在全国前列。早在1999年5月，珠海就制定了《珠海市新闻舆论监督办法（试行）》，为舆论监督保驾护航。2000年2月，又制定了《珠海市新闻舆论监督采访报道的若干规定》。在地市级党委推进舆论监督制度化方面，山西长治影响最大。继2000年11月

[①] 《最高人民法院关于审理名誉权案件若干问题的解答》，载《报纸出版工作法律法规选编》，中国大百科全书出版社，2003年，第9—12页。

[②] 《最高人民法院关于审理名誉权案件若干问题的解释》，载《法律适用》，1998年第11期，第137—138页。

出台《长治市新闻舆论监督暂行办法》之后，2002年4月，长治市又出台了《中共长治市委关于实行"五大监督"的意见》①，《意见》有两点特别值得肯定：一是把舆论监督跟党政监督、人大法律和工作监督、政协民主监督和民主党派监督、群众监督一起纳入权力制约和监督体系，跳出了就舆论监督谈舆论监督的思维局限；二是舆论监督制度规范的完备性和成熟性，《意见》在舆论监督部分明确了舆论监督主体和对象、舆论监督的重点、舆论监督的原则、建立健全舆论监督责任制、加大舆论监督的力度、畅通舆论监督渠道、严格舆论监督审稿制度、严格舆论监督纪律、新闻媒体联动作战、建立舆论监督的保障制度等内容。在省级党委中，推进舆论监督制度化走在前列的是海南，2004年12月出台了《中共海南省委关于舆论监督工作的暂行规定》。

应该说，地方党委的专门性文件在推进舆论监督制度化方面的积极作用是值得肯定的。但是，这种专门性文件毕竟不同于法律法规，法律法规具有较强的稳定性，而党委文件往往因领导调整而出现变化。曾经声名鹊起的长治式舆论监督，就因市委书记吕日周离任而风光不再。吕日周主政长治时期，《长治日报》《上党晚报》分别开设了"瞭望哨"和"啄木鸟"栏目，专门进行舆论监督，在两年多时间里，以两份纸媒为主体的长治各级新闻媒体共刊发批评报道近2000篇，批评大小干部1000多人次，160余名干部去职。而吕日周2003年2月从长治市委书记升任山西省政协副主席之后，长治舆论监督回复到名存实亡状态。②事实上，舆论监督像长治这样因领导而异的情况还比较普遍，这说明，舆论监督制度化仅仅停留在党委文件层面是不够的，还必须加快舆论监督的法制建设。

可是，与一些地方党委积极出台专门文件推进舆论监督不同的是，至今没有舆论监督专门法规出台。究其原因，跟一些地方政府及官员在舆论

---

① 《中共长治市委关于实施"五大监督"的意见》，载王占禹《总编辑手记》（下），文汇出版社，2006年，第182—192页。

② 孙春龙，张悦：《吕日周之后的长治》，载《瞭望东方周刊》，2005年第22期。

监督事件涉及的利益瓜葛中扮演的当事人角色有关。"现代的常态政府应该是一个中立的政府。政府的基本职能是充当裁判员，解决民众之间的纠纷。不过，中国的一些地方政府却非如此。在当下的表现包括，一些地方政府以制度方式或相关官员以灰色方式深度介入经济社会的交易活动之中。"① 这样，这些地方政府及官员就会成为舆论监督制度化的最大阻力，而破解这个难题只有进行深层次的政治体制改革。

地方经验难推广

无论是地方党委舆论监督专门文件的推动，还是相关地方法规对舆论监督的授权，应该说，在舆论监督制度化方面都起到了良好的示范效应。可是，令人遗憾的是，这些地方经验并没有得到很好的推广。

从广度来看，地方经验大多局限在经验推出的地方，其他地方很少广泛效仿。中共海南省委 2004 年 12 月颁布的《关于舆论监督工作的暂行规定》（简称"海南《规定》"）②，对推进舆论监督做出了详细的规定，这是省级党委关于舆论监督的第一个专门文件，也是至今唯一的类似省级党委文件。2005 年 6 月，中共浙江省委出台《浙江省党内监督十项制度实施办法》③，对 2003 年《中国共产党党内监督条例》中的十项制度进行细化、具化、实化，其中《中共浙江省委组织部舆论监督制度实施办法》（简称"浙江《办法》"），是省级党委第一个关于舆论监督制度化的专门文件，也是至今唯一的类似省级党委文件。无论是海南《规定》，还是浙江《办法》，在推出之初都引起了积极、广泛的社会影响，可是并没有得到广泛推行。

从高度来看，地方经验大多局限在地市级层面，在省级层面的不多，而全国层面就更少。在预防职务犯罪条例中为舆论监督授权先行先试的是

---

① 秋风：《有效舆论监督需要制度前提》，载《21 世纪经济报道》，2009 年 10 月 28 日，第 2 版。
② 《中共海南省委关于舆论监督工作的暂行规定》，载《海南日报》，2005 年 2 月 22 日。
③ 《浙江省党内监督十项制度实施办法》，来源：百度文库，http://wenku.baidu.com/view/29cc6c32f111f18583d05a7f.html。

无锡、邯郸等地市级，后来的安徽、江西等省级条例的规定也没有超出前者划定的框架。自 2001 年《无锡市预防职务犯罪条例》颁布以来，至今还没有国家层面的相应条例，自然也就谈不上从这个方面对舆论监督的推进。出台专门文件推动舆论监督的地方党委也是以珠海、长治等地市级党委先行先试，后来的海南《规定》和浙江《办法》没有得到广泛推广不说，其推动舆论监督的实际效果比不上前者显著。中央 2005 年《关于进一步加强和改进舆论监督工作的意见》[1]，更多是从舆论监督操作层面的规定，而缺乏制度层面的设计。

从深度来看，地方经验的推广大多局限在对他地经验的简单重复，而缺乏深度和创新。以预防职务犯罪条例中主张对监督对象阻碍舆论监督的恶劣行为追究刑事责任这一规定为例，2004 年深圳《条例》提出时间最早，而且内容详尽，而 2006 年江苏《条例》[2]、2009 年昆明《条例》[3] 及四川《条例》[4]，虽有相关规定，但没有比深圳《条例》更新的内容。同样，如前文所述，预防职务犯罪条例对舆论监督的授权，无锡、邯郸、乌鲁木齐、南京、安徽、江西、湖北、浙江、山西等省市条例均是"新闻媒体对国家工作人员履行职务的行为进行舆论监督"之类的一笔带过，显得过于简单。

从长度来看，不少地方经验在名噪一时之后，缺乏更新举措，也很难产生持续效应。且不说吕日周式的长治舆论监督经验早已烟消云散，就是上文所述中为舆论监督授权的预防职务犯罪条例以及地方党委的专门文件，出台时间大多集中在 2003 年前后，而之后少有跟进措施，效果如何也少有

---

[1] 《关于进一步加强和改进舆论监督工作的意见》（2005 年 3 月），载《中国共产党党内法规选编（2001−2007）》，法律出版社，2009 年。

[2] 《江苏省预防职务犯罪条例》，来源：中国人大网，http://www.npc.gov.cn/npc/xinwen/dfrd/jiangsu/2006-04/14/content_348475.htm。

[3] 《昆明市预防职务犯罪工作条例》，来源：中国昆明网，http://www.km.gov.cn/structure/xwpdlm/flfglm/flfgxx_118606_1.htm。

[4] 《四川省预防职务犯罪工作条例》，来源：四川人大网，http://www.scspc.gov.cn/html/cwhgb_44/200906/2010/0409/53703.html。

人去过问。而在推进舆论监督持续效应方面做得好的当数珠海,自 1999 年 5 月珠海市委在全国率先推出《珠海市新闻舆论监督办法》之后,2000 年 2 月又制定了《珠海市新闻舆论监督采访报道的若干规定》,2012 年珠海纪委、监察局、预防腐败局联合出台《关于对媒体曝光问题的督办和问责办法》[①],强化对舆论监督曝光问题的处理。遗憾的是,像珠海这样持续重视舆论监督的地方党委和政府并不多见。

舆论监督制度该怎么构建

既然制度化建设是加强和改进舆论监督的必由之路,而且舆论监督现有相关制度又存在诸多缺憾,那么舆论监督制度建构就应尽力克服这些制度缺憾,进行大胆的尝试和创新。一般来讲,舆论监督制度构建应兼顾以下五个维度。

互补:文件政策与法律法规

我们说舆论监督制度构建首先要立足于法律法规,是要强调法律法规的稳定性、规范性、权威性,并不是要否定文件政策在舆论监督制度构建中的地位和作用。相反,应充分利用文件政策出台相对灵活等方面的优势,来弥补法律法规的不足。

除了《宪法》之外,目前为舆论监督授权的法律主要有《反不正当竞争法》《消费者权益保护法》《价格法》等,为舆论监督授权的法规主要体现为预防职务犯罪的地方条例。无论是宪法法律还是地方条例,涉及舆论监督的相关条款都存在内容过于简单、缺乏操作性等方面的不足。在舆论

---

① 王近夏:《市纪委、监察局、预防腐败局制定〈关于对媒体曝光问题的督办和问责办法〉授尚方宝剑助舆论监督》,载《珠海特区报》,2012 年 5 月 30 日,第 4 版。

监督专门法规一时难以出台的情况下，弥补这种不足的最好措施就是制定相应的配套政策。

文件政策弥补舆论监督相关法律法规的不足，可以从两个方面入手。一方面，在这些法律法规的实施细则中，可以细化相关条款，如《价格法》实施细则中对新闻媒体如何进行价格舆论监督进行具体规定。另一方面，在这些法律法规的配套政策中，强化舆论监督相关内容。在为舆论监督授权的地方法规中以预防职务犯罪条例居多，而预防职务犯罪条例又跟行政问责办法密切相关，因此就可以用行政问责办法来弥补预防职务犯罪条例中舆论监督条款的不足。这方面做得比较好的是2009年的《广州市党政领导干部问责暂行办法》[1]，这个《办法》不仅把领导干部不接受或不配合舆论监督作为问责的情形之一，而且把新闻媒体曝光作为问责线索的重要来源。

不过，文件政策弥补舆论监督法律法规的不足，应该在宪法及法律法规的框架内进行，是推动舆论监督的健康发展，而不是妨碍舆论监督。

统一：党委领导与媒体独立

"舆论监督的有效性是建立在舆论监督的独立性和法定性基础之上"[2]，独立性能够使舆论监督有效性更强，法定性能够使舆论监督有效性更久，而确立舆论监督法定性范围内的独立性，正是我国舆论监督需要解决的现实问题。

社会主义公有制中的媒体特性及党管媒体的管理体制，决定我国舆论监督的独立性不同于西方，这种独立性必须以党委领导为前提。因此，舆论监督制度化进程中党委领导与媒体独立如何统一是十分关键的。

一说到党委领导对舆论监督的推动，就有不少人认为这是人治，是舆

---

[1] 《广州市党政领导干部问责暂行办法》，来源：广州市政府网，http://www.gz.gov.cn/publicfiles/business/htmlfiles/gzgov/s2810/201005/158640.html。

[2] 志灵:《舆论监督是要制度化还是"捧杀"？》，载《解放日报》，2006年11月28日。

论监督制度化缺失的表现。其实，这种看法是简单的、片面的。坚持党委领导是我国舆论监督的前提，党委和政府对舆论监督的推动不是要不要的问题，而是如何将这种推动制度化的问题。这种制度化应着力于管理体制的创新，"在坚持'党管媒体'的同时，必须创新新闻管理体制，通过法律化、制度化途径，确保媒体在党的领导下能够有效地监督政府"[①]。

当然，党委领导对舆论监督的推动应尊重舆论监督的独立性，切忌对舆论监督干预过多过细，影响舆论监督的健康发展。舆论监督独立性的边界就是法律法规的授权，使舆论监督"拥有一种不受非法干预的空间"[②]。实际上，舆论监督制度化进程中党委领导与媒体独立的统一，是在法律法规框架内的统一。

协调：中央推动与地方创新

在对舆论监督相关制度进行梳理的时候，我们发现，地方在舆论监督制度化建设方面还是有不少亮点的，这些经验之所以没有推广，一定程度上讲，跟中央推动不足是有关系的。因此，舆论监督制度化建设应处理好中央推动与地方创新相协调这层关系。这种协调主要包括两个方面的内容：一方面，中央应该充分放权，允许地方在舆论监督制度化方面先行先试，大胆创新。既然是尝试，就不要担心出问题。即便地方尝试出了点问题，纠正就是了，失败的尝试至少能证明此路不通，何况还有成功的尝试呢！另一方面，中央应该积极肯定并大力推广地方在舆论监督制度化方面的成功经验，使这些经验产生普遍价值。

当前，舆论监督制度化问题上的中央推动与地方创新相协调，可以在三个方面重点突破。

---

① 郭立场：《行政问责下的舆论监督法治化》，来源：新华网，http://news.xinhuanet.com/theory/2008-03/06/content_7722464.htm。
② 杨耕身：《制度化舆论监督是大势所趋》，载《新京报》，2008年2月11日，第A02版。

党内监督制度中舆论监督制度建设的突破

2005年6月出台的《中共浙江省委组织部舆论监督制度实施办法》,是对2003年《中国共产党党内监督条例》中舆论监督制度的细化、具化、实化,是舆论监督制度化的重要创新。既然舆论监督制度是十大党内监督制度之一,那么制定全党范围内的舆论监督制度就是题中之义,不仅对党内监督制度建设,而且对舆论监督制度建设,都有积极意义。

预防职务犯罪条例中舆论监督授权的突破

自预防职务犯罪条例中最早为舆论监督授权的《无锡市预防职务犯罪条例》2001年颁布以来,近20年间,出台类似法规不少,可是,从舆论监督制度化角度来看,一直存在两方面的不足:其一,全国性法规缺失;其二,舆论监督相关条款过于简单。在国家惩治和预防腐败体系建设进程中,颁布预防职务犯罪法或全国性预防职务犯罪条例是必然的,此法规从国家层面为舆论监督充分授权,既是预防职务犯罪的需要,也是舆论监督制度建设的需要。

干部问责制中舆论监督地位和作用的突破

一些地方的干部问责制度把不配合新闻舆论监督纳入问责情形之一,把新闻报道作为问责线索来源,对推动舆论监督起到了积极作用。可是,这方面依然存在两点不足:其一,把舆论监督纳入问责制的地方还不多,只有昆明、广州等部分城市的行政问责办法中有明确规定;其二,省级和国家层面问责制度对舆论监督的重视程度还不够。《昆明市领导干部问责办法》[①]和《云南省人民政府关于省人民政府部门及州市行政负责人问责办法》[②]的施行日期都是2008年3月1日,可是云南《办法》只是把新闻媒体报道作为问责的线索来源,并没有像昆明《办法》一样把不配合舆论监

---

① 《昆明市领导干部问责办法》,来源:360doc图书馆,http://www.360doc.com/content/12/0110/11/964300_178479570.shtm。

② 《云南省人民政府关于省人民政府部门及州市行政负责人问责办法》,来源:百度文库,http://wenku.baidu.com。

督作为问责情形之一。更值得注意的是，其他省市问责《办法》有如云南《办法》这样规定的也不多。而 2009 年 7 月中共中央办公厅、国务院办公厅印发的《关于实行党政领导干部问责的暂行规定》[①]，没有涉及舆论监督及新闻报道等相关规定。如果这个《规定》能够弥补这方面的不足，对于问责制度和舆论监督都会起到推动作用。

衔接：专门法规与其他法规

应该说，在现行法律法规中涉及舆论监督相关规定的不少，但是这些规定都太过分散，难以形成舆论监督制度化的合力。因此，出台舆论监督专门法规跟这些法规衔接是很有必要的。

无论是从舆论监督作为党和国家监督制度建设的角度，还是从预防职务犯罪和领导干部问责制中凸显舆论监督地位和作用的角度，出台舆论监督专门法规的条件都成熟了。郑保卫教授也认为："在目前专门的新闻法还不能出台的情况下，是否可以先制定《舆论监督法》，或是《舆论监督条例》，明确规定媒体在实行舆论监督方面所拥有的职权、责任和义务；规定公民在新闻舆论监督方面所享有的权利、责任和义务；规定党政部门、行政机关、司法机构及各种社会组织在接受新闻舆论监督方面所应当承担的责任和义务；同时对阻挠、干扰和打击报复新闻舆论监督者要制定严格的制裁性措施和办法，以防止任何单位和个人运用非法手段干预新闻舆论监督。"[②]

在舆论监督的全国性专门法规一时尚难出台的情况下，可以鼓励地方先行试点，在有一定经验积累的基础上，借助推广地方经验的东风，适时出台全国性的舆论监督法规。

---

① 《关于实行党政领导干部问责的暂行规定》，载《人民日报》，2009 年 7 月 13 日，第 2 版。
② 郑保卫：《试论我国新闻舆论监督的制度建设与规范管理》，载《新闻记者》，2005 年第 11 期，第 11—14 页。

配套：宏观规范与微观细则

但凡涉及舆论监督的法律法规，无论是国家层面的，还是地方层面的，其相关规定往往都过于宏观，过于简单，缺乏可操作性，这也是这些法律法规推动舆论监督效果不佳的重要原因。

以党政干部问责制度为例，"这些制度虽声称要问责乃至追究法律责任，但并未对'不接受'或'不配合'舆论监督的情形做具体规定。何种情形属于要被问责的范围，如何界定，经过什么操作程序等问题，在这些制度中往往语焉不详。这也就使得相关条款徒具威慑性，而无实际的惩戒效果"①。

除《消费者权益保障法》《价格法》等法律法规涉及舆论监督条款需要细化之外，党内监督条例和预防职务犯罪条例等细化舆论监督条款也十分必要。这种细化，既可以体现在这些法律法规的实施细则中，也可以体现在有关部门关于舆论监督的专门文件中。

总之，我国舆论监督的制度化还有很长一段路要走，只有有了切实可行的制度保障，舆论监督才能充分发挥其在社会生活各方面的积极作用。

---

① 刘义昆：《保障舆论监督问责有待细化》，载《光明日报》，2009年8月3日，第6版。

第八章

管理创新：舆论监督管理须有序有效

党管媒体是我国媒体管理的一项基本原则，长期以来，各级党委宣传部一直是党管媒体这一职能的具体执行者，舆论监督属于媒体内容生产的一个方面，宣传部管理舆论监督自然也是题中之义。不过，随着党和国家监督体系逐步健全，随着制度反腐的逐步推进，作为监督体系重要组成部分的舆论监督，其在腐败治理中的地位和作用也越来越重要，这对舆论监督管理也提出了更高的要求。在中央"构建党统一指挥、全面覆盖、权威高效的监督体系"这一大背景下，各级纪委和与之合署办公的监察委作为党统一指挥监督体系建设和反腐败斗争的执行机构，加强与舆论监督的合作已是必然。因此，在制度反腐框架下，党如何创新对舆论监督的管理，应该提上议事日程。

制度反腐需要舆论监督管理创新

构建监督体系有何需要

虽然"舆论监督"一词在1987年10月党的十三大报告中首次替代"报纸批评"在中央权威话语中正式出现，但是舆论监督尚未就此进入党的监督体系。① 报告关于舆论监督的表述是:"要通过各种现代化的新闻和宣传工具,增加对政务和党务活动的报道,发挥舆论监督的作用,支持群众批评工作中的缺点错误,反对官僚主义,同各种不正之风作斗争。"② 可见,这里舆论监督作用还停留在过去报纸"批评工作中的缺点错误,反对官僚主义,同各种不正之风作斗争"这一层面。

中国共产党明确开启监督制度建设是以1990年3月《中共中央关于加强党同人民群众联系的决定》为标志的,《决定》提出了建立和完善监督制度的构想,指出:"要建立和完善党内监督与党外监督,自上而下的监督与自下而上的监督的制度。"③ 虽然用今天的话语来说,党外监督、自下而上的监督应该包括舆论监督,但是这个《决定》并没有明确。

1992年10月,党的十四大报告则明确舆论监督在监督机制建设中的作用,报告关于舆论监督的表述是:"强化法律监督机关和行政监察机关的职能,重视传播媒介的舆论监督,逐步完善监督机制,使各级国家机关及其工作人员置于有效的监督之下。"④ 不过,报告依然没有明确地把舆论监督纳入监督机制的范畴。

1994年9月,《中共中央关于加强党的建设几个重大问题的决定》正式把舆论监督纳入监督体系,《决定》指出:"要把党内监督同群众监督、舆论监督、民主党派和无党派人士的监督结合起来,把自上而下和自下而上的监督结合起来,逐步形成强有力的监督体系,以保证党的肌体的健康和各

---

① 不同历史时期,中央文献中先后出现"监督制度""监督体系""监督机制"等词,在意义上并没有本质的区别,因此,本课题也不做区分,皆做同义运用。
② 《沿着有中国特色的社会主义道路前进——中国共产党第十三次全国代表大会上的报告》(1987年10月25日),载《十三大以来重要文献选编》(上),人民出版社,1993年。
③ 《中共中央关于加强党同人民群众联系的决定》(1990年3月12日),载《十三大以来重要文献选编》(中),人民出版社,1993年。
④ 江泽民:《加快改革开放和现代化建设步伐,夺取有中国特色社会主义事业的更大胜利——在中国共产党第十四次全国代表大会上的报告》(1992年10月12日),载《十四大以来重要文献选编》(上),人民出版社,1996年。

项任务的顺利完成。"①

2010年12月,国务院新闻办公室发布的《中国的反腐败和廉政建设》白皮书首次正式宣布我国监督体系建成,并明确舆论监督是监督体系的重要组成部分。白皮书指出:"目前,已形成了由中国共产党党内监督、人大监督、政府内部监督、政协民主监督、司法监督、公民监督和舆论监督组成的具有中国特色的监督体系。"②

与监督体系框架内的其他监督形式相比,我国舆论监督的制度建设则相对比较滞后。各级党委宣传部门对舆论监督的管理主要是基于新闻宣传的宏观管理,而不是对舆论监督的专门管理;主要是基于新闻业务层面的管理,而不是基于监督体系建设层面的管理。在中国共产党新闻思想史上,关于舆论监督的专门性文件有3个,一个是中共中央山东分局宣传部及山东总分社1949年6月发布的《关于加强新闻报道中批评与自我批评的决定》③,一个是中共中央1950年4月发布的《关于在报纸刊物上展开批评和自我批评的决定》④,还有一个是2005年4月中共中央办公厅印发的《关于进一步加强和改进舆论监督工作的意见》⑤。前两个文件在党开启监督体系建设之前,此处不做论述。就第三个文件而言,主要包括"高度重视舆论监督工作的重要作用""坚持舆论监督工作的原则要求""把握当前舆论监督的重点""支持新闻媒体正确开展舆论监督""强化新闻媒体在舆论监督中

---

① 《中共中央关于加强党的建设几个重大问题的决定》(1994年9月28日),载《十四大以来重要文献选编》(中),人民出版社,1997年。
② 中华人民共和国国务院新闻办公室:《中国的反腐败和廉政建设》(2010年),中国方正出版社,2011年。
③ 《中共中央山东分局宣传部及山东总分社关于加强新闻报道中批评与自我批评的决定》(1949年6月8日),载《中国共产党新闻工作文件汇编》(上卷),新华出版社,1980年,第343—346页。
④ 《中共中央关于在报纸刊物上展开批评和自我批评的决定》(1950年4月19日),载《中国共产党新闻工作文件汇编》(中卷),新华出版社,1980年,第5—8页。
⑤ 《关于进一步加强和改进舆论监督工作的意见》(2005年3月),载《中国共产党党内法规选编(2001—2007)》,法律出版社,2009年。

的社会责任""加强对舆论监督工作的领导"六个方面的内容,这是一个从新闻业务层面对舆论监督进行规范和指导的文件,而不是从监督体系层面对舆论监督进行制度建设的文件。而且,自2005年以来,中央再没有出台过舆论监督方面的专门性文件。

因此,党和国家监督体系对舆论监督提出了更高的要求,对舆论监督的管理应该从新闻业务管理层面上升到舆论监督制度建设层面,这种转变仅靠宣传部门来完成是不现实的。在党管媒体的框架内,专责党内监督的纪委和专责国家监察职能的监察委,应该在舆论监督中扮演重要角色。

形成监督合力有何需要

构成党和国家监督体系的各类监督形式,如果不能形成合力,就不能最大限度地发挥监督效果。2007年10月党的十七大报告谈及监督体系时,出现了"合力"这个字眼,《报告》指出要"落实党内监督条例,加强民主监督,发挥好舆论监督作用,增强监督合力和实效"[1]。2009年9月《中共中央关于加强和改进新形势下党的建设若干重大问题的决定》在谈到监督体系时,进一步深化了"合力"这一内涵,《决定》指出:"坚持党内监督与党外监督、专门机关监督与群众监督相结合,发挥好舆论监督作用,增强监督合力。"[2]2017年10月党的十九大报告在谈到监督体系时,对"合力"的内涵有了更新的表述,《报告》指出:"把党内监督同国家机关监督、民主监督、司法监督、群众监督、舆论监督贯通起来,增强监督合力。"[3]

---

[1] 胡锦涛:《高举中国特色社会主义伟大旗帜,为夺取全面建设小康社会新胜利而奋斗——在中国共产党第十七次全国代表大会上的讲话》(2007年10月15日),载《十七大以来重要文献选编》(上),人民出版社,2009年。

[2] 《中共中央关于加强和改进新形势下党的建设若干重大问题的决定》(2009年9月18日),载《十七大以来重要文献选编》(中),中央文献出版社,2011年。

[3] 习近平:《决胜全面建成小康社会 夺取新时代中国特色社会主义伟大胜利——在中国共产党第十九次全国代表大会上的报告》(2017年10月18日),载《人民日报》,2017年10月28日,第1版。

特别值得注意的一点是，十九大报告对于形成监督"合力"的措施方面用了"贯通"这一关键词，而之前党的相关文献用的是"结合"一词。1994年9月《中共中央关于加强党的建设几个重大问题的决定》关于监督体系的表述中，用了两个关键词"结合"："要把党内监督同群众监督、舆论监督、民主党派和无党派人士的监督结合起来，把自上而下和自下而上的监督结合起来，逐步形成强有力的监督体系，以保证党的肌体的健康和各项任务的顺利完成。"①1997年9月党的十五大报告关于监督体系的表述也用了关键词"结合"："把党内监督、法律监督、群众监督结合起来，发挥舆论监督的作用。"②

显然，"贯通"比"结合"主动性更强，也更有力度。各类监督形式中，最有力度的监督当是党内监督，正如十九大报告强调的，首先要实现的是党内监督与其他监督形式的贯通。专责党内监督的纪委，在贯通各类监督、形成监督合力过程中，自然责无旁贷。

党统一指挥反腐败有何需要

"党领导一切"和"党统一指挥"是党的十九大以来我国政治生活中两个重要的关键词。在十九大修改通过的党章中，就明确指出："中国共产党的领导是中国特色社会主义最本质的特征，是中国特色社会主义制度的最大优势。党政军民学，东西南北中，党是领导一切的。"③同时，十九大报告把"坚持党对一切工作的领导"，作为新时代坚持和发展中国特色社会主义的十四条基本方略之一，进一步强调"党领导一切"和"集中统一领导"，

---

① 《中共中央关于加强党的建设几个重大问题的决定》(1994年9月28日)，载《十四大以来重要文献选编》(中)，人民出版社，1997年。

② 江泽民：《高举邓小平理论伟大旗帜，把建设有中国特色社会主义事业全面推向二十一世纪——在中国共产党第十五次全国代表大会上的报告》(1997年9月12日)，载《十五大以来重要文献选编》(上)，人民出版社，2001年。

③ 《中国共产党章程》(2017年)，载《人民日报》，2017年10月29日，第1版。

报告指出:"党政军民学,东西南北中,党是领导一切的。必须增强政治意识、大局意识、核心意识、看齐意识,自觉维护党中央权威和集中统一领导,自觉在思想上政治上行动上同党中央保持高度一致,完善坚持党的领导的体制机制,坚持稳中求进工作总基调,统筹推进'五位一体'总体布局,协调推进'四个全面'战略布局,提高党把方向、谋大局、定政策、促改革的能力和定力,确保党始终总揽全局、协调各方。"

在谈到监督体系时,十九大报告明确指出:"构建党统一指挥、全面覆盖、权威高效的监督体系。"全面展开的国家监察体制改革,有效整合行政监察、预防腐败和检察院查处贪污贿赂、失职渎职及预防职务犯罪等工作力量,有效解决行政监察范围过窄、反腐败力量分散等问题,实现对所有行使公权力的公职人员监察全覆盖,加强了党对反腐败工作的统一领导。

随着国家监察体制改革的全面推进,纪委与监察委合署办公后机构和职能的全面融合,从中纪委到省级纪委、地市级纪委、区县纪委,从国家监察委到省级监察委、地市级监察委、区县监察委,党集中领导、统一指挥反腐败工作和监督体系建设的组织架构已经形成。各级纪委监察委作为党集中领导、统一指挥反腐败工作和监督体系建设的执行机构,理应在各类监督形式的贯通中起主导作用,相较于国家机关监督、民主监督、司法监督等体制内的权力监督而言,作为体制外权利监督的舆论监督与权力监督之间的贯通更难,把舆论监督纳入纪委工作范畴正好可以有效破解这一难题,也更有利于集中领导、统一指挥。

舆论监督需要纪委配合

纪委配合舆论监督的合理性

纪委配合舆论监督有优良传统

在党史上,纪委对舆论监督的配合,主要是在事后,即运用党纪督促监督对象、确保舆论监督效果。早在1942年9月9日中共中央西北局发布的《关于〈解放日报〉工作问题的决定》(以下简称"西北局1942《决定》"),就把党纪作为督促舆论监督对象改正错误、确保监督效果的重要措施,《决定》指出:"各地党的组织,或党员个人,如受到《解放日报》上的批评时,均应于最短期间内以实事求是的态度,在这个报上做负责的答复,如果批评属实,则应说明所指缺点与错误发生的原因,及应如何改正的办法,否则,该批评的组织或个人,将要受到党纪的制裁。"[①] 党的各级纪委是党纪的执行机构,这里自然可以看作纪委借助党纪对舆论监督进行配合。

1949年6月8日,中共中央山东分局宣传部及山东总分社在《关于加强新闻报道中批评与自我批评的决定》中,也把党纪作为约束舆论监督对象的重要措施,《决定》指出:"今后凡各地党报对某一工作、某一干部提出批评或质问时,应当立即做负责地声明或解答(特别是县以上机关和干部),必须认为这是党的纪律,绝不允许置之不理。"[②] 这个《决定》延续了西北局1942《决定》的内容,依然强调"党的纪律"这一保障措施,还

[①] 《中共中央西北局关于〈解放日报〉工作问题的决定》(1942年9月9日),载《中国共产党新闻工作文件汇编》(上卷),新华出版社,1980年,第133—134页。

[②] 《中共中央山东分局宣传部及山东总分社关于加强新闻报道中批评与自我批评的决定》(1949年6月8日),载《中国共产党新闻工作文件汇编》(上卷),新华出版社,1980年,第343—346页。

对"县以上机关和干部"做了特别强调。

1950年4月19日,中共中央发布的《关于在报纸刊物上展开批评和自我批评的决定》,更是明确了纪委对监督对象不配合舆论监督行为的处理,《决定》指出:"批评在报纸刊物上发表后,如完全属实,被批评者应即在同一报纸刊物上声明接受并公布改正错误的结果。如有部分失实,被批评者应即在同一报纸刊物上做出实事求是的更正,而接受批评的正确部分。如被批评者拒绝表示态度,或对批评者加以打击,即应由党的纪律检查委员会予以处理。"[1]这是中央文件首次明确规定纪委对舆论监督进行配合。

中共中央1954年7月17日发布的《关于改进报纸工作的决议》,重申了党纪政纪追究监督对象责任、确保舆论监督效果的重要性,《决议》指出:"凡是对批评者施行打击报复或压制批评的,经过调查属实,不管他是什么人,不管他的职位多么高,应当受到应得的处分。"这里对监督对象的身份的限定是"不管他是什么人,不管他的职位多么高",说明中央抓舆论监督的决心和胆识;这里的"处分",自然是党纪政纪处分。《决议》还要求"各级党委的纪律检查委员会和各级政府的人民监察机关,在党委的统一领导下,应协助报纸开展批评和自我批评,并保证它的实际效果"[2]。这里有两个关键词值得注意:一是"党的统一领导",说明纪委和监察机关配合舆论监督不能自行其是,应该在党的统一领导下进行。二是"协助",这既是一种工作方式,又是一种工作态度,纪委监察机关与舆论监督合作,不能喧宾夺主,应该是有助于而不是有碍于舆论监督健康的发展,要督促监督对象达到确保舆论监督效果的作用。

自1954年以后,特别是改革开放以来,纪委对舆论监督的配合更多体现在具体的舆论监督实践中,虽然中央文件少有类似的明文规定,但是一

---

[1] 《中共中央关于在报纸刊物上展开批评和自我批评的决定》(1950年4月19日),载《中国共产党新闻工作文件汇编》(中卷),新华出版社,1980年,第5—8页。

[2] 《中共中央关于改进报纸工作的决议》(1954年7月17日),载《中国共产党新闻工作文件汇编》(中卷),新华出版社,1980年,第319—329页。

些地方党委出台专门文件进行了细化。中共海南省委2004年12月27日发布的《关于舆论监督工作的暂行规定》，作为贯彻2003年《中国共产党党内监督条例（试行）》的第一个地方性专门文件，也把党纪政纪作为确保舆论监督效果的重要手段。《规定》明确："对于党和国家机关及其工作人员干扰新闻媒体履行舆论监督职责的行为，由纪检监察机关或者主管部门按照党纪政纪有关规定严肃查处。"①

2005年6月印发的《中共浙江省委组织部舆论监督制度实施办法》②，对监督对象干扰舆论监督行为进行党纪政纪处分的情形做出了具体规定，包括："封锁消息、隐瞒事实或故意拖延推诿，拒绝接受舆论监督的"；"以行贿、说情等手段对舆论监督进行干预的"；"对新闻采编人员实施扣压证件和采访设备、限制人身自由、威胁人身安全等行为的"；"对舆论监督的信息提供者、舆论监督稿件采编者实施打击报复的"；"有其他干扰舆论监督工作行为的"。这个《办法》可以称得上是近年来约束监督对象内容最丰富的地方性文件。虽然《办法》是组织部发布的，但是党纪政纪由纪委监察部门执行，也可以看作纪委在配合舆论监督工作。

纪委配合舆论监督符合党管媒体原则

党管媒体是党的新闻宣传工作的一项重要原则，而党的各级宣传部门是这一原则的贯彻执行部门。不过，新闻宣传只是其中的一项工作，舆论监督又只是新闻宣传内容生产的一个方面，因此，宣传部门介入舆论监督通常是基于新闻宣传层面的考虑。

党的各级纪委与各级党委一样，都是由党的各级代表大会选举产生，是党的委员会机构，而不是像宣传部一样是党委的一个工作部门。宣传部配合舆论监督的路径为：党的代表大会—党委—宣传部—新闻宣传（含舆

---

① 《中共海南省委关于舆论监督工作的暂行规定》（2004年12月27日），载《海南日报》，2005年2月22日。

② 《浙江省党内监督十项制度实施办法》（2005年6月），来源：百度文库，http://wenku.baidu.com/view/29cc6c32f111f18583d05a7f.html。

论监督）。纪委配合舆论监督的路径为：党的代表大会—纪委—监督体系（含舆论监督）。纪委和宣传部对舆论监督的配合，最终都要对党的代表大会负责，在方向和目标上是一致的。而且，纪委与宣传部门相互补充，更利于舆论监督的健康发展。

纪委配合舆论监督是加强党对反腐败工作集中统一领导的需要

加强党对反腐败工作的集中统一领导，是夺取反腐败斗争压倒性胜利的重要保障。全面推进国家监察体制改革，实行作为国家监察专责机关的国家监察委与作为党内监督专责机关的纪委合署办公，为加强党对反腐败工作的集中统一领导提供了组织保障。党通过纪委和监察委来实行对反腐败工作的集中统一领导，健全党和国家监督体系是其重要一环，而舆论监督又是这个监督体系的重要组成部分，因此，纪委与舆论监督合作是顺理成章的事。

纪委配合舆论监督的必要性

有利于强化舆论监督效果

包括舆论监督在内的言论自由，是宪法赋予公民的一项基本权利，尽管舆论监督这个权利通过新闻媒体实施之后的确对监督对象形成很大的舆论压力，一定程度上有利于舆论监督报道涉及问题的解决，但是舆论监督本质上还是一种"权利监督"，而非"权力监督"。"因为新闻舆论监督的威力和作用再大，再强有力，它本身始终只能发挥'在口头上加以责备'的功能和作用，而不具有'在行动上加以纠正'的功能和作用。而且，它的'口头责备'究竟能起多大作用，最终要取决于有关权力机关的态度和作为，取决于'权力监督'能否及时跟进。"[①] 而纪委与舆论监督的合作，实现了权力监督与权利监督的有效对接，缩短了权力监督与权利监督的间距，变单一的事后"跟进"为全流程"介入"，能够强化舆论监督效果。而且，舆论监督有了纪委这把尚方宝剑，对违法违纪官员也是一种震慑。

---

① 王贵秀：《走出监督的八大误区》，载《北京日报》，2007年5月14日，第17版。

有利于舆论监督从媒体自觉到统一部署的转变

作为党和国家监督体系的重要组成部分，舆论监督在权力制约和监督中的作用要最大化，仅靠媒体自觉远远不够，还必须有来自权力层面的组织和领导，而纪委最能担当此任。媒体搞舆论监督往往是出于自身的利益逻辑和市场逻辑，不一定跟党和国家的权力监督逻辑、反腐败逻辑完全合拍，因为很多时候"新闻报道口径的变化，可能反映的是报纸市场的变化，而并非是腐败活动的实际变化"[①]。而且，媒体各自为政，单打独斗，舆论监督散乱状况在所难免，有的搞，有的不搞，有的搞得好，有的搞得差，有的正面搞，有的反面搞，甚至还会出现同一事件报道媒体之间相互"打架"的情况等。另外，无论是媒体领导，还是编辑记者，往往都会受到各方面压力、阻力的干扰，致使舆论监督效果损耗严重。若是有纪委统一部署，舆论监督中的这些状况定会有很大改变。

有利于贯通舆论监督与其他监督形成合力

监督体系的监督效果要最大化，各类监督必须相互贯通并形成合力。党内监督、国家机关监督、民主监督、司法机关监督等权力监督要贯通比较容易，而舆论监督等权利监督要与权力监督贯通则相对困难一些。在党的集中统一领导下，专责党内监督的纪委，以党内监督为基点，去贯通其他监督，没问题；若借助纪委的力量，实现舆论监督与权力监督的贯通，也没问题。如此，监督合力也就水到渠成了。

纪委配合舆论监督的可行性

纪委有参与主办舆论监督节目的成功经验

自1999年山东临沂电台最早开办《行风热线》以来，这类集舆论监督、群众监督和专业机关的监督于一身的新闻节目在全国遍地开花，离不

---

① [美]爱德华·L.格莱泽，克劳迪娅·戈尔丁：《腐败与改革——美国历史上的经验教训》，胡家勇，王兆斌译，商务印书馆，2012年，第16页。

开各级纪委的大力支持，一些地方纪委更是成为其主办单位。如湖北政风行风热线由湖北省纪委、湖北省监察厅、湖北省纠风办和湖北日报网共同主办，山东省菏泽市行风热线由菏泽市纪委、菏泽市监察局、菏泽市纠风办、菏泽市人民广播电台联合主办，浙江省义乌市政风行风热线由义乌市纪委、义乌市监察局、义乌市纠风办、义乌人民广播电台联合主办，黑龙江省大庆市行风热线由大庆市纪委监察局、大庆市纠风办与大庆人民广播电台联合主办，贵州省贵阳行风热线由贵阳市纪委、贵阳市政府纠风办、贵阳市监察局和贵阳人民广播电台联合主办，陕西省汉中市行风热线由汉中市纪委舆管办与汉中广播电视台共同主办等。

截至 2009 年上半年，我国 31 个省（区、市）、94% 的市（地）和一批有条件的县（市）开通了政风行风热线，其中 26 个省份市（地）一级的开通率达到 100%。[①] 事实表明，这种集舆论监督、群众监督和专业机关的监督于一身的监督形式效果很好，纪委监察机关也在其中积累了丰富的经验。

纪委宣传部有指导舆论监督的实践经验

中纪委宣传部自 2014 年 3 月组建以来，在反腐倡廉宣传工作方面表现不俗，其中指导舆论监督更是风生水起。据中纪委监察委网站"信息公开"栏中"组织机构"页面"内设机构及职责简介"内容显示，中纪委宣传部的职责为"组织协调党风廉政建设和反腐败宣传教育以及廉政文化建设工作；归口管理机关承担宣传教育职能的单位；负责机关的新闻事务和有关网络信息工作等"[②]。虽然中纪委宣传部职责中并没有明确提到舆论监督，但事实上，这个部门已经开始指导各级纪委宣传部运用舆论监督来加强党风廉政建设了。

2015 年 9 月，中央纪委宣传部就发出《关于加强舆论监督严防中秋国

---

① 苏万明：《我国 31 个省（区、市）全部已开通政风行风热线》，来源：中国政府网，http://www.gov.cn/jrzg/2009-06/27/content_1351966.htm。

② 《中纪委组织机构》，来源：中纪委监察委网站，http://www.ccdi.gov.cn/xxgk/zzjg/201403/t20140314_114116.html。

庆期间"四风"问题反弹的通知》,①要求各级纪委宣传部门要紧紧围绕中央纪委的工作部署,切实将"两节"期间舆论监督工作摆上重要位置,加强统筹谋划,早研究、早部署、早警示,采取有力措施,务求工作实效;要求组织本地区新闻媒体,紧盯突出问题,开展舆论监督,并对舆论监督方法提出要求;要求各级纪委宣传部门主动为新闻媒体搞好服务,协调有关部门推荐新闻线索,提供典型素材,支持配合媒体做好报道工作。应该说,这对纪委配合舆论监督是一个良好的开端。

纪委门户网站、APP客户端、微信公众号成为舆论监督的重要平台

从中央到地方各级纪委监察部门的网站、APP客户端、微信公众号等媒体,经常曝光各种违纪违规行为,事实上已经成为重要的舆论监督平台。以中纪委国家监察委网站为例,首页底部有APP客户端和微信公众号二维码,"监督曝光"页面有全国各省级纪委监察部门网站链接,"专区"中更是有"元旦春节期间违反中央八项规定精神问题监督举报曝光专区""侵害群众利益的不正之风和腐败问题监督举报曝光专区""中秋国庆期间违反中央八项规定精神问题监督举报曝光专区""五一端午期间违反中央八项规定精神问题监督举报曝光专区"等。可见,纪委在利用自身媒体平台搞舆论监督方面已经迈出了坚实的一步。

纪委创新与舆论监督的合作模式

在媒体主导的舆论监督大量遇冷的情况下,一些地方纪委也在探索与舆论监督合作模式的创新。譬如,四川省纪委就从媒体抽调记者进入省委督查组,创造了"群众监督+舆论监督+纪检监督"的合作模式。2016年5月,四川省纪委专门组建了3个省委督查组,督查组由省纪委牵头,每个组成员8到10人,每个组由1名省纪委监察厅领导带队,配备1名副组长,省纪委监察厅相关部门干部担任联络员,省级部门包括财政厅、审计厅等

---

① 《中央纪委宣传部通知要求 加强舆论监督 严防中秋国庆期间"四风"问题反弹》,载《先锋队》,2015年第27期,第4页。

专业部门派员参加。这次集中督查的一大亮点,就是抽调了6家主流媒体的6名一线记者,分别进入3个督查组,作为省委督查组工作成员。四川省纪委有关负责人对这一做法的解释是:"作为一个整体,成员来自不同部门和专业,要发挥各自优势。媒体有媒体的优势,把媒体安排进督查组,就是希望从媒体的角度、以媒体的思维,发现问题。"[1] 类似合作模式的创新,其他地方纪委也可以借鉴。

纪委配合舆论监督如何突破

推进舆论监督制度建设

舆论监督健康发展离不开制度保障,"从根本上讲,要确保舆论监督权利的实现,必须建立和完善有关法律、法规,将应有的权利变为法定的权利,并进而变成实有的权利"[2]。我国舆论监督的制度建设相对比较滞后,究其根源,在于我们过多从新闻宣传法制角度去思考,很少从权力监督法制角度去寻求突破。

舆论监督作为党和国家监督体系的重要组成部分,其制度建设理应与其他监督制度相匹配,而中纪委作为党集中统一领导反腐败工作的最高执行机构,从监督体系角度去推进舆论监督制度建设,既是监督体系建设的需要,也是舆论监督发展的需要。中纪委作为专责党内监督的党的最高机构,在执行《中国共产党党内监督条例》方面拥有权威话语,与中纪委合署办公的国家监察委作为专责监察职责的国家最高机构,在执行《中华人民共和国监察法》方面拥有权威话语,中纪委、国家监察委以这两部法规为基点去推动舆论监督制度建设,应该切实可行。

推进舆论监督与权力监督贯通

如果党和国家监督体系中的各类监督不能有效贯通,就没法形成合力,

---

[1] 曹笑:《群众监督+舆论监督+纪检监督 一寸不让 一抓到底 正风肃纪》,载《华西都市报》,2016年6月20日,第A03版。

[2] 周甲禄:《舆论监督权论》,山东人民出版社,2006年,第169页。

达不到监督体系应该达到的效果。而各类监督之间的贯通,特别是权利监督与权力监督的贯通,需要来自高层的强力推动。中纪委专责党内监督,与中纪委合署办公的国家监察委专责国家监察,两委以党内监督条例和国家监察法为基点,去推动包括舆论监督在内的各监督形式之间的贯通,本是题中之义。舆论监督若能在制度层面得到各类权力监督的充分支持,这无疑会让权利监督插上权力的翅膀,使监督效果更加优化。

加强对舆论监督统一部署

舆论监督若不能克服散、乱、差,若不能与党和国家的反腐败工作合拍,就达不到监督体系对舆论监督所要求的效果,因此,需要加强对舆论监督的统一部署。而能够按照监督体系要求对舆论监督进行统一部署的,非纪委监察委莫属。事实上,中纪委对五一、端午、国庆、中秋、元旦、春节等节日期间违反八项规定行为的集中曝光,以及由各级纪委宣传部组织的舆论监督,就可以看作纪委对舆论监督有效的统一部署。当然,这种部署应该是多方面的,只是舆论监督的"规定动作",除此之外,媒体还有"自选动作"。无论是"规定动作"还是"自选动作",舆论监督在腐败治理问题上都应该惩治和预防双管齐下。

强化舆论监督阵地建设

舆论监督只有形成强大的舆论压力,才能对监督对象产生相应的监督效果。而舆论压力的形成,得靠充分的阵地支持。可舆论监督实践中却长期存在以下问题:舆论监督类栏目时有时无,版面时多时少,重点报道、广告等不时挤占舆论监督容量,媒体领导好恶及地方党政一把手风格让舆论监督时松时紧……这些现象都不利于舆论监督的健康发展。

前些年,一些高调重视舆论监督的地方领导被媒体追捧,可是,随着这些领导职位的变化,舆论监督又从波峰回到了波谷,其中的典型代表当数山西省长治市原市委书记吕日周。吕日周主政长治时期,《长治日报》《上党晚报》分别开设了"瞭望哨"和"啄木鸟"栏目,专门进行舆论监督,在两年多时间里,以两份纸媒为主体的长治各级新闻媒体共刊发批评报道近2000篇，批评大小干部1000多人次，160余名干部去职。而吕日周2003年2月从长治市委书记升任山西省政协副主席之后，长治舆论监督逐渐减少，乃至名存实亡。[①] 这样的事实说明，领导重视舆论监督固然重要，但是舆论监督不能仅仅依靠领导重视，还必须把领导重视变成规范性、稳定性、权威性的制度保障，并把这种制度保障落实到确保舆论监督报道及播报平台的数量和质量上去。

因此，舆论监督的阵地建设需要强化，更需要有强有力制度保障的持续性强化。中纪委、国家监察委在推进舆论监督制度建设过程中，应该细化舆论监督阵地方面的相关内容，在确保系统内媒体有充分的舆论监督报道阵地的基础上，在系统外主流媒体主办或参与创办舆论监督类专版、专栏、专题，并通过相关机制引导非主流媒体保有相应的舆论监督阵地。

构建舆论监督多方测评机制

从"从严治党的高度""党和国家监督体系建设的角度"来审视，搞好舆论监督就是一种政治责任。无论是新闻媒体还是监督对象，无论是组织机构还是相关个人，他们在舆论监督问题上的所作所为都与自己的责任关联。因此，纪委监察委可以与有关部门协作，把舆论监督纳入领导干部、相关单位、新闻媒体的考核指标中，通过权威、公开的测评结果来敦促各方搞好舆论监督，对恶意干扰舆论监督的单位及个人进行问责。

纪委与宣传部如何协同配合舆论监督

联合出台：舆论监督指导文件

与各级纪委相比，各级党委宣传部接触媒体的广度和深度更甚，而且在新闻业务方面往往更专业，因此，纪委与宣传部联合出台舆论监督指导

---

① 孙春龙，张悦：《吕日周之后的长治》，载《瞭望东方周刊》，2005年第22期。

性文件,是双方协同工作的重要方面。

一些地方纪委与党委宣传部在这方面积累了较为丰富的经验,譬如,2016年5月,四川省纪委机关、四川省委宣传部就联合出台了《关于加强舆论监督持之以恒落实中央八项规定精神的实施意见》,该《意见》对舆论监督的指导可谓全面而具体。《意见》确定三类监督内容,即全省各地、各部门贯彻落实中央八项规定和省委、省政府十项规定精神的情况;在形式主义、官僚主义、享乐主义和奢靡之风等"四风"方面存在问题的情况;在脱贫攻坚等领域侵害群众利益的不正之风和腐败问题的情况。《意见》明确了开展舆论监督的指导思想和基本原则,也规定了工作程序,要求在舆论监督工作中坚持客观公正、真实准确,注意选题、注重效果,依法监督、严格纪律,坚持新闻真实性原则,深入调查研究,广泛听取意见,充分掌握材料,认真核实情况,确保信息来源可靠、报道内容真实、具体情节无误、文字表述准确,严禁道听途说、以偏概全、虚构事实。《意见》确定《四川日报》、四川广播电视台和《华西都市报》作为省级参与媒体,开辟专题专栏开展舆论监督报道工作,并明确了开辟专栏、采访报道、问题曝光、问题交办、公开回应、跟踪报道六个工作程序,为舆论监督的规范有序开展提供了有力指导。《意见》还要求各级党委(党组)要落实党风廉政建设主体责任,旗帜鲜明地支持媒体舆论监督采访活动,为采访报道提供方便;基层单位不得封锁消息、隐瞒事实、干涉舆论监督;各地各部门要建立曝光问题应急处置机制,对媒体曝光问题及时调查处理,并通过媒体公开处理结果。[①]

省级层面出台相关指导性文件的做法,既有示范意义,又有试验价值。在全省范围内的执行情况,既可以为该省进一步修改完善这一文件提供材料支撑,又可以为其他省份出台类似文件提供经验借鉴。

---

① 张立东:《我省首次出台加强舆论监督实施意见 旗帜鲜明地支持媒体舆论监督采访》,载《四川日报》,2016年5月11日,第1版。

协商纠正：微观宣传规定偏差

前面在讨论舆论监督边界问题时，我们谈到的宣传纪律边界，主要是宏观性的、原则性的规定，这些规定是刚性的，是没有商量余地的。其实，舆论监督实践中还会碰到更多微观性的宣传规定，这些规定往往出于保护地方利益、部门利益、行业利益的需要，不一定合理，甚至存在偏差，是应该纠正的。譬如，一些地方宣传部门每逢重要会议、重大年节纪念日，其间都要向下属媒体发布控制负面报道（简称"控负"）方面的相关规定，舆论监督通常都在"控负"之列，这种"控负"已经演化成了"禁负"（禁止一切负面报道）。从新闻宣传角度讲，在特定时期，为了营造一种和谐、安宁的舆论氛围，对包括舆论监督在内的负面题材报道进行控制是有必要的，但由此发展到"禁负"，搞一刀切，有碍舆论监督的健康发展，就有些矫枉过正了。

且不说把舆论监督简单归入负面报道有失偏颇，就是从解决问题的角度而言，部分问题在重要会议期间披露，或许能借助相关机构力量，更有利于问题的解决。《四川日报》舆论监督工作就发生过一起灵活处理宣传部门"控负"规定的成功案例，时值1月上旬，元旦刚过，春节临近，省"两会"即将举行，宣传部门一如既往地重申了"控负"政策。此时担负舆论监督报道的《四川日报》相关部门收到了一条线索，反映某县一镇政府长期拖欠教师工资100多万元，拖欠餐饮费及工程款900多万元，严重影响教师正常生活、正常教学及当地餐饮业，败坏了党风政风，恶化了干群关系。按往常惯例，根据这种线索采写的舆论监督报道肯定不能在这个时间段刊发。报社负责这一报道的部门负责人并没有放弃，他找到总编辑，言明利害：如果教师被拖欠的工资不能在春节前兑现，势必影响到他们过节；据悉，他们已经做好了省"两会"期间来省城上访的准备，可能会出现更大范围的不稳定情况；"两会"期间重要领导聚集，省级党报关注度高，如果这一新闻处理得好，可能更有利于问题的解决。总编辑听了汇报后，给出的处理意见是：首期报道重点涉及教师工资拖欠问题，要尽可能处理得温和些。于是，一则题为《这些钱都到哪里去了》的报道很快刊发，没有配编者按、编后，也没有配短评，但是效果非常好，300多名教师被拖欠了一年多、共计120万元的工资在报道刊发后的20日内全部兑现。当然，《四川日报》也没有因为刊发这一舆论监督报道而受到宣传部门的处罚。

《四川日报》这个案例至少可以说明："控负"不能演化成"禁负"，把舆论监督简单地当成负面报道搞一刀切，是不科学的；宣传部门的有些规定是柔性的，是可以变通处理的；应该有相应的机制和渠道，对特殊时期的舆论监督报道进行沟通与磋商。

尽管如今在舆论监督报道上进行媒体管控并非易事——毕竟，管得住本地媒体却管不住外地媒体，管得住地方媒体却管不住中央媒体，管得住传统媒体却管不住新媒体，管得住大众媒体却管不住自媒体，管得住群体传播却管不住点对点的个体传播，但是仍有一些地方宣传部门为了个人利益、地区利益、行业利益而费尽心思地炮制所谓"官方规定"，来钳制舆论监督，因此，纪委会同宣传部门纠正一些宣传规定的偏差是非常必要的。

纪委与宣传部协商纠正微观性宣传规定的偏差，应从腐败治理以及党和国家监督体系建设的高度，以中央有关文件精神为参照，着眼于服从并服务大局，为舆论监督营造宽松的制度环境。

协同处理：舆论监督新闻纠纷

舆论监督容易引发新闻纠纷，甚至是恶意诉讼，无论官司胜败，都会让媒体"伤筋动骨"。在司法上倡导简易程序的同时，如果能够让更多的新闻纠纷免于走司法程序，实行诉讼前解决，这也是在为舆论监督松绑。纪委专责党内监督，监察委专责国家监察，纪委、监察委又是党统一领导反腐败斗争的执行机构，舆论监督对象少有不属于纪委、监察委管辖的。宣传部是党管媒体的执行部门，在新闻业务方面有发言权。纪委与宣传部可以对引起新闻纠纷的舆论监督报道进行合议，事实认定部分和报道技法部分由宣传部门或宣传部门牵头组织的专家委员会做出结论，确属媒体责任的，责成媒体承担相应责任；不属于媒体责任的，由纪委责成监督对象改正错误、解决问题，涉及违纪违规问题启动纪检监察程序，涉嫌犯罪问题移送司法机关；对监督对象恶意诉讼的，纪委监察委可进行事前干预和事后调查，让那些恶意诉讼者败了官司后，还要接受组织处理。

第九章

协同创新：舆论监督不能孤军奋战

在制度反腐中，"仅有权力系统内部监督是不够的，必须加强外部监督。外部监督必须有足以制服监督对象的监督力量和机制"[①]。虽然舆论监督已经纳入制度反腐框架，其权力属性得到凸显，但是舆论监督本质上依然是体制外监督，而非体制内监督，是权利监督，而非权力监督。舆论监督作为外部监督、体制外监督和权利监督，要想拥有"足以制服监督对象的监督力量和机制"，需要通过舆论监督与权力监督之间的协同创新得以实现。

信源层面：公开才能有的放矢

信息公开与舆论监督啥关系

"在信息时代，信息就是一种权力，信息一旦被更多人掌握，更多人就会掌握权力。信息已成为民众进行权力问责的重要条件，它对于一个国家的廉政体系而言十分重要。"[②] 公权力要更好地接受公众监督，就必须进行

[①] 吴丕，袁刚，孙广厦：《政治监督学》，北京大学出版社，2007年，第44页。
[②] 袁峰：《网络反腐的政治学：模式与应用》，中央编译出版社，2012年，第47页。

信息公开。信息公开不仅是确保公民知情权、监督权的需要,而且是确保舆论监督信息源的需要。

"知情权和信息公开是舆论监督的前提条件"[①],舆论监督要监督公权力,而公权力又什么都不想让媒体和记者知道,舆论监督就没有信息源,没法正常开展,那么,新闻自由、言论自由就会沦为空谈。

政府信息公开应该坚持四大原则:

全面公开的原则

"在现代民主社会,政府机关信息公开是原则,不公开只是例外","只有三种情况下才允许例外。一是不宜于公共讨论或国民监督的,如国家机密、个人隐私权;二是公开讨论有关行政目的可能性的情况(发布逮捕令、竞争招标价格);三是公共讨论或人民监视控制可在事后进行的,如为保障行政部门内部的自由发言召开的非公开会议"[②]。

政府信息公开的全面性,既要体现在正面信息上,更要体现在负面信息上。"实行'政误'信息公开制度,将政府工作和决策中出现的错误和失误以及部分责任人相关情况在媒体上公开,是建设诚信政府、透明政府的关键步骤。"[③] 这些信息对于新闻媒体而言,或许更能发现新闻线索而开展舆论监督,从预防腐败角度进行案例剖析。

以公民需求为中心的原则

只要不是在法定"例外"原则范围内,政府信息公开都应该最大限度地满足公民需求。瑞典是世界上最早确立新闻出版自由和信息公开制度的国家,"瑞典民主最根本的两大要素就是透明度和公众有权获取官方记录","从一开始,瑞典政府就将公民的需求放在了首位,提出建立一个以'公民需求为中心'的电子政府"[④]。

---

① 周甲禄:《舆论监督权论》,山东人民出版社,2006年,第194页。
② 周甲禄:《舆论监督权论》,山东人民出版社,2006年,第194页。
③ 袁峰:《网络反腐的政治学:模式与应用》,中央编译出版社,2012年,第65页。
④ 李秀峰:《廉政体系的国际比较》,社会科学文献出版社,2007年,第154页。

方便传媒的原则

信息公开要求政府机构和媒体之间"建立一种积极开放的关系",当媒体需要信息和官方的评论时,官方都能满足其要求,这样才能"保证媒体本身的自由及其揭露腐败的自由"。① 香港廉政公署对媒体一向奉行信息开放政策,其做法是:"在不违反保密条文的原则下,尽量方便传媒,使其取得所需资料。除非你获指派专责处理传媒对某些特定事项的查询,否则传媒的一切查询,一律应交由专责这方面工作的人员处理。"②

网络公开的原则

为更好地满足公民查询政府信息的需求,很多国家都对政务信息进行数字化处理,并通过互联网来进行信息公开。随着通信技术的迅猛发展和互联网的广泛应用,美国许多州都开始使用电子通信设备来完成政务信息申报及公开工作,"不少州要求候选人使用电子通信设备如磁盘或互联网来提交报告,并将这些报告放在互联网上,供公众查阅和监督。这样做可以保证信息的准确性、及时性和开放性,并能够节省人力和物力"③。信息和通信技术(ICTs),特别是电子政务和社交媒体,还能够对关涉透明性的文化态度(cultural attitudes about transparency)产生潜在影响④,进而使信息公开成为一种自觉。因此,政府信息公开,凡是能够网络公开的,应尽可能做到网络公开。

---

① [新西兰] 杰瑞米·波普:《制约腐败——建构国家廉政体系》,清华大学公共管理学院廉政研究室译,中国方正出版社,2003年,第24页。

② [新西兰] 杰瑞米·波普:《制约腐败——建构国家廉政体系》,清华大学公共管理学院廉政研究室译,中国方正出版社,2003年,第138页。

③ 周琪,袁征:《美国的政治腐败与反腐败——对美国反腐败机制的研究》,中国社会科学出版社,2009年,第267页。

④ John C. Bertot, Paul T. Jaeger, Justin M. Grimes. *Using ICTs to create a culture of transparency: E-government and social media as openness and anti-corruption tools for societies*. Government Information Quarterly, 2010, 27(3): 264-271.

信息公开有哪些内容重点

"国际上针对反腐败,对信息公开形成了两项基本要求:其一是保证政府信息公开","其二是指对公职人员的个人财产及重大事项实行申报及公开制度"。① 应该说,这两个方面都会成为舆论监督的重要信息源。不过,相比之下,后一方面更具体,指向性更明确,更容易与腐败发生联系,更容易为舆论监督所关注。因此,推进公职人员的个人财产及重大事项实行申报及公开制度,应该成为信息公开的重点。

通过推进公职人员个人财产及重大事项申报及公开制度来制约腐败,已经成为许多国家和地区反腐败机构的共识。"在世界上许多地方的人们都普遍认为,保证公务员廉洁的很重要的工具之一是要让那些身居高位者包括其直系亲属都要定期公开他们的收入、资产和债务状况。"② 而且,"公务员财产公开制度在国际上一般被普遍认为是监督公务员伦理的重要举措,而成为美国、韩国等国家行政伦理法的重要组成部分"③。美国《政府行为道德法》规定,政府有关官员必须填写财产和收入申报单,逾期不报将被司法机构起诉,申报单由道德小公室审查,一旦发现有违法收入,立即处理,高级官员申报单可供新闻机构和公众查询。④ 新加坡规定,所有公务员都要按照规定申报个人财产,并不是像其他国家那样,只有达到一定职级的公务员才要求申报财产。⑤

官员财产申报与公开制度作为反腐败的利器,在中国国内被首次提出是1987年。1987年,时任全国人大常委会秘书长、法治工委主任的王汉

---

① 袁峰:《网络反腐的政治学:模式与应用》,中央编译出版社,2012年,第44—45页。
② [新西兰]杰瑞米·波普:《制约腐败——建构国家廉政体系》,清华大学公共管理学院廉政研究室译,中国方正出版社,2003年,第269页。
③ 李秀峰:《廉政体系的国际比较》,社会科学文献出版社,2007年,第207页。
④ 段龙飞,任建明:《香港反腐败制度体系研究》,中国方正出版社,2010年,第87页。
⑤ 张杰:《科学治理腐败论》,中国检察出版社,2012年,第141页。

斌提出:"我国对国家工作人员是否建立财产申报制度问题,需在其他有关法律中研究解决。"1988年,国务院监察部和法制局共同起草了《国家行政工作人员报告财产和收入的规定草案》。1994年,第八届全国人大常委会将《财产申报法》正式列入立法规划,虽然没有形成正式的法律,但它的直接结果是,1995年4月30日,中共中央办公厅与国务院办公厅联合印发的《关于党政机关县(处)级以上领导干部收入申报的规定》第一次明确提出对中国官员的收入实行申报,构建了我国财产申报制度的基本框架。1997年颁布了《关于领导干部报告个人重大事项的规定》,首次将亲属建房、婚丧嫁娶、经营承包等事项列入报告事项中。2001年颁布《关于省部级现职领导干部报告家庭财产的规定(试行)》,特别将省部级官员家庭财产纳入申报范围。2006年颁布《关于党员领导干部报告个人有关事项的规定》,将配偶、子女出国定居情况纳入报告范围。2010年制定《领导干部报告个人有关事项》,增加了对领导干部房产、投资等事项的监督。2017年4月,中共中央办公厅、国务院办公厅印发《领导干部报告个人有关事项规定》,增加了抽查核实的规定、明确干部受处分的影响期等内容。

在制度层面逐步推进的同时,我国官员财产申报制度在实践层面也通过试点,由点到面逐步铺开。2009年1月1日新疆阿勒泰地区率先推行官员财产公开制度的试点,2010年又有浙江、重庆、四川、湖南、湖北5省(市)8个城市展开试验,随后几年,每年都有数个省(市)试点推行官员财产申报制度。至今已有包括重庆黔江区和江北区、宁夏青铜峡市、安徽青阳县、浙江桐庐县、广东珠海横琴新区等在内的12个省(市),相继开展了官员财产公示试点工作。

应该说,无论是制度层面,还是实践层面,我国官员财产申报与公开制度都在有序推进。不过,值得注意的是,这一制度还更多停留在申报层面,在公开层面很不充分,"领导干部的财产申报年年都在进行,但除了党内专门机关之外,广大党员、更遑论社会公众,均无从知晓,更谈不上监督"①。就是试点工作中,这一问题也同样存在,"在已试点的地区,党政官员在财产申报过程中,许多仍停留在纸面的'申报'上,在'公开、监督、问责'各个环节上普遍存在着监督乏力、公示虚无、问责缺失的问题,远远没有达到广大人民群众的心理预期"②。

"财产申报只有公开才可能监督,如不予公开,至少社会监督无法进行。"③显然,我国当下的官员财产申报与公开制度还不利于社会监督,更不利于制度反腐框架下舆论监督的开展。一方面,由于腐败存量、制度设计、官员阻力、意识形态、社会生态等因素的影响,我国大范围公开领导干部财产状况还没有推行,具体什么时候推行、如何推行,还有待深入研究;另一方面,舆论监督要在制度反腐中充分发挥作用,又需要大力推进领导干部财产公开。要破解这种两难状况,可以从以下两方面寻找突破:

从试点经验中寻找突破

不可否认,目前试点地区领导干部财产公开存在诸多问题,如"公开层级上,官员级别较低,科级干部成为财产公开主要群体""公开范围上,试点公开规模较小,公开内容集中在领导干部个人""公开方式上,以内部公开为主,网络手段被很多试点摒弃""公开监督上,缺乏对官员财产申报和公开内容的严格核查""公开时序上,呈现断续和衰减趋势,试点单位存在'昙花现象'"。不过,我们应该看到这些问题都是发展中的问题,这些试点地区的财产公开与"'财产申报'的最大不同,是从'个人申报、组织监督',转向'个人申报、社会监督',通过新闻报纸、互联网等形式向社会公布官员财产,接受社会公开监督"。④应该说,试点中存在的很多问题

---

① 邓频声:《中国特色社会主义权力监督体系研究》,时事出版社,2011年,第7页。
② 徐行,杨鹏飞:《中国官员财产申报制度的实现障碍与突破路径》,载《理论与现代化》,2015年第2期,第10—14页。
③ 张杰:《科学治理腐败论》,中国检察出版社,2012年,第136页。
④ 黄卫平:《领导干部财产公开困局待解——基于全国20个试点样本的研究》,载《人民论坛》,2014年第22期,第32—35页。

是可以解决,且能够解决的。譬如,试点公开领导干部层级低的问题,除直辖市之外,我国各省、自治区范围内地、市、州、盟下辖的区、县、旗所属部门及乡、镇、街道一级领导干部都是科级,虽然级别不高,但是"权力大小不与行政级别绝对成正比,官不大,但长期扎根基层,关系网错综复杂,甚至亦可权倾一方"①,他们数量多,涉及面广,与基层群众切身利益发生直接联系,小官巨贪并不鲜见,若是能够在科级干部层面为财产公开撕开一条口子,无论是对制度探索,还是对腐败治理,都是大有裨益的。据相关资料表明,全国科级干部人数在600万人以上,对于舆论监督而言,工作量显然不小。

从有限公开中寻找突破

"财产申报的主要目的不是要对公职人员个人财产的多少进行统计与估价,更为重要的是要判断公职人员收入财产的来源是否与公共利益存在冲突。这才是必须实施公职人员财产申报公示的真正原因。"②这种"判断"应该包括三个层面的含义:其一,从判断主体角度,应该以纪检监察机构、新闻媒体等专业机构为主,虽然理论上任何公民都可以对任何官员的财产提出质疑,但是从可靠信息持有量、专业判断能力、公共资源支撑水平等因素来看,以判断官员财产合法性为入口的全民反腐很难操作。其二,从判断依据角度,应该是官员的事实财产大大超过申报财产,事实财产和申报财产均大大超过可能性财产,而涉事官员又不能说明多余财产的合法来源,这就有可能涉嫌贪腐。其三,从判断时机角度,即便是专业机构,由于人力、物力、财力等因素的限制,也不可能任何时候对任何官员的财产进行判断,只是通过抽查、群众反映、媒体报道等渠道,发现问题时才可能去做判断;即便有一天,大数据、人工智能等技术手段运用于腐败治理,计算机能够自动对官员财产合法性进行评估,专业机构的反腐败工作也只

---

① 苏永通,任咪娜,聂萌:《科级腐败已成隐患 千万级"小官巨贪"十年查处愈多》,载《南方周末》,2011年3月31日,第1版。

② 袁峰:《网络反腐的政治学:模式与应用》,中央编译出版社,2012年,第86页。

能是选择性的、渐进式的。

正是由于对官员合法性财产"判断"的这三层含义,在全面财产公开尚未实行时,我们只能从有限公开的信息中寻找突破。当然,由于没有有效手段掌握官员所有财产,加之官员财产申报利已考虑等因素的影响,完全意义上的全面公开也不存在。就官员申报财产的有限公开而言,主要是一定范围内的渠道公开和人群公开,但这并不妨碍纪检监察部门等专业反腐机构工作的有序开展。舆论监督作为制度反腐框架的重要组成部分,理应在官员财产申报的有限公开中享有一定的信息获取权,这一点应该有所突破。

法制建设如何确保信息公开

我国在政府信息公开的制度化推进方面,地方政府的探索要早于全国。2002年11月,广州市政府率先出台全国首部规范政府信息公开行为的地方政府规章《广州市政府信息公开规定》,明确"各级人民政府及其职能部门以及依法行使行政职权的组织是公开义务人,应当依法履行公开政府信息的义务","个人和组织是公开权利人,依法享有获取政府信息的权利",规定"政府信息以公开为原则,不公开为例外","任何个人或组织不得非法阻挠或限制公开义务人公开政府信息的活动以及公开权利人行使依法获取政府信息的权利"。[①] 2006年12月,"为了规范依申请公开政府信息工作,提高政府工作的透明度,保证公民、法人和其他组织依法获取政府信息",广州市出台《广州市依申请公开政府信息办法》[②]。2011年8月,《广州市人民政府政务管理办公室信息公开实施办法(试行)》出台,对政务信息公开进行细化,明确"政府信息公开遵循依法、公正、公平、

---

① 《广州市政府信息公开规定》,来源:广州市政府网站,http://www.gz.gov.cn/GZ25/2.2.6/200211/1293704.shtml。
② 《广州市依申请公开政府信息办法》,来源:广州市政府网站,http://www.gz.gov.cn/gzgov/s8263/200703/595700.shtml。

便民的原则"①。广州市政府信息公开不仅走在全国前列,而且一直在有序推进。

2003 年,全国性的"非典"事件成为我国政府信息公开工作的转折点。2004 年 3 月,国务院发布的《全面推进依法行政实施纲要》明确提出要"推进政府信息公开","除涉及国家秘密和依法受到保护的商业秘密、个人隐私的事项外,行政机关应当公开政府信息。对公开的政府信息,公众有权查阅。行政机关应当为公众查阅政府信息提供便利条件"。②2007 年 4 月,《中华人民共和国政府信息公开条例》正式出台,标志着我国政府信息公开走上了法制化的道路,为"公民、法人和其他组织依法获取政府信息"提供了法制保障。③2011 年 8 月,中共中央办公厅、国务院办公厅印发《关于深化政务公开加强政务服务的意见》,提出要"坚持保障人民群众的知情权和监督权","监督"这一词汇出现了 23 次,并明确指示要充分发挥"新闻媒体的监督作用";同时,还指出要"研究建立党务公开、政务公开、司法公开、厂务公开、村务公开和公共企事业单位办事公开有机结合的制度规范,使之相互促进、协调运转"。④2016 年 2 月,中共中央办公厅、国务院办公厅印发《关于全面推进政务公开工作的意见》,提出要"保障人民群众知情权、参与权、表达权、监督权",较之前增加了参与权和表达权,再次重申要充分发挥"新闻媒体对政务公开工作的监督作用"。⑤2017 年 12 月,《中国共产党党务公开条例》正式施行,其中,"坚持积极稳妥"的党务公开原则要求"注重党务公开与政务公开等的衔接联动,统筹各层级、各领

---

① 《广州市人民政府政务管理办公室信息公开实施办法(试行)》,来源:广州市政府政务管理办公室网站,http://www.gzzwb.gov.cn/gzszwb/220/201505/d2ff934b642e469195aaae2b3ed252b5.shtml。
② 《全面推进依法行政实施纲要》,载《中华人民共和国反腐败和廉政建设法规制度全书》,中国法制出版社,2011 年,第 331—338 页。
③ 《中华人民共和国政府信息公开条例》,载《中华人民共和国反腐败和廉政建设法规制度全书》,中国法制出版社,2011 年,第 260—264 页。
④ 《关于深化政务公开加强政务服务的意见》,中国方正出版社,2011 年。
⑤ 《关于全面推进政务公开工作的意见》(2016 年),载《人民日报》,2016 年 2 月 18 日,第 6 版。

域党务公开工作,一般先党内后党外,分类实施,务求实效"。① 作为党务公开领域的首部基础主干法规,《条例》为做好党务公开工作提供了基本遵循,有利于推进党务公开工作制度化、规范化、程序化。从《中华人民共和国政府信息公开条例》到《中国共产党党务公开条例》,我国政府信息公开和党务信息公开都已经步入法制化轨道。

不过,对于我国的信息公开,无论是制度层面,还是实践层面,仍然存在不少批评意见。就制度层面而言,代表性意见认为:"我国信息公开制度首先存在的问题是,作为信息公开制度最重要法律依据的《政府信息公开条例》层级较低,仅是行政法规,没有上升到国家立法的层面。而且,《政府信息公开条例》就其内容来说,也存在颇多与《保密法》《档案法》等法律法规不能衔接之处。"② 而解决途径,则主张通过立法,用法律来替代行政法规,"根本解决信息公开的问题有赖于制定全国统一的《信息公开法》,要求各级党委、政府除涉及国家安全、商业秘密、个人隐私等必须保密的事项外,其他所有政务信息必须予以公开"③。但这一思路又陷入一个怪圈,似乎信息公开的制度问题都可以归结为立法问题,立法滞后使这些问题的存在变得理所当然。对此,有人提出不同的意见,认为"只要是依法出台的行政法规,在其适用范围内的效力与法律是一样的",行政法规一般不能涉及立法机关、司法机关的公开,这两类公开"在其他出台了信息公开法的国家,一般也不在信息公开法中进行调整,而是在立法机关议事规则、诉讼程序法等其他法律中做出规定";"《保密法》《档案法》和《政府信息公开条例》各自调整不同的法律关系,因而不适用'上位法优于下位法'的规则","法律位阶的主张,实际上是个伪命题"。④ 因此,不可把

---

① 《中国共产党党务公开条例(试行)》,载《人民日报》,2017 年 12 月 26 日,第 2 版。
② 张杰:《科学治理腐败论》,中国检察出版社,2012 年,第 116 页。
③ 陈国权:《权力制约监督论》,浙江大学出版社,2003 年,第 140 页。
④ 后向东:《论我国政府信息公开制度变革中的若干重大关系》,载《中国行政管理》,2017 年第 7 期,第 10—17 页。

信息公开立法工作与信息公开存在的问题简单挂钩，应该从现有政策法规中寻找突破口。

就实践层面而言，我国政府信息公开主要问题有：主动公开层面，存在"个别事项范围内信息主动公开力度不足""政府信息公开不主动、不全面""政府数据开放程度较低"等问题；依申请公开层面，存在"政府部门对信息公开申请的答复不充分、不及时""对于不公开信息的决定，拒绝提供理由或提供的理由不合法、不规范"等问题；信息公开渠道层面，存在"政府信息公开网站中信息的数量及质量有待提升""信息公开网站的咨询服务功能需进一步加强""网络技术投入的有限导致信息公开受阻"等问题。[①]应该说，这些问题都是可以解决且能够解决的；而且，相当一部分问题不属于制度层面问题，而是操作层面的问题，应该通过强化责任、简化流程、更新技术等手段来解决；少部分问题属于制度层面问题，也是可以通过制度改进与创新来完成的。

通过以上分析，在解决信息公开问题上，我们应该达成以下几点共识。

其一，法制是解决信息公开存在问题的有力保障，无论是制度层面的问题，还是实践层面的问题，都应该从法制角度进行思考。这里的法制不只是法律，还包括各种行政法规、规章及制度等。

其二，不可简单纠缠于信息公开立法。信息公开立法对于解决信息公开存在的问题固然重要，但是立法受多种因素影响，并非一朝一夕之事。把信息公开存在问题简单归咎于立法工作的滞后，是不可取的。

其三，着眼于制度创新来弥补立法的不足。与立法工作相比，制度创新更容易，在信息公开立法工作短期难以突破的情况下，我们应该着眼并着力于制度创新，特别是部门性、地方性、行业性的制度创新，来解决信息公开存在的问题。这种制度创新，既包括对现有相关制度的修订，也包

---

① 王敬波，李帅：《我国政府信息公开的问题、对策与前瞻》，载《行政法学研究》，2017年第2期，第77—93页。

括新出台相关制度。

其四，法制的贯彻执行很重要。在依法治国问题上，很多时候，我们遇到的不是"无法可依"，而是"有法不依""执法不严""违法不究"，或者"违法轻究"。无论是政府信息公开，还是党务公开，现有政策法规都是有章可循的，主要问题出在执行上。而执行的问题，除了这些政策法规实施细则不够具体等客观原因外，更多是执行者主观方面的原因，而这两方面问题都可以在现有制度框架下解决。譬如，"政府信息公开不主动、不全面"的问题，在政府信息公开条例实施细则中应该有依法公开的信息清单，以及这些信息公开的时限、渠道等具体细节，公民个人及组织可以监督，有关部门也可以问责。

权力监督如何推进信息公开

信息公开搞得好不好，除了信息公开义务主体的责任、自觉及自律，还需要信息公开权利主体的监督，更需要来自权力机关的监督。《中华人民共和国政府信息公开条例》第三十条规定："政府信息公开工作主管部门和监察机关负责对行政机关政府信息公开的实施情况进行监督检查。"[1] 作为政府信息公开的最高行政法规，该《条例》明确了监察机关在信息公开监督检查中的职能，指出特别是在国家监察体制改革后，监察委职能的强化势必对推进信息公开更加有利。《中国共产党党务公开条例（试行）》第二十二条规定："党的组织应当建立健全党务公开工作督查机制，开展经常性检查和专项督查，专项督查可以与党风廉政建设责任制检查考核、党建工作考核等相结合。"[2] 作为党务公开的最高党内法规，这个《条例》把党务公开的督查提高到"党风廉政建设责任制检查考核"和"党建工作考核"的高度，足见中央对党务公开工作的重视程度。因此，在信息公开推进中

---

[1] 《中华人民共和国政府信息公开条例》，载《中华人民共和国反腐败和廉政建设法规制度全书》，中国法制出版社，2011年，第260—264页。

[2] 《中国共产党党务公开条例（试行）》，载《人民日报》，2017年12月26日，第2版。

强化权力监督的作用,既是党和政府的要求,也是信息公开工作的要求。

依法主动公开中的权力监督

信息公开的目的是广泛接受监督,而公开行为本身也应纳入监督。信息公开执行情况如何,最有发言权的应该是信息公开工作主管部门及相关监督部门。一方面,这两类部门有权决定信息公开的内容、方式、渠道、时限、范围等,从"正面"规范信息公开行为。清单式管理是公共管理领域盛行的一种管理模式,鉴于"公开为常态,不公开为例外"是信息公开的基本原则,因此,信息公开中"负面清单"的拟定是非常必要的。中共中央办公厅、国务院办公厅2016年2月印发的《关于全面推进政务公开工作的意见》,把"建立政务公开负面清单"作为"提升政务公开能力"的一项具体措施,要求信息公开义务主体要"依法积极稳妥制定政务公开负面清单,细化明确不予公开范围,对公开后危及国家安全、经济安全、公共安全、社会稳定等方面的事项纳入负面清单管理,及时进行调整更新"。[①]原则上,负面清单外的事项都要依法依规予以公开。可是,由于负面清单涉及安全、稳定等因素,负面清单不宜公开,这样一来,社会公众就不明白哪些是"负面清单外的事项",就会影响到信息公开的整体效果。那么,在拟定负面清单的同时,拟定正面清单也是非常必要的,哪些信息应该公开、如何公开等都可纳入正面清单里。负面清单可以内部掌握,正面清单必须向社会公开,便于广泛接受监督。另一方面,信息公开工作主管部门及相关监督部门有权组织力量对信息公开状况进行科学评估,并依法依规对信息公开中的不良行为进行惩戒,从"反面"矫正信息公开的行为。

依法申请公开中的权力监督

政府信息量大而广,涉及社会生产生活各个方面,其中有相当一部分信息只涉及部分人和事,只对特定的公民、法人和其他组织从事生产、安排生活、开展科研等活动具有特殊的作用。为了保证公民、法人或者其他

[①] 《关于全面推进政务公开工作的意见》(2016年),载《人民日报》,2016年2月18日,第6版。

组织获取所需要的政府信息,《中华人民共和国政府信息公开条例》第十三条规定,除行政机关主动公开的政府信息外,"公民、法人或者其他组织还可以根据自身生产、生活、科研等特殊需要,向国务院部门、地方各级人民政府及县级以上地方人民政府部门申请获取相关政府信息"[1]。可是,由于信息不对称等因素的影响,信息公开义务主体完全可能以不宜公开等各种理由对信息公开权利主体的要求不予满足,这样,义务主体和权利主体之间的矛盾在所难免。那么,这个时候,信息公开工作主管部门及相关监督部门就应该站在"裁判"的立场:一方面,督促信息公开义务主体对适合依申请公开的信息进行公开,满足信息公开权利主体的要求。另一方面,对不适合依申请公开的信息,督促信息公开义务主体对信息公开权利主体做出合理的解释。

依法追究责任中的权力监督

强化信息公开工作义务主体的责任追究,是确保信息公开效果的重要措施。2008年4月国务院办公厅印发的《国务院办公厅关于施行〈中华人民共和国政府信息公开条例〉若干问题的意见》,在谈及"监督保障问题"时,明确指出:"公民、法人或者其他组织认为行政机关不依法履行政府信息公开义务的,可向本级监察机关、政府信息公开工作主管部门举报;对本级监察机关和政府信息公开工作主管部门的处理不满意的,可向上一级业务主管部门、监察机关或者政府信息公开工作主管部门举报。"[2] 显然,作为专责国家监察职责的监察机关是依法追究信息公开义务主体责任的重要部门。2016年11月国务院办公厅印发的《关于〈全面推进政务公开工作的意见〉实施细则》,明确要通过"强化考核问责机制"对政务公开工作进行责任追究,要求"对重要信息不发布、重大政策不解读、热点回应不及

---

[1] 《中华人民共和国政府信息公开条例》,载《中华人民共和国反腐败和廉政建设法规制度全书》,中国法制出版社,2011年,第260—264页。

[2] 《国务院办公厅关于施行〈中华人民共和国政府信息公开条例〉若干问题的意见》,载《中华人民共和国反腐败和廉政建设法规制度全书》,中国法制出版社,2011年,第264—266页。

时的，要严肃批评、公开通报；对弄虚作假、隐瞒实情、欺骗公众，造成严重社会影响的，要依纪依法追究相关单位和人员责任"①。对于信息公开中的责任追究，许多地方都出台了专门性文件，如《安徽省政府信息公开工作责任追究暂行办法》②《甘肃省政府信息公开工作责任追究暂行办法》③《四川省政府信息公开过错责任追究办法》④等，都对信息公开义务主体的过错责任追究做出了具体规定，并明确了监察机关等在其中的职责。应该说，地方政府积极出台专门性办法强化对信息公开义务主体责任追究，是值得肯定的。不过，国家层面专门性问责条例及实施细则的缺失，是一个值得注意的问题。因此，在地方层面积极探索的同时，"国家层面也应该及时出台此类规定，对信息不公开者或者不愿公开者，高举问责利剑，让违规者受到严厉处罚，为信息公开提供制度护航，让法律法规成为积极公开的推进剂"⑤。当然，在强化信息公开责任追究制度建设的同时，更应该强化责任追究的力度，让信息公开义务主体切实履行义务，不能犯错、不敢犯错，确保信息公开效果。

实效层面：舆论监督需要权力靠山

即便是舆论监督被纳入制度反腐框架，它本质上依然是一种权利监督，

---

① 《关于〈全面推进政务公开工作的意见〉实施细则》（国办发〔2016〕80号），载《中国应急管理》，2016年第11期，第30—33页。
② 《安徽省政府信息公开工作责任追究暂行办法》，来源：安徽省政府网站，http://www.ah.gov.cn/userdata/dochtml/731/2011/1/25/3056607941649.html。
③ 《甘肃省政府信息公开工作责任追究暂行办法》，来源：甘肃省政府网站，http://www.gansu.gov.cn/art/2013/9/26/art_4805_249873.html。
④ 《四川省政府信息公开过错责任追究办法》，来源：四川省政府网站，http://www.sc.gov.cn/10954/11063/2011/3/21/10154460.shtml。
⑤ 耿银平：《出台信息公开过错追究制势在必行》，载《中国商报》，2013年8月23日，第2版。

一种不具强制性的软性监督,"不能决定问题是否会被纳入调查处理渠道,更不能从根本上左右问题查处的方向和结果",舆论监督能否正常开展,舆论监督能否产生实效,跟权力监督的配合至关重要。因此,舆论监督真正能够产生实效,"就必须具备一个前提:体制内公检法等权力部门不能袖手旁观,更不能'助纣为虐',而要切实发挥作用,担当维护公平正义、惩治权力滥用的重任。如果公权力一屁股坐到了违法乱纪、为非作歹一方的利益一边,光靠舆论监督单打独斗,显然不能形成真正的威慑与致命的打击"[1]。从舆论监督实效层面,权力监督与舆论监督的协同创新可以从以下三方面入手。

权力监督如何保障舆论监督

法律保障机制

毋庸置疑,权力监督对舆论监督最有力的、最根本的保障,莫过于法律保障。这种法律保障既包括立法层面,又包括司法层面。就立法层面而言,动辄把舆论监督法律保障不力归结到没有出台专门的《新闻法》这一问题上,是不可取的。立法层面的问题,既需要我们从已有法律法规的相关规定中寻找突破,通过实施细则等让这些规定更具操作性,又需要在立法思路上大胆突破,"在专门的新闻法出台之前,由地方党委和政府制定相关的行政措施为舆论监督保驾护航,不失为一种权宜之计"[2]。这些法规无论以什么形式出现,其内容都应该包括"保护新闻媒介的采权访、报道权、批评权和评论权不受侵犯;对地方保护、阻挠采访等阻碍舆论监督工作正常开展的行为提供予以惩处的法律依据;对正当的舆论监督与不属于舆论监督范围的侵权违法行为做出明确的界定;对打击和陷害依法实施舆论监督的新闻工作者的行为做出法律制裁的规

---

[1] 卢荻秋:《围观的力量并非如此神奇》,载《中国青年报》,2010年12月28日,第12版。
[2] 丁和根:《论新闻舆论监督保障机制的建立》,载《新闻知识》,2002年第3期,第10—11页。

定"①。应该说，这些年来不少地方在舆论监督法制建设方面都进行过一些有益的探索，可是，舆论监督环境仍旧不容乐观，特别是公权力暴力阻扰舆论监督的情况时有发生，这一定程度上"与记者权益保护的规章软弱、法律缺位不无关系"，这些制度"过于原则化，尚无具体明确的惩罚措施，缺乏最基本的威慑力"。②而且，这些制度"缺乏实质性内容和可操作手段，也没有刚性的实施尺度和检验标准"。因此，"亟须从落实宪法和推动国家立法的层面，以更高阶位、更高规格的法律体系，全面保障媒体采访报道和舆论监督的权利"③。

就司法层面而言，关涉舆论监督方面的有法不依、执法不严、违法不究等情况，是值得重视的。当我们为甚嚣尘上的网络反腐叫好的同时，"那些已经写入法律文本、被制度化的渠道，越来越乏力，更是需要警惕的"，"正是那些挂在墙上、写在法律文本中的制度沟通渠道长期不给力，才客观上逼出了互联网的'反腐神奇'"，这种制度化的渠道不通畅，"很多就源于权力执掌部门的慵懒、不作为和乱作为"。④而惩处权力执掌部门这种慵懒、不作为和乱作为等行为最有效的手段，还是纪检监察机关等部门的权力监督。在司法层面有法必依、违法必究、执法必严的同时，还应该对舆论监督进行必要的宽容和保护，"尤其是现在，在专门的新闻法还没有'浮出水面'的情况下，在司法过程中对新闻舆论监督实行有意识的保护是非常必要的"⑤。美国最高法院 1964 年审理《纽约时报》诉沙利文案（New York Times Co. v. Sullivan）时确立的、至今仍在沿用的实际恶意原则

---

① 邹军：《从"反舆论监督"看舆论监督保障机制的构建》，载《新闻通讯》，2000 年第 7 期，第 47—49 页。
② 姜洪：《记者权益呼唤法律切实保护》，载《检察日报》，2017 年 12 月 7 日，第 4 版。
③ 新京报社论：《暴力阻挠舆论监督，应严肃惩处》，载《新京报》，2011 年 5 月 19 日，第 A02 版。
④ 南都社论：《互联网的"反腐神奇"更需制度保障》，载《南方都市报》，2010 年 11 月 21 日，第 A02 版。
⑤ 丁和根：《论新闻舆论监督保障机制的建立》，载《新闻知识》，2002 年第 3 期，第 10—11 页。

（Actual malice），有效保护了舆论监督和公众知晓权。实际恶意原则规范了政府官员，或政治人物，只有在他们举证并证实新闻媒体具有"实际恶意"的前提下，才能对新闻媒体的报道提出诽谤诉讼。这种司法层面对舆论监督的宽容与保护，值得我们借鉴。

责任追究机制

在法律保障机制为舆论监督创造宽松外部条件而从"正面"提供保障的同时，责任追究机制为舆论监督排除干扰从"反面"提供保障也是非常必要的。一般来讲，公权力对舆论监督的干扰主要有两个方面：一是来自舆论监督对象的"直接干扰"。由于舆论监督触动了监督对象的利益，舆论监督报道进行中或刊发后，监督对象对舆论监督记者竭力阻拦和威胁，或是当地黑恶势力出面进行恐吓、打击报复等。二是来自公权力不作为、乱作为的"间接干扰"。一些地方的公安机关等公权力机构，往往打着舆论监督损害地方利益的幌子，不时充当舆论监督对象的"打手"，利用手中权力对舆论监督记者肆意抓捕。很多时候，违法乱纪现象在舆论监督面前毫发无损、岿然不动，并不是舆论监督没有尽到自己的责任与义务，"公权力部门在惩治腐败和违法乱纪现象中的袖手旁观、敷衍塞责、不作为甚至'反作为'，才是问题的根本所在"[①]。前一方面的干扰由来已久，后一方面的干扰近年来也愈演愈烈，"警察抓记者"更是成了搜索引擎中的热词。一些地方公权力面对舆论监督时被滥用，除了这些机构及相关负责人法治意识淡薄外，他们往往"碍于某些掌权者的面子不惜铤而走险、一错再错、最终导致局面难以收拾，是不可忽视的重要因素"[②]。

本应为舆论监督提供有力保障的公权力站在了舆论监督的对立面，不仅不利于舆论监督工作的正常开展，更不利于反腐败工作的深入推进。因此，全面建立舆论监督的责任追究机制是非常必要的。一方面，建立监督

---

① 卢荻秋：《围观的力量并非如此神奇》，载《中国青年报》，2010年12月28日，第12版。
② 陈宝成：《保证舆论监督才能助推法治建设》，来源：财新网，http://opinion.caixin.com/2015-10-17/100864018.html。

对象在舆论监督问题上的责任追究机制,"追究阻挠媒体采访、侵害媒体记者财产权、人身权的个人和领导的责任,由其承担民事责任、行政责任;情节严重的追究其刑事责任;构成国家赔偿的,由单位承担赔偿责任;对于存在故意和重大过失的个人应当予以追偿"。另一方面,建立舆论监督中公权力不作为、乱作为的责任追究机制,"要依法惩处各种干扰、阻碍舆论监督的行为,对那些对舆论监督保障不力,对暴力威胁、侵害舆论监督的行为采取旁观、默许甚而纵容态度的有关部门,也要依法、依规严格问责"①。只有通过责任追究机制增加舆论监督中违法者的违法成本,才能确保舆论监督产生实效。

权力监督如何救助舆论监督

无论法律保障机制和责任追究机制多么健全,也无论这两个机制执行得多么有力,在舆论监督问题上,胆敢以身试法者总是会有的。无论监督对象及公权力对舆论监督的干扰或强或弱,或隐或显,都会对舆论监督记者造成直接伤害,影响到舆论监督及腐败治理。因此,在强化保障机制的同时,建立舆论监督的救助机制也是十分重要的。

有专业律师在谈及"记者遇到人身伤害怎么办"这一问题时,提出了保护记者权益的五条救济途径:"途径之一,遇到人身伤害的情况,应尽快拨打110报警,寻求公安部门的帮助""途径之二,依靠本单位,寻求组织帮助""途径之三,向各级记协反映,寻求行业协会帮助""途径之四,发挥专业律师的作用,寻求法律帮助""途径之五,提起诉讼,寻求司法救助"。②

其实,很多时候对记者人身伤害的施害者就是公权力被滥用的公安部门,拨打110报警寻求帮助的效果可想而知。而行业协会本身就不具备强

---

① 张运鸿:《政府信息公开与新闻舆论监督》,载《中国报业》,2011年第8期,第13—14页。
② 任丽颖:《专业律师看记者权利保护的途径选择》,载《中国记者》,2012年第7期,第46—47页。

制约束力，对公权力的影响更是微乎其微。至于专业律师及提起诉讼，也只是伤害发生之后的一种补救性措施，且未必有效。而要建立切实可行的舆论监督救助机制，还应该在媒体自身努力的基础上，依靠权力监督的介入。

当舆论监督记者采访过程中遭遇来自监督对象的危险时，媒体应有"快速响应和救助机制"，"对于记者采访某一新闻线索可能遭遇的危险，部门负责人应有所预料，并吩咐记者采取必要的防范措施；部门负责人随时保持跟外出记者的联系，当派出记者较长时间跟媒体失去联系时，媒体应主动跟有关方面沟通，必要时可向公安机关报案。当涉险记者向媒体汇报情况时，媒体应快速响应，尽快对记者实施救助"。①

在媒体自身建立舆论监督救助机制的基础上，权力监督对舆论监督的救助机制可以从以下几方面入手：

牵头单位应该是纪委监察委

纪委专责党内监督职能，《中国共产党党内监督条例》规定，"党内监督没有禁区、没有例外"，"党内监督的重点对象是党的领导机关和领导干部特别是主要领导干部"。② 而党内监督的重点对象，也是舆论监督的重点对象。监察委专责国家监察职能，《中华人民共和国监察法》规定，"监察委员会依照法律规定独立行使监察权，不受行政机关、社会团体和个人的干涉"，监察机关进行监察的公职人员和有关人员包括："中国共产党机关、人民代表大会及其常务委员会机关、人民政府、监察委员会、人民法院、人民检察院、中国人民政治协商会议各级委员会机关、民主党派机关和工商业联合会机关的公务员，以及参照《中华人民共和国公务员法》管理的人员""法律、法规授权或者受国家机关依法委托管理公共事务的组织中从事公务的人员""国有企业管理人员""公办的教育、科研、文化、医

---

① 张春林：《论新闻舆论监督的机制创新》，载《重庆大学学报》（社会科学版），2010年第5期，第116—121页。
② 《中国共产党党内监督条例》（2016年10月27日），载《人民日报》，2016年11月3日，第6版。

疗卫生、体育等单位中从事管理的人员""基层群众性自治组织中从事管理的人员""其他依法履行公职的人员"。① 可以说，监察委的监察职能对公权力进行了全覆盖。毫无疑问，纪委监察委是所有权力监督形式中最权威、最有效的监督，加之纪委监察委合署办公，为党内监督和国家监察形成合力创造了条件，也为党的十九大报告提出的"把党内监督同国家机关监督、民主监督、司法监督、群众监督、舆论监督贯通起来"创造了条件。舆论监督作为党和国家监督体系的重要组成部分，纪委监察委牵头对舆论监督实施救助也是顺理成章的事情。

基于刚性要求的制度创新

在国家层面立法和新闻传播专门立法推进缓慢的情况下，有关部门应"创制同新闻舆论监督相关的法律文件"，"为新闻传媒有效开展新闻舆论监督提供法律支持和行政支持"，"对新闻舆论监督行为进行约束、保护和救助"。② 这些法律文件应该有保护记者人身权方面明确、具体的要求，以及对施害者的刚性惩罚措施。

权力监督机关与新闻媒体之间的良性互动

以纪委监察委为代表的权力监督机关，应该建立与新闻媒体沟通机制，既有专门负责与新闻媒体进行经常性沟通的部门、人员、方式等，又有突发紧急情况实时沟通的渠道；既围绕权力监督与舆论监督之间的贯通机制和监督合力探讨，又能对舆论监督记者实施及时救助。

总之，当舆论监督记者人身权受到来自公权力的伤害时，新闻媒体能够第一时间知晓并向权力监督机关求助，权力监督机关能够第一时间实施救助，施害者能够依法受到严惩，这对舆论监督及制度反腐都至关重要。

---

① 《中华人民共和国监察法》，中国法制出版社，2018年。
② 童兵：《新闻舆论监督的管理及其完善》，载《新闻爱好者》（理论版），2008年第7期，第17—19页。

权力监督如何督办舆论监督

基于互联网的平台整合

一般来说，相当一部分舆论监督对象自觉意识比较强，不需要舆论监督督办机构的督办，就能解决舆论监督曝光问题，这类舆论监督效果实现与反馈的路径为：舆论监督媒体↔舆论监督对象。也有很大一部分舆论监督对象自觉意识比较差，往往对舆论监督不理不睬，需要舆论监督督办机构的督办，才能解决舆论监督曝光问题，这类舆论监督效果实现与反馈的路径为：舆论监督媒体↔舆论监督督办机构↔舆论监督对象。这样，舆论监督督办机构就同时面临着与舆论监督媒体和舆论监督对象两者的双向沟通，单条舆论监督报道尚且如此，而舆论监督督办机构所面对的舆论监督报道数量、媒体种类及数量、监督对象数量都可能较多，靠传统的处理方式，效率不高，效果不好。因此，构建基于互联网的舆论监督督办平台，对相关平台进行整合就很有必要。

在线舆论监督督办平台可以整合的平台主要包括两类：一类是在线媒体监督平台，包括报纸、广播、电视、网站等各类媒体，媒体能够通过督办平台向督办机构报送舆论监督信息，督办机构能够通过督办平台了解舆论监督情况并回馈督办信息；另一类是在线政务监督平台，督办机构可以通过督办平台对舆论监督对象涉及问题直接督办，或者责成其主管部门进行督办，并按督办路径反馈办理情况。

考虑舆论监督督办力度及统一协调指挥等因素，在线舆论监督督办平台最好由纪委监察委主办，相关部门及相关媒体协办。鉴于我国舆论监督涉及问题分布主要在区县及以下层面，舆论监督能力媒体分布主要在地市级以上层面，因此，创办在线舆论监督督办平台可先在地市级层面试点，条件成熟时，再考虑建立省级、国家级督办平台。随着移动互联网的普及，在线舆论监督督办平台，除了搭建基于PC端用户的网站，还应该着力搭建基于移动端用户的微博、微信、APP等平台。

为加强第三方对政府部门履职尽责情况的监督，武汉市全媒体监督督办平台[①]可谓是整合多个平台、多方资源的成功案例，这个平台由武汉市纪检监察部门运用"互联网+"思维加以打造。该平台整合了武汉电视台"电视问政"栏目、《长江日报》"每周一问"栏目、武汉电台"行风连线"节目、长江网"武汉民意通"网络问政，建立起报纸、电视、电台、网络"四位一体"的全媒体监督机制。该平台设置了电视问政、每周一问、行风连线、网络问政四个互动专区，分别由相对应的媒体负责对其曝光问题进行录入，并对政府部门办理反馈情况进行评价。其他相关媒体和微信、微博等曝光的问题也可纳入统一的媒体监督督办平台，武汉市纠风办将根据具体情况设置相应互动专区。市民群众也可通过该平台"我要咨询""我要投诉""我要建议"等栏目直接提交对有关部门履职尽责方面问题的投诉和咨询建议等。该平台还设有武汉市各区政府、市政府各部门、辖区公共服务企业等机构的相关链接，反映问题和解决回馈的路径一目了然。该平台还设立了"满意度排行""回复率排行""红黑榜"等栏目，对相关部门的履职情况和督办情况进行评价和展示。特别值得注意的是，该平台所用域名"http://qmt.whdi.gov.cn"是武汉市纪委监察委网站域名"http://www.whdi.gov.cn"的二级域名，而且在武汉市纪委监察委网站主页上也有武汉市全媒体监督督办平台的相应链接，这样，督办平台既相对独立，又与纪委监察委网站紧密联系。毋庸讳言，武汉市纪委监察委通过全媒体监督督办平台来强化舆论监督督办的做法，值得学习和推广。

基于规范化的流程创新

权力监督有效督办舆论监督，是制度反腐框架下，形成监督合力的一种重要方式，这种方式要常态化、长期化、制度化，还必须有规范化的操作流程。通常情况下，权力监督对舆论监督的督办有六道程序。程序1：通报与监测。舆论监督媒体在舆论监督报道刊发后，应第一时间向监督对象

---

① 武汉全媒体监督督办平台，http://qmt.whdi.gov.cn/。

及主管部门、相关权力监督机构通报，既要通报舆论监督涉及问题，又要通报监督对象对待舆论监督采访的情况。通报相对比较被动，社交媒体及高层级媒体往往因为不在管辖范围而不会主动通报舆论监督情况，这就要求权力监督机构要善于利用舆情监测系统实时监测舆论监督情况，主动出击，第一时间启动舆论监督督办程序。程序2：回应。无论舆论监督是否存在问题，监督对象、主管部门、督办机构都应该第一时间公开回应，这表明舆论监督报道已经进入处理流程，有利于稳住社会舆论，掌握话语主动权。程序3：甄别。对舆论监督无原则照单全收，也是不负责任的，督办机构等应该对舆论监督涉及问题和舆论监督报道本身进行甄别，有异议的与相关媒体及记者沟通协商，对相关问题采取合适的方式予以纠正，无论是否存在异议，都应该把舆论监督涉及问题部分尽快纳入下一程序。程序4：解决处理。解决问题是最能体现舆论监督效果的重要指标，督办机构应该督促监督对象尽快解决问题，即便涉及问题一时难以解决，也要督促监督对象尽快启动解决方案，以回应公众关切。程序5：责任追究。任何舆论监督报道所涉及的问题，必定与相关部门及人员的责任产生关联，责任追究既能凸显舆论监督效果，又能彰显督办机构职能，还能推动党风政风转变。因此，在解决问题的基础上，依法依规追究相关机构及人员责任是必要的。程序6：公开。阳光是最好的防腐剂，将舆论监督督办情况公开，不仅能够让监督对象再次感受舆论压力以强化监督效果，还对其他可能存在类似问题的机构及人员具有震慑效果；适合通过媒体公开的，尽量通过媒体公开，适合在督办平台公开的，尽量在平台公开，适合于内部渠道公开的，也要做好内部公开。

程序的规范化需要相应的制度来保障，为保障全媒体监督督办平台的规范化运行，武汉市政府纠正行业不正之风办公室专门出台了《武汉全媒体监督督办平台管理暂行办法》[①]，对办件受理、分转和反馈、评价与考评、

---

① 武汉市政府纠风办：《武汉全媒体监督督办平台管理暂行办法》，来源：武汉全媒体监督督办平台，http://qmt.whdi.gov.cn/subject/management/text/67.htm。

责任追究等，都做出了具体规定。而且，很多规定都是刚性的，如办理时限要求：一般性问题1个工作日之内给予回应，10个工作日内完成调查处理工作；对社会影响较大、关注度较高的问题，应在曝光后第一时间对外回应，5个工作日内完成初步调查。

基于多主体的权力归拢

舆论监督督办主体，可以是监督对象所在单位领导及内部纪检监察部门，也可以是当地党政领导、上级主管部门，更可以是纪委监察委，总之，凡是能够直接或间接给监督对象施加压力的组织机构及个人，都可能成为舆论监督督办主体。不过，无论是从监督合力形成的角度，还是从监督体系一领导和指挥的角度来看，舆论监督督办的多个主体都应该归拢到纪委监察委这条线，并由各级纪委监察委为舆论监督的督办提供最有力、最有效的支持。

基于问责制的考核评估

"问责制为责任政府提供了制度基础，适应了中国政府不断强调公共行政的法制化建设的需要，从制度层面回应了国内逐渐兴起的以公民参与为主体、以媒体介入为特点的社会问责和各类安全、卫生等突发事件所带来的责任追究的政治诉求，从而为责任政府的建设提供了制度保障。"[1] 舆论监督所暴露的问题本身就与有关部门及个人的责任有关，而有效解决这些问题更是与其责任关联，因此，督办舆论监督问题上推行问责制是必要的。事实上，一些地方在推进舆论监督制度建设方面已经进行了有益的探索。珠海市2012年出台的《关于对媒体曝光问题的督办和问责办法》[2]，就把问责作为强化舆论监督督办效果的制度保障。《办法》规定，纳入督办范围的问题必须做到"件件有落实，事事有回音"，将加大问责力度的行为有以下几类：经直办督办后仍未抓好工作落实的；行动迟缓、处理不及时，造

---

[1] 陈国权等：《权力制约监督论》，浙江大学出版社，2003年，第109页。
[2] 向松阳：《珠海出台〈关于对媒体曝光问题的督办和问责办法〉 不落实曝光问题将被问责》，载《南方日报》，2012年5月31日，第A04版。

成不良影响的；推卸责任，对存在问题不主动整改的；整改过程避重就轻，敷衍应付的；瞒报、谎报重要信息的；等等。同时，对相关责任部门落实媒体曝光问题的督办结果，纳入部门责任白皮书考评和机关事业单位年终考评；而对群众反映强烈或造成其他不良影响的，将在媒体上对相关责任单位和责任人的问责情况进行曝光。

职能层面：各类监督需要默契配合

在党和国家监督体系中，监督合力的形成，既需要制度层面舆论监督与党内监督等权力监督形式之间构建贯通机制，又需要职能层面舆论监督与权力监督之间的常态互动。而且，这种常态互动中的协同创新，更能从操作性上体现监督合力的实效。

议程设置如何互动

权力监督有权力监督的议程设置，舆论监督有舆论监督的议程设置，只有两类议程设置在互动中高度吻合时，操作层面的监督合力才有可能实现。在两类议程设置的互动性问题上，需要处理好以下几个方面的关系。

充分肯定舆论监督在腐败治理中的议程设置

"在惩治腐败方面，媒体可以起到设定议题和动员公众舆论的作用。"[①]而新闻媒体这种议程设置的主要手段就是舆论监督，什么领域公众反映更强烈，那么这一领域的舆论监督报道就更充分，舆论监督报道成为社会舆论的风向标。与此同时，某一领域舆论监督报道的凸显，又会激起公众对这一领域的强烈共鸣，更多问题得以反映，更多报道得以呈现。因此，舆

---

① 周琪，袁征：《美国的政治腐败与反腐败——对美国反腐败机制的研究》，中国社会科学出版社，2009年，第295页。

论监督对腐败治理的议程设置有叠加效应。

舆论监督的议程设置不一定跟腐败治理的议程设置相吻合

"新闻报道往往并不等同于事实真相。新闻报道口径的变化，可能反映的是报纸市场的变化，而并非腐败活动的实际变化。"[①] 这样一来，舆论监督的议程设置势必与腐败治理的议程设置不一致。之所以出现这种情况，是因为新闻媒体作为独立的市场主体，其通过舆论监督参与腐败治理的首要目的是赢得社会关注，在竞争激烈的传媒市场中求生存、求发展，而腐败治理情况则退居为舆论监督的效果，这个效果如何往往不是媒体的首要关注。可是，新闻媒体已经被纳入制度反腐的框架设计，舆论监督议程设置与腐败治理议程设置的吻合，又是必要的。

舆论监督议程进入腐败治理议程

腐败治理议程设置主要基于决策层的部署，更多反映的是高层意志，而舆论监督议程设置主要基于操作层的反馈，更多反映的是基层声音。毋庸讳言，舆论监督往往比权力监督更接地气，更真实地反映社会公众的关切。这就需要权力监督全面关注舆论监督，把社会反响强烈的舆论监督议程纳入腐败治理议程。

腐败治理议程引导舆论监督议程

虽说参与腐败治理是媒体的责任，搞好舆论监督是制度反腐对媒体的要求，但是媒体的舆论监督议程不会自觉地与腐败治理议程吻合。这就需要权力监督机构强化腐败治理议程对舆论监督议程的引导，让新闻媒体更多地围绕党和国家的腐败治理工作搞舆论监督。当然，新闻媒体也应该自觉关注腐败治理议程，积极地把腐败治理议程转化为舆论监督议程。

---

① ［美］爱德华·L.格莱泽，克劳迪娅·戈尔丁：《腐败与改革——美国历史上的经验教训》，胡家勇，王兆斌译，商务印书馆，2012年，第19页。

信息资源如何共享

由于信息来源渠道和信息获取方式的差异,权力监督部门与舆论监督媒体之间往往存在信息不对称,特别是权力监督部门掌握的某些没有面向社会公开的政务信息资源,这些信息资源往往对舆论监督十分重要。如果这些政务信息资源一味对新闻媒体封锁,就不利于舆论监督的健康发展。因此,依法推进权力监督与舆论监督之间的信息共享是必要的。

权力监督信息的共享

曾几何时,传统媒体舆论监督信息来源十分丰富,除了新闻热线、群众来信、来访等非专业性信息外,还有各类新闻线人提供的专业性信息。20世纪90年代中后期,有偿征集新闻线索的新闻热线在都市类报纸上出现,催生了新闻线人这一行业,其后逐渐向其他媒体延伸。这个时期的新闻线人既有自制装备、服务全市媒体、以此为业、养家糊口的"专业新闻线人",又有每周提供一两条线索、为解决社会问题出力的"副业新闻人",还有偶尔提供、纯属客串、有事求之、只为宣泄的"客串新闻线人"。新闻线人成为这一时期传统媒体主要的新闻源,据了解,北京各报社80%新闻来自线人报料。[①]可是现在,传统媒体新闻线索由"丰水期"开始进入了"枯水期",主要原因在于:微博、微信、APP等新媒体形态的出现,分流了公众急于维护利益的信息诉求;传统媒体内容容量、发行量(销售量)、受众量(关注度)等受到市场挤压,影响力大幅下滑,舆论监督报道的质和量都有所影响;加之延时滞后、缺乏互动等先天不足,信息传播优势不再。不过,传统媒体的权威性和公信力还在,而且原发性消息借助新媒体平台转发后,依然有广泛的社会影响力。而且,在网络舆论监督泥沙俱下、问题百出的情况下,传统媒体的高品质舆论监督就显得弥足珍贵。

---

① 李晨光:《京城各报80%新闻来自线人报料 新闻线人分3级》,载《北京晨报》,2003年11月7日。

特别是制度反腐设计中,传统媒体舆论监督更受青睐。因此,权力监督与舆论监督特别是传统媒体舆论监督共享信息,就显得非常必要。

权力监督部门要向舆论监督媒体共享政务信息资源,前提是这些政务信息资源适合与媒体共享。当然,依法应该公开的政务信息资源,理应依法公开,不属于这里强调的共享之列。可以共享的政务信息资源主要包括三类:第一类是未能进入办理程序的线索信息。这类信息可以向媒体共享,作为舆论监督信息源的补充。第二类是能够进入办理程序和已经进入办理程序的线索信息。这类信息能否与媒体共享,由权力监督部门自行把握,若办理过程中需要舆论监督配合,也不妨一定程度上共享。第三类是已经办理完毕的案件。这类信息若适合公开,则应该公开,即便不适合公开的,也可以一定程度上与媒体共享,经过技术处理后,作为典型案例分析,发挥警示和预防腐败的作用。

权力监督信息查询支持

新闻媒体由于调查手段的局限,往往不能直接获取舆论监督对象的第一手核心材料,如财产申报信息等。而这些信息无论是对舆论监督报道,还是对查处贪腐官员,都非常重要。这就需要权力监督部门能够为舆论监督媒体提供必要的信息查询支持,只要媒体使用这些信息符合相关要求,都应该尽量满足。

舆论监督信息的共享

随着信息采集技术的不断进步,很多高新设备也在舆论监督中广为应用。为了尽量获取第一手核心素材,舆论监督记者往往会采用卧底采访、暗访、隐蔽拍摄等手段,其采集的图片、音视频等信息不仅真实可信,且可作为证据。加之很多党政官员在对舆论监督不知情的情况下更容易褪下伪装、真实地暴露自己,这也增加了舆论监督非常规采集信息的可信度。因此,对于舆论监督获取信息,只要确认真实可信,完全可以作为权力监督部门办案的证据材料,而不必再去自行采集。那么,舆论监督媒体向权力监督部门共享信息同样很有必要。

角色身份如何交互

权力监督和舆论监督都有各自的优势、特点和不足,若能强化两者之间角色身份的交互,不仅可以取长补短、相互促进,而且有利于渠道沟通、形成合力。权力监督和舆论监督之间角色身份的交互,主要表现为两个方面。

舆论监督记者走进权力监督

一般来讲,舆论监督与权力监督接触频次最多的方式当数"邀请式"模式,即权力监督部门需要对监督对象进行明察暗访时,邀请舆论监督记者参加。以"纪委邀请记者"为关键词在百度上搜索,可以查询到242万个网页。不过,这种模式中的舆论监督记者还只是对权力监督的"外部感知",属于浅表层次,只能算是"走近"权力监督,还不能称为"走进"权力监督。

另一种是"参与式"模式,即权力监督部门让舆论监督记者直接参与到权力监督中来,利用自己的专业优势搞好监督的同时,也做好新闻报道。这种模式以四川的做法最为典型,四川省纪委直接"征调"《四川日报》、四川电视台等6家媒体的6名记者,分派到3个督查组,由省纪委牵头,围绕深化正风肃纪专项整治等重点工作,深入市(州)、省(直)部门、高校和省属国有企业开展集中督查。四川省纪委相关负责人表示,把媒体记者安排进督查组,就是希望他们从媒体的角度、以媒体的思维,挑刺找毛病。为更好地完成任务,省纪委专门给记者安排了培训,并要求督查组"一天两会",早上布置工作重点,晚上碰头进行交流。[1] 在这种模式中,舆论监督记者能够对权力监督进行"内部洞察",所以称得上是"走进"了权力监督。

---

[1] 张磊:《四川省纪检监察机关借力媒体监督 开启正风肃纪新模式》,载《中国纪检监察报》,2016年12月15日,第1—2版。

除了以上两种模式之外，舆论监督记者走进权力监督还可以推行"介入式"模式，即选派舆论监督记者到纪检监察部门挂职，实现角色身份的深度交互，这对权力监督和舆论监督都是一种促进。

权力监督人员走进舆论监督

与舆论监督走进权力监督的"高调"相比，权力监督走进舆论监督则显得十分"低调"，几乎很少有人觉得这应该是一个命题。一般来讲，权力监督人员出现在舆论监督话语中，通常是舆论监督报道需要权力监督相关人员表态时，他们会以采访对象的身份发表看法。不过，值得注意的是，权力监督人员主动走进舆论监督方面，做得还很不充分。舆论监督作为党和国家监督体系的重要组成部分，要在制度反腐中承担起应有的职责，仅靠舆论监督媒体的自觉是远远不够的，需要权力监督部门从腐败治理高度对舆论监督进行指导。而且这种指导不能停留在从"外部"引导舆论监督的议程设置上，还应该从"内部"去深入了解舆论监督，参与舆论监督，提升舆论监督的质量和效果。这种"内部"指导，可以通过选派权力监督部门工作人员到新闻媒体挂职来实现。

第十章

策略创新：舆论监督要讲方式方法

在马克思主义唯物辩证法中，事物的发展是内外因共同起作用的结果，内因是事物发展的根据，决定着事物发展的基本趋向，外因是事物发展的外部条件，对事物的发展起着加速或延缓的作用，外因必须通过内因而起作用。在制度反腐框架中，舆论监督工作搞得好不好，除了理念创新、制度创新、管理创新、协同创新等外部因素外，舆论监督自身的策略创新这一内部因素也是很重要的。

下沉：切实治理群众身边腐败

下沉为何是反腐败必然选择

自党的十八大以来，以习近平同志为核心的党中央在腐败治理中，一直坚持"老虎""苍蝇"一起打，既不放过位居高层的"老虎"级腐败官员，也不漏过身处基层的"苍蝇"级腐败官员；既要坚决查处领导干部违纪违法案件，又要切实解决发生在群众身边的不正之风和腐败问题。"打虎拍蝇"成为党风廉政建设和反腐败工作的重要行动，成为治国理政的重要方略。

习近平总书记在多次讲话中反复强调，腐败治理要坚持"老虎""苍蝇"一起打,"打虎""拍蝇"都很重要。2013年1月22日,习近平同志在中国共产党第十八届中央纪律检查委员会第二次全体会议上发表重要讲话,指出要坚持"老虎""苍蝇"一起打,既坚决查处领导干部违纪违法案件,又切实解决发生在群众身边的不正之风和腐败问题。①2013年4月19日,习近平同志在中共中央政治局第五次集体学习时指出,保持惩治腐败的高压态势,做到有案必查、有腐必惩,坚持"老虎""苍蝇"一起打,切实维护人民合法权益,努力做到干部清正、政府清廉、政治清明。②2014年1月14日,习近平同志在中国共产党第十八届中央纪律检查委员会第三次全体会议上发表重要讲话时指出,坚决查处腐败案件,坚持"老虎""苍蝇"一起打,形成了对腐败分子的高压态势。③2014年1月20日,在党的群众路线教育实践活动第一批总结暨第二批部署会议上的讲话中,习近平同志强调"拍蝇"的重要性,他指出:"我们说'老虎''苍蝇'一起打,有的群众说'老虎'离得太远,但'苍蝇'每天扑面。这就告诉我们,必须着力解决发生在群众身边的腐败问题,认真解决损害群众利益的各类问题,切实维护人民群众合法权益。"④2016年7月1日,在庆祝中国共产党成立95周年大会上的讲话中,习近平同志对"打虎拍蝇"的成绩给予了充分肯定,他说,党的十八大以来,我们党坚持"老虎""苍蝇"一起打,使不敢腐的震慑作用得到发挥,不能腐、不想腐的效应初步显现,反腐败斗争压倒性态势正在形成。⑤"初步显现"这一关键词,说明腐败治理任务的艰巨性和长

---

① 《习近平在十八届中央纪委二次全会上发表重要讲话强调 更加科学有效地防治腐败 坚定不移把反腐倡廉建设引向深入》,载《人民日报》,2013年1月23日,第1版。
② 《习近平在中共中央政治局第五次集体学习时强调 积极借鉴我国历史上优秀廉政文化 不断提高拒腐防变和抵御风险能力》,载《人民日报》,2013年4月21日,第1版。
③ 《习近平在十八届中央纪委三次全会上发表重要讲话强调 强化反腐败体制机制创新和制度保障 深入推进党风廉政建设和反腐败斗争》,载《人民日报》,2014年1月15日,第1版。
④ 《习近平在党的群众路线教育实践活动第一批总结暨第二批部署会议上强调 扎实开展第二批教育实践活动 努力取得人民群众满意的实效》,载《人民日报》,2014年1月21日,第1版。
⑤ 《习近平在庆祝中国共产党成立95周年大会上的讲话》(2016年7月1日),载《人民日报》,2016年7月2日,第2版。

期性。2017年1月1日，在新年贺词中，习近平同志再次重申了"打虎拍蝇"的决心，他说，我们积极推进全面从严治党，坚定不移"打虎拍蝇"，继续纯净政治生态，党风、政风、社会风气继续好转。①2017年10月18日，在党的十九大报告中，习近平同志指出，坚定不移"打虎""拍蝇""猎狐"，不敢腐的目标初步实现，不能腐的笼子越扎越牢，不想腐的堤坝正在构筑，反腐败斗争压倒性态势已经形成并巩固发展。②"初步实现"这一关键词，再次说明腐败治理目标的艰巨性和长期性。

"打虎""拍蝇""猎狐"作为腐败治理工作的三大举措，缺一不可。特别是"拍蝇"，要解决发生在群众身边的腐败问题，就要求腐败治理工作必须"下沉"，深入基层、深入群众、深入生产生活，去发现并治理群众身边的腐败，尤其是"微腐败"。"微腐败"作为一种公权滥用的行为，通常具有小（这种滥用公权的行为很小）、多（这种滥用公权的行为比较普遍）、社会公众对其态度暧昧等特点，不容易引起足够重视，可是，微腐败"损害的是老百姓切身利益，啃食的是群众获得感，挥霍的是基层群众对党的信任"，看起来小，也可能导致大祸害。③因此，治理发生在群众身边的腐败，特别是微腐败，这一"下沉"策略，是腐败治理工作必要且重要的选择。

小官巨贪危害有多大

随着腐败治理"拍蝇"工作的深入推进，大量小官巨贪案件浮出水面。如河北省北戴河供水总公司原总经理马超群，用公权力念起了自家"生意经"，办案人员在其家中搜出现金上亿元，黄金37公斤，在北京和秦皇岛等地房产手续68套。北京市昌平区马池口镇农业服务中心原主任张佩山挪

---

① 《国家主席习近平发表二〇一七年新年贺词》，载《人民日报》，2017年1月1日，第1版。
② 习近平：《决胜全面建成小康社会　夺取新时代中国特色社会主义伟大胜利——在中国共产党第十九次全国代表大会上的报告》，载《人民日报》，2017年10月28日，第1版。
③ 四川省成都市纪委课题组：《"微腐败"表现形式及治理对策》，载《中国纪检监察报》，2018年1月4日，第7版。

用公款 8.21 亿元，朝阳区孙河乡原党委书记纪海义受贿 9000 余万元，海淀区西北旺镇皇后店村会计陈万寿挪用资金 1.19 亿元，北京动物园原副园长肖绍祥贪污 1400 余万元、800 万元财产无法说明合法来源。广州市土地开发中心土地征用与整理一部原副主任科员黄华辉短时间内敛财高达 8891 万元，中山市古镇冈南村原党支部书记、村委会主任蔡某涉嫌挪用集体资金 4000 万元。黑龙江省哈尔滨市南岗区红旗满族乡曙光村原党总支书记兼村委会主任于福祥涉案金额达 2 亿多元，鹤岗市兴安区红旗镇新农村原党支部书记芦福忠案贪污 216 万元、违法所得 494 万元。

国家行政学院教授许耀桐表示，"小官"大多身处基层，掌握"小权"，却管理具体事务，"所管辖的多为与百姓直接相关的敏感部门、关键部门、要害部门，含金量很高，因此贪腐也容易滋生"；"小官巨贪"身处百姓中间，其贪腐行为带给群众的伤害更直接、更具渗透性，"小官贪腐败坏了社会风气，伤害了干群关系，严重损害政府公信力，对社会、政治、文化等多方面都产生了巨大的负面影响"。①

小官巨贪大量存在并危害巨大的事实说明，下沉式"拍蝇"治理腐败意义深远。"'苍蝇'有'老虎胃'""硕鼠虽小，危害极大"，杜绝"小官巨贪"，需要反腐"抓小抓早"。②

为何更需要下沉式舆论监督

舆论监督作为自下而上对公权力进行监督的一种权利监督，其最大阻力来自公权力执行者的官员，特别是这种监督威胁到官员权力、触碰到其贪腐问题时，阻力会倍增，并且显性表现。在舆论监督与公权力的力量角逐中，公权力往往会采取或软或硬的方式来影响舆论监督，"新闻媒体也常

---

① 王昊魁，袁佳方，张燕征：《严惩"小官巨贪"，反腐不会"抓大放小"》，载《光明日报》，2015 年 8 月 16 日，第 8 版。
② 姚奕，李源：《"打虎拍蝇猎狐"：铁腕反腐交出沉甸甸的成绩单》，来源：中国共产党新闻网，http://fanfu.people.com.cn/n1/2016/1022/c64371-28798692.html。

常受到政治施惠的诱惑或来自政治层的压力,掌权者常常通过各种手段限制或者控制新闻媒体的工作"①,而且,"政府的压力往往更多的是无形的,在这种压力下,记者或编辑乃至整个媒体常常不得不自我约束,以避免麻烦"②。正是这种阻力和压力增加了舆论监督的难度,以致制度反腐框架中舆论监督的作用十分有限。

尽管纪检监察部门在"打虎"行动中屡建奇功,但是一些地方公权力对舆论监督的控制仍在加强,"在现行的政治体制约束下,级别越高的官员涉案,媒体报道所受到的控制也就越大,媒体自身报道的风险也就增加,这直接导致高级别官员贪腐事件的低曝光率"③。

值得注意的是,不少舆论监督记者、编辑往往把能否揪出大贪官作为评价自身工作的一项重要指标,从而形成一种"抓大放小"的思维定式。其实,这种思维是错误的。舆论监督"打虎"固然重要,小官巨贪大量存在的事实说明,"拍蝇"也必不可少。"在基层,舆论监督是反腐工作不可忽视的重要一环。把握住来自最基层的舆论,有助于把握住腐败生态链的最低一端。"④因此,反腐败舆论监督理应面向基层。

与其在参与"打虎"过程中阻力重重、举步维艰,不如侧重阻力相对较小的"拍蝇"行动,舆论监督下沉应该成为一种策略选择。而且,评估反腐败舆论监督的主要指标应该是解决问题的难度,而不是贪腐官员的级别,下沉也应该成为舆论监督记者编辑的重要价值取向。

舆论监督怎么下沉

以"拍蝇"为重点解决群众身边腐败问题的策略下沉,属于反腐败舆

---

① 倪邦文,石国亮,刘晶:《国外廉政建设制度与操作》,中国言实出版社,2013年,第39页。
② 周琪,袁征:《美国的政治腐败与反腐败——对美国反腐败机制的研究》,中国社会科学出版社,2009年,第313页。
③ 李东晓:《居间政治:中国媒体反腐的社会学考察》,中国传媒大学出版社,2012年,第73页。
④ 王钟的:《基层反腐也要加强舆论监督》,载《中国审计报》,2015年8月3日,第8版。

论监督中端层面的思考。这一下沉策略要行之有效，还应该有微观层面的思路改进。

转变工作观念

对于来自基层的新闻报道，特别是来自位置偏远、交通不便地方的新闻报道，很多记者选择依赖通讯员来稿，有的可能会视稿件情况要求通讯员补充采访，有的干脆在通讯员署名前冠上记者署名直接发表。这种情况，若是正面宣传，一般不会出问题；若是舆论监督，就很难说了。原因主要有三个方面：通讯员毕竟不是专业记者，他们的新闻采访，特别是舆论监督报道，未必符合专业要求，经不起专业推敲，加之有些通讯员采访作风不踏实，甚或根本没有采访，只是道听途说，出问题就在所难免；正面宣传有出入，一般很少有人去深究，而舆论监督则不然，即便是细节方面的差池，监督对象也会扭住不放；舆论监督报道存在特殊性，除了平衡各方意见外，还应该掌握相关证据材料，即便是专业的舆论监督记者，慎之又慎的情况下，也会出问题。而且，"舆论监督报道的采访往往是调查性的"，"不仅仅是依靠新闻事实的表象来说明问题"，"更应沉下去进行深入调查，不能因调查不充分造成部分新闻事实的缺失致使我们的工作出现偏差或是前功尽弃"。①因此，舆论监督报道不能简单依赖通讯员，记者应该亲临现场深入采访，即便需要通讯员配合的内容，也要多方求证。其实，无论是正面宣传，还是舆论监督，通讯员稿件都应该首先当线索处理，要想发表还得从专业要求去完善。

除简单依赖通讯员的记者外，还有严重脱离实际、脱离群众的记者。那种鼻孔朝天的"老爷记者"、隔窗看景的"车轮记者"、闭门造车的"文件记者"、粘贴复制的"电脑记者"，其作风漂浮、文风僵硬的背后，是遗失了基层这个最大的新闻源，忽略了群众这个最重要的新闻主体，也割断

---

① 巴特：《党报舆论监督应注意的问题》，载《青年记者》，2008年第2期，第58—59页。

了新闻工作者与群众的情感脐带。① 这种记者,无论是正面宣传还是舆论监督,都不能要。

"贴近实际、贴近生活、贴近群众"的"三贴近"是改进和加强新闻宣传的重要原则,"走基层、转作风、改文风"的"走转改"是推动新闻宣传深入基层、深入群众的重要作风,无论是正面宣传还是舆论监督,都应该注重"三贴近",搞好"走转改"。对下沉式舆论监督而言,就是走到基层群众身边去,切实解决群众身边的腐败问题。

改进工作方式

下沉式舆论监督能否落到实处,与舆论监督记者的工作方式也有关。《新民晚报》焦点新闻部记者曹刚用三个"多"来总结自己"沉下去"的经验,即:"多走几步,不能仅限于电话采访和线人报料,能到基层和现场采访的,就别偷懒";"多守几天,既要忍得住艰苦,也要耐得住寂寞,'活鱼'才可能上钩";"多想几秒,身处新闻现场,当事人讲话时容易夸张、失度,记者的独立思考和冷静辨别就尤其重要"。② 舆论监督记者深入基层、深入群众,"不仅要'身入',更要'心入'"③。这种"心入"除了情感层面与群众打成一片,更应从思想层面破解现实问题,"带着思考深入基层,多维度看问题、多角度解难题","能不能由点到面、由此及彼、由表及里,不仅是能力和水平的检验器,更是思想和作风的试金石"。④ 尽管舆论监督记者之间的工作方式有差异,思维角度有不同,但是都应该立足于解决"点上"问题的基础,推动"面上"问题的解决,为有效治理群众身边腐败提供镜鉴。

---

① 人民日报评论员:《带着感情走基层——"走转改"活动思考之一》,载《人民日报》,2011年9月22日,第1版。
② 曹刚:《沉下去"走",跳出来"思"》,载《文汇报》,2012年4月27日,第3版。
③ 人民日报评论员:《带着真诚走基层——"走转改"活动思考之五》,载《人民日报》,2011年9月28日,第1版。
④ 人民日报评论员:《带着思考走基层——"走转改"活动思考之三》,载《人民日报》,2011年9月26日,第1版。

推进制度建设

下沉作为反腐败舆论监督的策略选择，是一项长期的任务，要持之以恒，就需要相应的制度保障。一些地方探索了领导干部"下沉"机制，如河北省邯郸市复兴区推行领导干部下访、约访、研访"三个下沉"工作机制，即周一区级领导下沉联系乡镇、街道社区，周三科级干部下沉分包村、社区，周五村、社区干部下沉群众家中。①像这种时间、主体、对象、范围等都明确具体的机制构建，可以为反腐败舆论监督下沉机制的探索提供借鉴。有研究者对新闻宣传工作的下沉机制进行了梳理，提出"建立和完善有利于新闻工作者深入基层、深入群众的体制机制"，包括进一步健全"基层联系点、蹲点调研制度""联系通讯员和读者制度""考评奖励制度""学习培训制度""改进文风制度""把更多的版面栏目留给群众的制度"等。②总之，这种体制机制的构建，应着眼于让更多舆论监督记者愿意下基层、便于下基层、乐于下基层，紧紧围绕多出基层舆论监督精品展开。在舆论监督记者"沉下去"的制度建设方面，可遵循指令性与指导性相结合的原则，就指令性而言，把记者到基层挂职、蹲点、采写高品质基层报道作为记者工作考核、职称晋升等的必要条件；就指导性而言，可对深入基层记者在绩效工资、津贴补贴、考核机制等方面进行倾斜，引导更多记者自觉深入基层。

借力：巧用"四两"拨"千斤"

与正面宣传报道的顺风顺水相比，舆论监督自始至终都与各种力量的明争暗斗相伴，特别是反腐败舆论监督更容易卷入各方力量较量的旋涡。

---

① 崔桂敏：《"沉下去"化解群众诉求——邯郸复兴区创新信访工作机制纪实》，载《邯郸日报》，2018年1月19日，第1版。

② 郝小奇：《深入基层接地气　植根群众写新闻》，载《西安日报》，2011年11月6日，第4版。

制度反腐框架中，舆论监督要堪当腐败治理重任，除了舆论监督记者编辑自身业务功底过硬这一"得力"因素，以及党委、政府、有关机构及负责人对舆论监督的重视和支持这一"给力"因素，还应该巧妙利用各种力量关系，善于"借力"。

如何巧借公权之力

公权力既是舆论监督的主要监督对象，又是舆论监督的重要力量来源。除了权力监督与舆论监督协同创新过程中公权力对舆论监督"给力"外，舆论监督还应该善于向公权力"借力"。值得注意的是，不少舆论监督编辑记者对公权力都有一种不正常的"警惕心态"，"害怕上级有关部门的介入影响舆论监督的开展。其实，这是错误的，如果上级有关部门的做法是错误的，能够开展舆论监督的正好可以开展舆论监督；不能开展舆论监督的，也可以再向其上一级部门反映"[①]。舆论监督向公权力借力，可以从以下几个方面入手。

选题环节的借力

舆论监督围绕党委和政府所抓的中心工作、所关注的突出问题、所发布的重要政策法规、所强调的重点议程来选题，顺势而为，既在舆论监督中延展了公权力，又降低了公权力对舆论监督的阻力。

围绕党委、政府中心工作进行选题，不仅是新闻媒体搞好时政新闻、经济新闻等正面宣传报道的需要，也是搞好舆论监督工作的需要。舆论监督配合党委、政府中心工作来做文章，"既有利于中心工作的开展，又可以减少舆论监督的阻力"[②]。中小学乱收费是困扰基础教育发展的顽疾，平常点对点的舆论监督报道往往治标不治本。《四川日报》曾经抓住中纪委、教育部等部门在全国开始治理教育乱收费这一契机，及时策划推出了《狠刹

---

① 张春林：《舆论监督的力学分析》，载《新闻传播》，2003年第3期，第14—16页。
② 张春林：《舆论监督的制度建设与思路创新》，四川大学出版社，2015年，第141页。

中小学乱收费歪风》几组系列报道,通过记者暗访、采访教育主管部门、约请专家、配发评论等,对中小学乱收费进行了深入全面的报道。这组报道由点及面有效遏制了中小学乱收费的歪风,受到有关部门的高度评价。

推进舆论监督所涉及相关问题的解决,是舆论监督的重要价值取向。这些问题,既包括人民群众关心的问题,又包括党委、政府关心的问题,而且很多时候,党委、政府所关心的问题,就是人民群众所关心的问题。因此,舆论监督围绕党委、政府所关注的突出问题来选题,是非常必要的。"地方党委、政府对于那些影响党的形象与威信、破坏社会稳定与和谐、阻碍经济发展的丑恶现象、腐败行为是深恶痛绝的。在舆论监督过程中,只要把具体的舆论监督行为建立在对党委、政府急于解决的主要矛盾、社会普遍关心的焦点问题等方面进行把握和策划的基础上,往往会很顺利地解决问题。"①

党和政府出台政策法规,自然希望这些政策法规能够得到很好的贯彻执行。为此,新闻媒体除了从正面宣传角度推动政策法规贯彻执行外,从舆论监督角度扫清政策法规执行的障碍也非常必要。因此,舆论监督选题可以"紧紧抓住政策法规这个重点,从政策法规的贯彻执行这一新闻背景入手来搞舆论监督稿件的策划"②。特别是中央文件和全国性政策法规的贯彻执行,应该成为全国各级各类媒体进行舆论监督选题策划的重点,"如果媒体把舆论监督的视角对准中央文件的落实,在选题确定、实施和发布各环节,一定会畅通无阻"③。

各级党委、政府及有关部门往往都会有经常性的阶段性议程,而且这些议程通常与党风、政风、行风建设相关,有的没有对舆论监督提出明确要求,譬如,中共中央纪委和中央党的群众路线教育实践活动领导小组

---

① 许小妹:《民生新闻舆论监督要善于"借力"》,载《新闻记者》,2012年第2期,第87—89页。
② 张春林:《舆论监督的制度建设与思路创新》,四川大学出版社,2015年,第141页。
③ 万学忠:《新闻舆论监督的"借力"之道——以〈法制日报〉无"痛点"舆论监督实践为例》,载《中国新闻出版广电报》,2017年6月8日,第4版。

2013年9月3日发出的《关于落实中央八项规定精神坚决刹住中秋国庆期间公款送礼等不正之风的通知》①；有的则对舆论监督提出了明确要求，譬如，中央纪委宣传部2015年9月发出的《关于加强舆论监督严防中秋国庆期间"四风"问题反弹的通知》，②要求各级纪委宣传部门组织本地区新闻媒体，紧盯突出问题，开展舆论监督，并对舆论监督方法做出要求。其实，无论这样的阶段性议程对舆论监督有没有明确要求，都应该成为舆论监督选题的一个重要方向。

采写环节的借力

舆论监督难，首先体现在采写难，采写环节的困难，除了来自监督对象的阻力外，取证难也是一个重要的方面。如果能够从公权力借力得当，舆论监督采写环节的部分困难的难度系数就会降低。我国80%的法律由行政机关执行，舆论监督的重点是行政机关。上级行政机关对下级行政机关就某项工作的督促检查，与舆论监督类似。如果行政督查邀请媒体参加，当然，行政督查机关也应该创新与新闻媒体联合监督的模式，形成监督合力，那么舆论监督就可以借力行政检查。"在媒体视野中，督查组就是采访组，对督查的报道，就是一次舆论监督的绝好机会。面对记者的提问，行政机关可能退避三舍；但面对督查组的提问，行政机关必须正面如实回答。借助行政督查之力，新闻舆论监督解决了最关键的痛点：取证难。"③

除调查取证外，舆论监督报道在写作过程中，主动寻求有关部门表态，也是从公权力借力的一种重要方法。从新闻专业的角度来讲，为维护新闻的客观性，不允许记者在新闻报道中发表看法，特别是舆论监督报道，记

---

① 《关于落实中央八项规定精神坚决刹住中秋国庆期间公款送礼等不正之风的通知》，载《新华每日电讯》，2013年9月4日，第4版。
② 《中央纪委宣传部通知要求　加强舆论监督　严防中秋国庆期间"四风"问题反弹》，载《先锋队》，2015年第27期，第4页。
③ 万学忠：《新闻舆论监督的"借力"之道——以〈法制日报〉无"痛点"舆论监督实践为例》，载《中国新闻出版广电报》，2017年6月8日，第4版。

者不仅不能发表看法，反而应该倍加注意报道的平衡性。记者负责事实呈现，是非由读者评判，这是新闻客观性对记者的要求。若是情况不太复杂，若是读者都有较强的是非评判能力，倒也没有什么。可是，很多时候，特别是舆论监督报道，新闻稿件中的是非评判对于推进问题的解决至关重要。既然记者不能在舆论监督中发表看法，那么就应该寻求有关部门表态，让公权力来评判是非。《四川日报》曾经就某市辖区民政局向有职工办低保的单位违规收费一事进行报道，报道中有省民政厅负责人表态，并把这一表态做在标题上，题目为《职工办低保　单位要交费　省民政厅：此举违规》。虽然该区民政局就舆论监督报道的细节提出了异议，并就违规收费理由进行了辩解，但是在国家相关政策法规面前，在违规事实面前，在省民政厅、省物价局、市民政局及区委、区政府的行政压力下，涉事问题得以妥善解决，相关部门及责任人也受到处理。

处理环节的借力

舆论监督涉及问题能否妥善解决，除了监督对象的自觉、有关部门的介入外，还应该主动向公权力借力，并以此来促进问题的解决。原因主要有两个方面：就舆论监督对象而言，能够自觉接受监督并解决问题的毕竟是少数，许多监督对象抗拒监督，拒不解决问题；就有权管辖舆论监督涉及问题的相关部门而言，即便他们介入处理问题的主动性很强，也往往由于人力有限等因素，对媒体的任何舆论监督不能都第一时间掌握，并第一时间表态，难免有疏漏。因此，舆论监督媒体应主动履行告知义务，将舆论监督涉及问题第一时间告知监督对象主管领导、上级主管部门、纪检监察部门等；告知方式，除了传统的电话告知、邮件告知外，应尽可能采用微博公开提醒、私信等新媒体渠道告知。告知只是第一步，接下来应该获取这些部门及领导对舆论监督涉及问题的处理意见，并把这些意见编发进后续报道中去，既能让这些意见接受公众监督，又能让这些意见转化成公权力督促问题的解决。

如何巧借权威之力

无论是多有影响的舆论监督媒体，多有影响的舆论监督记者，多有影响的舆论监督报道，其影响力、影响面都是有限的。特别是行业类媒体，地市级及区县级媒体，其舆论监督的社会影响更是受限。不过，只要善于借用权威之力，看似影响不大的舆论监督报道，一样可以产生广泛影响。

借专家之力

虽然如今从事某一领域专业报道的记者具备该领域博士、硕士学位等的高学历专业人才越来越多，但是专业记者毕竟不同于专家；除了专业水平不如专家外，专业记者也不能代替专家说话。"舆论监督报道，多数情况下会涉及专业问题"，"一旦不专业的表述出现在报道中，就会被指责为'失实'或'导向错误'。专业问题的调查如果交给专家操作，上述'痛点'就不存在了"。[①] 即便专家意见不妥，也只是专家的一家之言。如果舆论监督报道出现专业性问题，受影响的不只是记者编辑，还有媒体。专家之言在提升舆论监督权威性的同时，也帮舆论监督规避了专业性风险。

而且，还可以利用专家视角提升舆论监督的深度。《江淮时报》舆论监督充分借力政协委员这个专家群体，在地沟油问题、高层建筑防火问题等报道中提升舆论监督的深度，"新闻报道以政协委员和专家学者的独特视角，反映政协委员所了解到的现实问题，和经过思考研究提出的解决问题的意见建议，深入浅出地向读者表达出来，从而使新闻报道更具权威性、前瞻性、建设性"[②]。

为更好地借力专家，舆论监督媒体应该建立相应的专家库，经常保持同专家的联系，需要某方面专业咨询和采访时，能够及时联系专家，让专

[①] 万学忠：《新闻舆论监督的"借力"之道——以〈法制日报〉无"痛点"舆论监督实践为例》，载《中国新闻出版广电报》，2017年6月8日，第4版。

[②] 曹昱：《浅谈新闻舆论监督的发力与借力——以〈江淮时报〉为例》，载《新闻世界》，2014年第4期，第18—19页。

家资源成为舆论监督的智囊。

借研究机构之力

个体专家的力量是有限的，而研究机构所拥有的专家群体，其力量是巨大的。个别专家就事论事发表意见的影响力是有限的，而专家团队科研成果的影响力是巨大的。因此，舆论监督在借力专家的基础上，借力研究机构，是非常有必要的。《法制日报》的舆论监督就非常重视与实证研究机构的合作，对实证研究机构发现的法律问题，用新闻思维、新闻技巧将其转化为适合大众传播的新闻作品。该报曾经与中国社会科学院法学所法治国情调研组有过长达8年的合作，持之以恒地发挥舆论监督功能，推动政务公开。[①]

为深化与研究机构的合作，除了将研究机构的科研成果转化为舆论监督报道外，新闻媒体还可以把舆论监督报道中发现的疑难问题交给研究机构做课题研究，也可以由新闻媒体与科研机构联合开展相关研究，发挥各自优势，成就舆论监督的深度和厚度。

借意见领袖之力

专家和研究机构在专业话语空间有广泛的影响力，在公共话语空间不一定有广泛的影响力。而舆论监督不能停留在专业话语空间，要产生广泛社会影响，即便是专业性很强的舆论监督，也需要走进公共话语空间。专业性舆论监督要走进公共话语空间，除了专业话语的大众化表达外，借力公共话语空间中的意见领袖进行传播也是必要的。特别是微博、微信等社交媒体平台，很多意见领袖都拥有庞大的粉丝群，不仅在专业领域有广泛的影响力，在公共话语空间也有广泛的影响力。这些意见领袖对舆论监督报道的转发、评论，往往都会产生积极的、广泛的影响。

舆论监督要在社交媒体平台等公共话语空间产生广泛影响，首先，需

[①] 万学忠：《新闻舆论监督的"借力"之道——以〈法制日报〉无"痛点"舆论监督实践为例》，载《中国新闻出版广电报》，2017年6月8日，第4版。

要舆论监督媒体将舆论监督报道在多平台分发,全网共享;其次,需要与一定数量的意见领袖建立良好的合作关系;最后,舆论监督报道出来之后,既可以通过微博、微信等渠道公开"艾特"意见领袖,也可以私信提醒,另外,意见领袖的评论,也可以选择性在舆论监督后续报道中编发。

如何巧借群众之力

"新闻舆论的监督,实质上是人民的监督,是人民群众通过新闻工具对党和政府的工作及其工作人员进行的监督,是党和人民通过新闻工具对社会进行的监督,不应仅仅看成是新闻工作者个人或是新闻单位的监督。"[①]那么,舆论监督的影响力,本质上是人民群众监督力量的媒介化表达与呈现。虽然人民群众不直接参与舆论监督,但是为了让舆论监督更好地为人民群众服务,就应该善于借助人民群众的力量。

借群众关注热力

百姓关心是舆论监督报道选题的一个重要原则,"百姓关心的问题很多,舆论监督不能面面俱到。我们要善于抓住一段时间百姓关心的社会热点、生活难点,刺激百姓兴趣的兴奋点,以此来推进和深化舆论监督"[②]。只有把老百姓关注的中心议题,变成舆论监督的中心议题,才能使舆论监督在百姓中间引起强烈的共鸣。

所谓老百姓关注的中心议题,是指那些与老百姓切身利益密切相关的、具有一定普遍性、社会反响强烈的问题。传统媒体兴盛的那个时代,群众来信、来电、来访反映比较集中的问题,一般都是老百姓关注的中心议题。如今,各种社交媒体平台的自媒体账号异常发达,老百姓关注的很多问题都不向传统媒体反映,而是直接通过自媒体发布。这就要求舆论监督记者编辑善于对社交媒体平台舆情进行分析过滤,遴选一些典型选题进行

[①] 李瑞环:《坚持正面宣传为主的方针——在新闻工作研讨班上的讲话》(1989年11月25日),载《新闻工作文献选编》,新华出版社,1990年,第189—200页。

[②] 张春林:《舆论监督的力学分析》,载《新闻传播》,2003年第3期,第14—16页。

组织策划，借助公众关注热度来促进相关问题的解决。

值得注意的是，老百姓关注中心议题的热度并不能简单等同于各种热搜排行榜、热门话题之类，有的话题关注度高，只是"点上"的问题，不具备"面上"的普遍性。有的话题关注度高，是社交媒体平台组织策划的结果，并不一定能真实反映百姓关切。有的话题关注度高，跟这些平台某个年龄段网民集中度高有关，如明星话题等，只能代表部分网民的关切，并不能真实反映广大群众的普遍关切。而且，相当部分基层老百姓很少上网，更不善于利用社交媒体平台来表达意见，就是借助社交媒体表达出来的议题，能够形成热点并引起广泛关注的，也是少数。因此，舆论监督在遴选中心议题时不能只看"线上热度"，还应该充分关注"线下热度"。老百姓关心议题"线下热度"的考察，除了新闻媒体接受群众反映情况中某类线索的集中度，以及纪委、监察委、信访办等部门接受群众来访情况中某类案件的集中度，舆论监督记者还可以通过蹲点、调研等渠道深入基层了解群众关心的中心议题。

借群众参与动力

舆论监督不能没有群众参与，尤其在"人人都有麦克风"的今天，群众有自发参与舆论监督的动力，舆论监督更应利用好这一动力。一般而言，参与舆论监督的群众主要分为两类，一类是舆论监督涉及问题的相关方，一类是舆论监督涉及问题不相关的第三方。就前一类群众而言，他们往往都有强烈的维权意识，会自发搜集对自己有利的文字、图片、音频、视频等信息，这些信息可以减少舆论监督报道的工作量；而且很多时候，舆论监督对象对记者有所顾忌，而对利益相关方群众则无所顾忌，群众在监督对象不知情的情况下通过隐蔽拍摄、隐蔽录音等渠道采集的信息，可能是记者没法直接获取的，而对舆论监督报道很重要。

就后一类群众而言，他们经历了"通讯员"→"新闻线人"→"公民记者"的身份变化，比普通群众采集信息更专业。在传媒生产计划运作的非市场化阶段，通讯员队伍非常庞大，一般由国有单位的宣传干部担任，主要从事系统内的正面宣传，很少涉及舆论监督，即便涉及，也多是社会现象的一般性描述，少有深度报道。传媒运作进入市场化阶段后，媒体竞争日趋激烈，催生了一大批专门给媒体提供新闻线索的新闻线人，他们深谙新闻规律和媒体特点，线索题材集中在民生新闻和舆论监督上。在自媒体异常发达的今天，相当数量专业水平较高的公民记者活跃在互联网空间，他们主要从事舆论监督报道。与通讯员和新闻线人对媒体有较强的依附性不同，公民记者拥有更强的独立性，甚至刻意与新闻媒体保持距离。

尽管两类群众参与舆论监督的方式不一样，但是舆论监督都应该积极主动地加以运用。江苏《盐城晚报》的舆论监督就善于借用群众参与之力。在盐城内港湖污染事件报道中，网友自发参与调查成因，如网友"盐城八卦第一人"约请了几位搞水文勘测的朋友对内港湖的污染问题进行实地调查，调查后在社交媒体平台上发布帖子从三个方面对污染原因进行了分析。之后，有关部门针对网友的分析一一进行了调查，并给予回应。《盐城晚报》对网友调查、有关部门介入等情况及时跟进报道。一小学生作文《内港湖是面明亮的大镜子》在网上反响强烈，《盐城晚报》随即刊发稿件《内港湖还能是面明亮的大镜子吗？小朋友欢欢的作文再次引发网友关注》，并在显著位置推出。这次舆论监督报道中，《盐城晚报》一次次"借力"，为推动问题的解决起到了积极作用。①

借群众舆论压力

"众口铄金""积毁销骨""防民之口甚于防川""人言可畏"等成语，是对舆论威力的最好注解。舆论监督要取得好的效果，很多时候，仅靠舆论监督媒体及记者编辑一头热是不行的，还应该善于借助群众的舆论压力。借助群众舆论压力，可以从两个方面入手："一是在采写过程中要广泛征求群众意见，并把其作为对监督对象开展批评的重要依据；二是批评报道出

---

① 陆荣春：《盐城内港湖污染事件报道之困及破解之策——舆论监督如何巧借力》，载《中国记者》，2011年第3期，第84—85页。

来之后，要广泛关注群众的反应。对于前者，新闻单位一般都做得比较好；而对于后者，新闻单位往往有所关注，但大多是群众自己打进热线电话来发表意见，而主动关注的力度还不够。其实，我们完全应该借助广大群众对具体批评报道的意见所形成的舆论压力，来推进舆论监督的深入。"①

《四川日报》曾经刊发过《××县44名下岗工遭遇困局》一组稿件，报道该县免费拥有三轮摩托车客运经营权的44名下岗职工遭遇"还未购车就先交交通违章罚款""必须到指定经销商处购买指定品牌指定型号车辆""所购车辆存在严重质量问题""经销商少开发票""消费维权无人买单"等问题，交警队长、工商局长、分管副县长等领导都遭到了批评，稿件还配发了短评《令人费解的冷漠》。按理说，这组报道见报后，涉事县政府或县委应立即表态，并给出相应处理意见，报纸刊发后续报道《××县正着手破解下岗职工困局》。可是，一周之后，涉事县方面没有任何反应。于是，报纸根据读者反应编发了后续报道《浙江读者谴责冷漠作风 众读者询问处理结果》，稿件中浙江读者吴先生说："通过这件事情，也让人实实在在地看到了西部与东部沿海地区基层干部素质的差距。"稿件最后说："本报服务热线还接到不少读者的电话，纷纷询问××事件的处理结果。可是令人遗憾的是，直到记者发稿时，××方面仍没有任何反馈信息。"这一后续报道见报后，××县政府才将处理意见反馈给报社，随即报纸刊发了第二篇后续报道《××县正着手展开调查》。设想一下，如果不是迫于《浙江读者谴责冷漠作风 众读者询问处理结果》这一后续报道的舆论压力，××县方面不知道要拖多久才会表态。

如何巧借时机之力

时宜性、适时性，或者时机性，是新闻报道的重要原则，同样一个新闻事件在不同时间发表，往往会产生不同的新闻效应。现代著名新闻学家

---

① 张春林：《舆论监督的力学分析》，载《新闻传播》，2003年第3期，第14—16页。

戈公振先生就曾说过:"新闻之价值,不止一时间条件可以决定,且须满足读者之感觉,而引起其兴味。故现在发生之事件,在新闻价值上言,当然首屈一指。但从读者兴味上言,材料不必限于现在发生之事件,故与其谓为现实性,不如谓为时宜性,则一切广义有新闻价值之材料,均可包含于内也。"①

中国共产党宣传思想战线杰出领导人陆定一也曾经指出:"编辑、记者有两种任务:一是抢,二是压。有的新闻要抢时间发出去,有的新闻不该发表就要压下来。该快的不快就不好,该压的不压也不行。编辑、记者一定要懂得政治,才能懂得什么要抢,什么要压,什么要取,什么要舍。"②

与正面宣传相比,舆论监督报道的时机选择更加重要。"舆论监督要切实有效,就应该选好稿件编发的时机,与社会政治经济生活的频率共振,与广大受众的心理期待共鸣。"③那么,舆论监督报道如何把控时机的选择呢?

要善于"避控"

对于舆论监督记者而言,最大的苦恼不是舆论监督采访中遭遇的阻力有多大,而是报道发不出来。舆论监督报道发不出来,除了来自舆论监督对象的阻力外,更多是来自宣传部门的政策性"控负"——控制辖区内负面题材报道(含舆论监督)的刊发。而且,"控负"通常演化成"禁负",即禁止一切负面题材报道的刊发,舆论监督自然不能幸免。一年一度的全国"两会"、省市"两会"及其他重要会议期间、元旦春节期间、重大纪念日节庆日期间等,为了营造和谐安宁的舆论氛围,一些地方的宣传部门往往要给媒体下发"控负"通知,媒体领导为安全起见把"控负"执行成"禁负"也是常有之事,于是,舆论监督不时出现"空窗期"也就在所难免。为有利于舆论监督工作的持续开展,善于"避控"(避开控负形成的空窗

---

① 戈公振:《中国报学史》,上海古籍出版社,2003年,第12页。
② 赵振宇:《新闻策划》,武汉出版社,2000年,第193页。
③ 张春林:《舆论监督的力学分析》,载《新闻传播》,2003年第3期,第14—16页。

期）是非常必要的。有的舆论监督需要以追踪报道形式不间断推出，首次刊发最好选择在上一空窗期结束后一两天。有的舆论监督涉及问题紧急而且重大，在公开报道受阻的情况下，可先选择内参报道，合适的时候再转为公开报道。空窗期没有发稿压力，可组织编辑记者进行舆论监督重要选题的策划及采写，储备一些有分量的稿件，待空窗期一过，便重磅推出。

要善于"错峰"

注意力永远是最稀缺资源，无论是个体还是群体，注意力都是有限的，关注这样多一些，关注其他就少一些。新闻活动策划中有一个"错峰"原则，即为了达到更好的传播效果，活动推出时间应尽量避开重大节日，也不要与人们普遍关注的社会重大活动相重叠。否则，这些重大节日和重大活动争取了过多注意力，新闻策划活动就容易被公众"选择性忽略"，达不到理想的传播效果。同样，舆论监督重要策划也要善于"错峰"，一方面，要善于错开"公共注意"高峰。譬如，世界杯、奥运会等重大体育活动期间，白天上班、晚上看比赛成了很多人的日常生活，体育赛事成了大家谈论的中心议题，对其他议题的关注度自然会降低。另一方面，也要善于错开"专门注意"高峰，特别是有关部门在腐败治理方面的专门注意。譬如，纪检监察部门某一时期关注的中心议题是扶贫领域的腐败治理，那么，对于这类问题查处的速度和力度都会有所提升，而对其他问题关注度可能相对降低。如果舆论监督所反映的问题不是纪检监察部门这一时期关注的中心议题，其效果就有可能受到一定影响。对于"公共注意"高峰，舆论监督可以采取"错峰"策略，而对于"专门注意"高峰，舆论监督可以采取"契合"策略，即舆论监督议程与腐败治理议程吻合。

要善于"用势"

舆论监督要取得良好效果，除了舆论监督报道本身的质量、监督对象的自觉、有关部门的配合等因素外，舆论监督报道刊播时的"舆论气候"也非常关键。所谓舆论气候（climate of opinion），又称之为意见气候，是指一个时期传播者所处环境中的意见分布情况，包括现有意见和未来可能出现的意见。而舆论气候中的主流意见，对传播效果有推动作用，这种推动作用可以用"势"这个词来表示，一般来讲，"顺势而为"比"逆势而行"的效果要好许多。因此，舆论监督要善于洞察一个时期的舆论气候，把握主流意见的脉动，顺势而为推出相关报道，在与舆论共振中产生良好的传播效果。辽宁锦州电台《阳光热线》在舆论监督顺势而为方面的经验值得借鉴。为迎接"2013 中国·锦州世界园林博览会"和第十二届全国运动会的召开，全面提升城市管理水平，把市容环境整治工作推向高潮，锦州电台《阳光热线》节目及时策划了大型主题新闻行动——《喜迎盛会，扮靓锦城，城市整治在行动》和《全力打造城乡清洁工程》，对全市范围内的环境卫生情况和不文明现象进行舆论监督，有力地推动了城市整治和清洁工程深入开展，极大地激发了市民的参与热情，找到了百姓关注和政府关切的契合点。①

聚合：规模集群方显威力

反腐败既是专门机构的职责，更是全社会的责任。《建立健全惩治和预防腐败体系 2013—2017 年工作规划》明确指出："全面推进惩治和预防腐败体系建设是全党的重大政治任务和全社会的共同责任"，"深入推进党风廉政建设和反腐败斗争，必须在党中央坚强领导下，全党全社会一起抓"。② 这里出现了两个"全社会"，要把"全社会的共同责任"落到实处，除了社会各方面的自觉和努力外，有关方面的聚合作用也是十分重要的。就舆论监督而言，在腐败治理中的聚合策略可以从以下几个方面来推进。

---

① 李洪文:《高度、角度、力度、尺度：做好新闻舆论监督类广播节目的四个维度》，载《记者摇篮》，2014 年第 7 期，第 7—8 页。
② 《建立健全惩治和预防腐败体系 2013—2017 年工作规划》，中国方正出版社，2013 年。

媒体层面如何聚合

虽然某一具体选题的舆论监督报道很多时候都是由单个媒体"个体作业"来完成的,但是就整个舆论监督工作而言,不应该是舆论监督媒体的"单打独斗",更不能是"各自为政",而是"既要发挥各家新闻单位'单兵作战'的优势,又要培养相互之间'协同作战'的能力"[①],并形成舆论监督的聚合效应。

媒体内部不同平台的聚合

如今,媒体发展早已不是单一媒体形态"独步天下"的状态,就是同一媒体内部也呈现出多种媒体平台协调发展的格局。以报纸为例,除了传统的纸质报纸,还有手机报、在线数字报、报纸网站、报纸微博、报纸微信公众号、报纸APP客户端等多种平台。由于不同平台渠道特点、受众覆盖面、文本形态等不同,即便是同一题材新闻,也会产生不同且互补的传播效果,这有利于传播效果的优化和最大化。就《人民日报》而言,报纸发行量300多万份,而微信公众号粉丝超过1000万人、微博粉丝超过5800万人、APP下载量超过1亿次,新媒体平台传播覆盖面是传统媒体无法企及的。而且,很多报纸的新媒体平台大量发布原创性视频内容,突破了自身媒体局限,丰富了传播内容,还获取了相当部分视频用户的关注。鉴于媒体传播的这种多平台共生格局,舆论监督报道要善于聚合不同平台,既要重视同一报道的多平台分发,又要注意针对不同平台特点进行相应差异化处理,以达到一点多面"全面开花"的传播效果。

不同类别媒体的聚合

虽然报纸、广播、电视、网站等不同类别媒体都有自己的"两微一端"(微博、微信、客户端)等新媒体平台,但是由于母体(主办媒体)特性、渠道优势、受众覆盖面等不同,同类平台的传播特点也有较大差异,因此,

---

① 张春林:《舆论监督的力学分析》,载《新闻传播》,2003年第3期,第14—16页。

应推行"不同类别媒体"+"媒体内部不同平台"的双重聚合，以达到跨媒体、多平台"纵横交错"的传播效果。就同一新闻线索而言，报纸、广播、电视、网站等不同类别媒体的报道，在报道角度、文本特点、处理技法等方面差异较大，其新媒体平台传播也各有侧重。因此，从同一线索舆论监督原发报道开始，不同类别媒体资源共享、协同推进，就显得非常必要。

不同层级媒体的聚合

我国媒体都是有级别的，有中央级、省部级、地市级、区县级等不同级别。就舆论监督而言，不同级别媒体遭遇的阻力是不一样的，一般来讲，低级别媒体遇到的阻力比高级别媒体要多、要大。很多时候，单纯依靠低级别媒体不能做的舆论监督报道，如果与高级别媒体合作，不仅能够做，而且效果可能更好。因此，舆论监督报道很有必要推行不同级别媒体间的聚合。这种聚合通常有自上而下和自下而上两种：所谓自上而下的聚合，就是高级别媒体组织策划的舆论监督报道，涉及低级别媒体所在区域，需要低级别媒体配合，低级别媒体可以顺势推出相应报道，待高级别媒体刊发后，低级别媒体再刊发，受到的阻力自然会小得多。所谓自下而上的聚合，就是低级别媒体采写的舆论监督报道刊发受阻后，如果高级别媒体能够刊发，待高级别媒体刊发后，低级别媒体再行刊发，一般没有问题。不同级别媒体间舆论监督的聚合，需要媒体间保持良好的合作关系，除了报道计划、新闻线索等方面的沟通外，还可以加强联合采访等。

不同区域媒体的聚合

异地舆论监督曾经让一些地方宣传部门领导很是头疼，因为他们没法像管控本地舆论监督那样通过向媒体施压来实现，外地媒体毕竟不属于其管辖范围。不过，一些地方宣传部门还是想出了管控办法，不同地区宣传部门达成共识，通过禁止本地媒体监督外地，来达到彼此管控异地舆论监督的目的。应该说，在社交媒体不发达的那个时期，这样的管控还是很有效的。而在社交媒体异军突起，特别是各类自媒体平台十分活跃的当下，人人都有"麦克风"，随时随地可以爆料，宣传部门即便管得住传统媒体，也管不住自媒体，异地舆论监督的管控名存实亡。而且，传统媒体开办的微博、微信、APP客户端已经突破了新闻传播的地域限制，以澎湃新闻、封面新闻、上游新闻为代表的新媒体平台，其舆论监督报道包含大量非本地内容。再说，官员异地违法违规现象层出不穷，也呼唤异地舆论监督与时俱进。《中国纪检监察报》曾经刊文指出，作为"四风"问题新"变种"之一的官员"异地办酒"问题比较严重，一些领导干部大操大办，采取异地操办、他人代办等办法，办宴者直接把宴席设在偏僻的老家，借机敛财。①

针对领导干部"异地违规"现象日趋严重的情况，一些地方纪检监察部门探索跨区域的协同监督机制，如北京市纪委、天津市纪委、河北省纪委2018年1月联合印发《京津冀纪检监察机关协同推进监督工作机制》，建立京津冀纪检监察机关协同推进监督5项工作机制，3省市纪委监委每季度通报情况、移送问题线索，包括3省市纪检监察机关中的任何一地在执纪监督工作中发现的其他两地党员领导干部和监察对象在本地区发生的下列行为：违反中央八项规定精神行为，违反"六项纪律"行为，落实京津冀协同发展战略、大气污染防治等重要工作中"为官不为""为官乱为"和违纪违法行为问题线索等。②上海、江苏、浙江、安徽四省市纪检监察机关积极探索建立具有长三角地区特点的省（市）、市（区）两级纪检监察机关协作办案机制，2011年11月3日，四省市纪检监察机关案件查处和预防协作配合第一次联席会议，审议通过了《关于建立上海、江苏、浙江、安徽四省市纪检监察机关案件查处和预防协作配合工作机制的意见》，为强化领导干部异地违纪违规行为的联合监督迈出了坚实一步。③

---

① 李志勇：《"四风"问题有哪些新"变种"？》，载《中国纪检监察报》，2015年5月22日，第3版。
② 李兵：《京津冀纪检监察机关建立协同机制 形成一体化监督合力》，载《中国纪检监察报》，2018年1月31日，第3版。
③ 《沪苏浙皖四省市纪检监察机关案件查处和预防协作配合第一次联席会议召开》，来源：上海市纪委、上海市监察委网站，http://www.shjcw.gov.cn/2015jjw/n2233/u1ai51629.html。

纪检监察部门跨区域协同监督机制的探索值得肯定，这也是腐败治理制度创新的一大趋势。"本质上，国家监察体制改革的一个重要目的，就是实现对所有行使权力的公职人员监察全覆盖。而在'异地违纪'的监督和查处还未能实现'全覆盖'的现实之下，打破纪检监察过程的区域壁垒，构建跨区域的协同监督机制，也是对深化国家监察体制改革的积极响应，是实现'监察全覆盖'不可或缺的机制保障之一。"[1]作为与纪检监察部门异地监督相配套的权利监督形式，新闻媒体的异地舆论监督同样不可或缺，只要随时随地都有媒体之眼，领导干部异地违纪违规也会有所收敛。

对领导干部异地违纪违规行为的舆论监督，需要不同区域媒体的聚合。这种异地舆论监督，可以由外地媒体单独进行，也可以不同区域媒体协同进行；可以与纪检监察部门协同进行，也可以由媒体单独进行。无论是哪种，强化不同区域媒体的聚合都是非常必要的。这种聚合包括舆论监督的线索共享、人员共用、采访协同、刊发同步等。

机构层面如何聚合

我国党和国家监督体系包括党内监督、国家机关监督、民主监督、司法监督、群众监督、舆论监督等多种监督形式，只有形成监督合力，这一监督体系才能最大限度地发挥腐败治理的功用。为增强监督合力，党的十九大报告指出："构建党统一指挥、全面覆盖、权威高效的监督体系，把党内监督同国家机关监督、民主监督、司法监督、群众监督、舆论监督贯通起来。"这种"贯通"，体现了党内监督在监督合力形成中的主动性和主导性。纪委作为党内监督的专责机关和党集中统一领导反腐败工作的执行机关，无论是以党内监督为主体去贯通其他权力监督，还是贯通舆论监督等权利监督，都有制度优势、地位优势和权力优势。不过，监督合力的形成，不能仅有党内监督的主动，其他监督形式除了积极配合外，也应该主

---

[1] 新京报社论：《用跨区域协同监督遏制"异地违规"》，载《新京报》，2018年2月4日，第A02版。

动努力并有所作为。就舆论监督而言,虽不能像权力监督那样有力度,但是利用自身优势,有效聚合其他监督的资源也是切实可行的。

聚合党内监督

在党内监督与舆论监督的关系问题上,学界、业界和政界更多关注党内监督为舆论监督营造宽松的政策环境和舆论监督对党内监督的推动作用,而较少关注彼此之间的资源聚合,特别是舆论监督对党内监督的聚合,还关注得很不充分。就舆论监督对党内监督的推动作用而言,体现在"舆论监督能为党内监督工作开展提供充足的信息资源""舆论监督对党内非规范行为的威慑力""舆论监督能提高党内监督的效力"等方面。[①] 不过,值得注意的是,舆论监督对党内监督的这些推动作用,往往都是舆论监督从党内监督"外部"实现的,而党内监督的"内部"响应显得不够。毋庸讳言,党内监督和舆论监督往往都是按着各自逻辑运行,通常是在监督实务重合时,监督效应叠加,监督合力呈现。

舆论监督要聚合党内监督,可以从三点入手:契合党内监督的阶段性中心议程,同步策划舆论监督报道,通过党内监督与舆论监督的同题同向共振,以凸显彼此优势来形成监督合力;在舆论监督媒体单方面进行的舆论监督报道中,引入党内监督部门特别是纪检监察部门的意见,借力党内监督与舆论监督形成合力;依法依规共享党内监督部门所掌握的部分线索资源,进行舆论监督报道,尽可能做到党内监督与舆论监督在监督覆盖面上的合围。

聚合人大监督

作为权力监督的一种形式,人大监督是代表人民意志和国家权力机关对其他国家机关进行的具有最高法律效力的监督,"人大监督和舆论监督的结合是一种制度资源和媒体资源的有效结合",可以优势互补,"形成国

[①] 祁程:《舆论监督在党内监督中的作用问题探讨》,载《理论建设》,2012年第3期,第56—59、第88页。

家强制力与社会舆论压力双重力量,不失为一条强化监督力度,提高监督实效的最佳途径"。① 要把人大监督的制度资源最大化为舆论监督的媒体资源,需要舆论监督有效聚合人大监督。这种聚合可以从三方面入手:

一是围绕一年一度各级人代会的聚合。各级人大每年召开的人代会,除了审议"一府一委两院"报告等例行性工作外,讨论人大代表提交的议案也是重要内容。议案一般都是讨论、解决某一问题的办法、措施、意见和方案,一旦经人代会审议通过,就具有法律约束力。新闻媒体可以把舆论监督过程中遇到的带有普遍性的疑难问题,借助人大代表力量形成议案,以此推动相关问题的解决;同时,也可以对审议通过的议案进行挖掘,对照现实策划舆论监督选题,促进类似问题的解决。

二是围绕各级人大常委会日常工作的聚合。开展法律法规实施情况的检查,是各级人大常委会的重要日常工作,"每年选择若干关系改革发展稳定大局和群众切身利益、社会普遍关注的重大问题,有计划地对有关法律、法规实施情况组织执法检查"②。而人大常委会执法检查中发现的问题,也可以成为舆论监督报道的选题。新闻媒体可直接派记者参加人大常委会的执法检查,在正面宣传的同时,围绕相关问题开展舆论监督,这样,选题来自人大常委会执法检查,采访可以引入人大代表意见,刊发后可以让人大常委会督促解决,实际上从三个维度聚合了人大监督,更有利于问题解决。

三是围绕各级人大代表履职的聚合。除了人代会开会期间履职外,闭会期间,人大代表也要通过视察、专题调研等活动履职。人大代表在视察时"可以向被视察单位提出建议、批评和意见",专题调研"围绕经济社会发展和关系人民群众切身利益、社会普遍关注的重大问题"进行,而且,代表参加视察、专题调研活动形成的报告转交有关机关、组织后,这

---

① 陈晓前:《浅谈舆论监督与人大监督的合力》,载《人民之声》,2011年第9期,第35—36页。
② 《中华人民共和国各级人民代表大会常务委员会监督法》,中国法制出版社,2006年。

些机关和组织"对报告中提出的意见和建议的研究处理情况应当向代表反馈"①。可见,无论是视察和专题调研活动本身,还是报告的处理情况,都蕴藏着丰富的舆论监督线索。新闻媒体完全可以像对待人大常委会执法检查那样,来聚合人大代表视察和专题调研,实现人大监督与舆论监督的资源整合。另外,无论是开会期间还是闭会期间,人大代表都有权以个人名义"提出对各方面工作的建议、批评和意见",这些建议、批评和意见,能够进入舆论监督的,可以纳入舆论监督;同时,舆论监督报道涉及的问题,能够作为人大代表的建议、批评和意见提出的,也可以跟人大代表合作。

聚合政协民主监督

政治协商、民主监督、参政议政,是政协的三大主要职能,《中国人民政治协商会议章程》指出:"民主监督是对国家宪法、法律和法规的实施,重大方针政策、重大改革举措、重要决策部署的贯彻执行情况,涉及人民群众切身利益的实际问题解决落实情况,国家机关及其工作人员的工作等,通过提出意见、批评、建议的方式进行的协商式监督。"②虽然民主监督是"自下而上"的非权力性监督,不具有法律的约束力和纪律的强制性,但是它又不同于舆论监督、群众监督等单纯的权利监督。《中共中央关于加强人民政协工作的意见》对民主监督的定位是:"人民政协的民主监督是我国社会主义监督体系的重要组成部分,是在坚持四项基本原则的基础上通过提出意见、批评、建议的方式进行的政治监督。"③"政治监督"这一关键词,凸显了民主监督的重要地位和权力背景,党政机关对民主监督的重视程度及机制建设必然胜过权利监督。

为充分发挥政协民主监督的作用,强化民主监督与包括舆论监督在内的其他监督形式的配合,是中共中央加强政协工作的重要主张。《中共中央

---

① 《中华人民共和国全国人民代表大会和地方各级人民代表大会代表法》,中国法制出版社,2015年。
② 《中国人民政治协商会议第十三届全国委员会第一次会议文件》,人民出版社,2018年。
③ 《中共中央关于加强人民政协工作的意见》(摘要),载《人民日报》,2006年3月2日,第1版。

关于加强人民政协工作的意见》要求"党委和政府的监督机构以及新闻媒体要密切与人民政协的联系"①。中共中央办公厅印发的《关于加强人民政协协商民主建设的实施意见》，在谈到加强人民政协制度建设时，要求政协民主监督要"密切与党委和政府监督机构以及新闻媒体的联系"②。中共中央办公厅印发的《关于加强和改进人民政协民主监督工作的意见》，在谈到其他监督形式时指出："加强人民政协民主监督同党内监督、人大监督、行政监督、司法监督、社会监督、舆论监督等监督形式的协调配合。"③可见，强化政协民主监督与新闻媒体舆论监督之间的协调配合，既是中央的政治要求，又是两种形式监督的彼此需要。而且，民主监督与舆论监督协调配合，能够优化监督效果，"如果政协民主监督与新闻舆论监督结合，有利于扩大监督结果的认同面，使监督结果在形成前的选题、调研阶段就充分考虑了所监督问题涉及的整体利益和个体利益，最终形成更多利益群体认可的监督结果"④。舆论监督聚合民主监督可以从三方面入手：

一是从民主监督内容中挖掘舆论监督线索。民主监督的重点是党和国家重大方针政策和重要决策部署的贯彻落实情况，监督目的是协助党和政府解决问题、改进工作、增进团结、凝心聚力。民主监督中发现问题及整改不力等方面的情况，都是舆论监督重要的线索来源，新闻媒体就此进行报道，能够推动两类监督的优势叠加。政协民主监督有会议监督、视察监督、提案监督、专项监督等多种形式，新闻媒体可加强与政协的联系，经常派记者参加政协活动。

二是把舆论监督涉及的带有普遍性的问题形成政协提案。政协提案是

---

① 《中共中央关于加强人民政协工作的意见》（摘要），载《人民日报》，2006年3月2日，第1版。
② 《关于加强人民政协协商民主建设的实施意见》，载《人民日报》，2015年6月26日，第1版。
③ 《全国政协办公厅负责人就学习贯彻中办〈关于加强和改进人民政协民主监督工作的意见〉答记者问》，载《人民日报》，2017年3月7日，第6版。
④ 张莹莹：《浅论民主监督与新闻监督对扶贫攻坚的合力监督》，载《云南社会主义学院学报》，2016年第4期，第159—160页。

参加政协的民主党派、团体和政协委员向政协全体会议或常务委员会提出的，经提案委员会审查立案后交付有关单位办理的书面意见和建议。政协提案的提交，是一种有组织、有领导的行为，而不是单位和个人直接面对承办单位的行为。同样的问题，承办单位对政协提案的重要程度，往往都要高于舆论监督，因此，舆论监督涉及问题形成政协提案后更容易得到解决。

三是把政协委员资源整合到舆论监督中来。政协委员通常是各行各业的精英，他们关心国计民生，不过，并不是每个有价值的关心都能形成提案，并得到很好的执行，而舆论监督正好可以充分聚合政协委员资源。从个体层面聚合，既可以把政协委员的意见和建议转化成舆论监督报道，又可以在舆论监督报道中引入政协委员的看法；从群体层面聚合，政协组织与新闻媒体合办舆论监督类相关栏目是一种可行的聚合方式。譬如，江苏省政协就与江苏教育频道联合推出电视专栏《特别关注》，于每周日晚上的黄金时间在江苏电视台教育频道播出，这个时长10分钟的专题节目，以关心国计民生、反映社情民意为宗旨，追踪省政协委员及民主党派人士所关注的全省政治经济生活和社会生活中的热点问题；这档节目实现了民主监督与舆论监督的有效聚合，产生了良好的社会效果。①

公众层面如何聚合

反腐败不能没有社会公众的支持，没有公众支持的反腐败运动不可能获得成功，何况，"评估国家廉政制度有效性的关键因素是评估公众的意见"②。当然，公众意见要在腐败治理中充分发挥作用，"不能停留在任凭民

---

① 郑萱：《民主监督与舆论监督形成合力 省政协和教育频道联合推出电视专栏〈特别关注〉》，载《江苏政协》，2001年第12期，第14页。

② ［加］里克·斯塔彭赫斯特，［美］萨尔·J.庞德：《反腐败——国家廉政建设的模式》，杨之刚译，经济科学出版社，2000年，第122页。

众街谈巷议上,而是要通过一些措施、一些途径使民意得到表达"[1]。这些措施,这些途径,既可以是公众监督自发层面的,又可以是其他监督形式聚合层面的。舆论监督本质上是公众监督的媒介化呈现,因此,舆论监督聚合公众意见有天然的"血缘"优势,有助于公众监督与舆论监督形成合力。舆论监督聚合公众意见,可以从以下几方面入手。

聚合民意调查中的公众意见

民意调查,又称为舆论调查,是了解公众舆论倾向的一种社会调查,它通过运用科学的调查与统计方法,如实地反映一定范围内的民众对某个或某些社会问题的态度倾向。就其内容而言,它属于舆论调查范围;就其方法而言,它又属于抽样调查范畴。尽管民意调查存在一定局限,调查方法的科学性和调查结果的可信度容易遭到批评,但是它毕竟从一个侧面反映了公众意见,可以把它作为决策的辅助和参考。民意调查结果本身就是公众监督的一种体现,若能转化成舆论监督,就能实现公众监督与舆论监督的有效结合。

舆论监督聚合民意调查有两个维度:

一是依据现成的民意调查结果,策划相应的舆论监督报道。相关数据表明,目前国内有各种调查机构约3700家,其中约15%专业从事社会民情调查和市场研究调查。不少调查机构的权威性和公信度都比较高,它们的调查结果能够较为真实地反映公众意见。新闻媒体除了可以从挖掘新闻价值的角度对这些机构的调查结果进行报道外,还应该细化相关领域和数据,开展舆论监督。

二是依托舆论监督涉及的问题,有针对性地开展民意调查。具体的舆论监督报道通常都只涉及点上问题,由于媒体属性、内容容量、受众心理等因素影响,同一媒体不可能对同类线索进行反复报道。不过,成熟的舆论监督媒体往往都重视"由点到面"新闻价值的延展和深入,力图通过点上问题

---

[1] 吴丕,袁刚,孙广厦:《政治监督学》,北京大学出版社,2007年,第284页。

的报道来推动面上问题的解决。而就舆论监督涉及的问题,有针对性地开展民意调查,并把调查结果在舆论监督报道中呈现出来,就是由点到面推动舆论监督报道新闻价值延展和深入的重要方法。这种针对性民意调查,若是小型的,新闻媒体可以自己做;若是大中型的,可以委托专业的调查机构来做。当然,这两个维度都需要舆论监督媒体与专业调查机构之间保持良好的合作关系。

聚合社交媒体平台的公众意见

"在现实生活中存在着两个并不完全重叠的'舆论场',一个是主流媒体着力营造的'媒体舆论场';一个是人民群众议论纷纷的'口头舆论场'",新闻媒体"要把体现党的意志同反映人民心声统一起来",才能"防止媒体舆论与群众口头舆论严重脱节"。[1]近年来,随着微博、微信等社交媒体平台的兴盛,人民群众的"口头舆论场"转战社交媒体,影响力越来越大,特别是在突发事件和舆论监督等方面,往往凭借丰富的信息源、抢占传播先机、实时全网互动共享、海量评论等优势,呈现出主导甚至左右舆论发展方向的态势。因此,"在社会矛盾频发的中国转型期,两大舆论场能否做到良性互动,并实现舆论共振,这对于能否顺利化解社会矛盾、营造和谐的舆论环境至关重要"[2]。

贪污腐败是人民群众关心的中心议题,也是社交媒体平台呈现的中心议题,而且社交媒体已经成为公众表达意见的一种替代性媒体,在世界范围内的腐败治理中发挥着积极作用。由印度社会活动家Anna Hazare发起的反腐败运动(Jan Lakopal Bill)之所以取得成功,Facebook、Twitter等社交媒体平台功不可没,这些替代性媒体上的公众意见,对官方治理腐败问题

---

[1] 南振中:《把密切联系群众作为改进新闻报道的着力点》,载《中国记者》,2003年第3期,第6—10页。
[2] 靖鸣,郭艳霞,潘宇峰:《"魏则西事件"主流媒体与社交媒体舆论监督的共振与互动》,载《新闻爱好者》,2016年第7期,第22—27页。

起了很大的推动作用。① 在传播反腐败运动和社会责任方面，社交媒体扮演着极其重要的角色，它对日益增长的中产阶级（middle class）影响最大，② 而中产阶级的意见通常具有很强的代表性。社交媒体平台在腐败治理中的重要地位和巨大推动作用，凸显了舆论监督聚合这些平台公众意见的必要性和紧迫性。舆论监督聚合社交媒体平台可从以下四方面入手：

一是第一时间响应社交媒体平台上的群众呼声。不管社交媒体平台有多少声音，也不管这些声音有多么热闹，始终难掩其作为"口头舆论场"的庞杂、无序、非理性、可信度低等不足。一旦主流媒体介入，"媒体舆论场"与"口头舆论场"交汇、交锋、交融，就会推动社交媒体平台舆论良性发展。看社交媒体信息，听主流媒体声音，正在成为很多网民的信息接受方式。若要第一时间响应，必须第一时间知晓，这就要求主流媒体要善于利用舆情监测软件、大数据等工具，把握社交媒体平台的实时舆论动态，然后经过简要核实处理之后做出回应。当然，这种回应首先是由主流媒体的微博、微信、APP客户端等新媒体平台来完成的。

二是把社交媒体上呈现的线索和意见纳入舆论监督报道。"强有力的和积极的平民社会力量对于增进人们对腐败的了解是一种有效工具，并往往成为有关腐败行为信息的重要来源。"③ 社交媒体平台可谓是当下强有力的、积极的平民社会力量，已经成为有关腐败行为信息的重要来源，加之很多群众曝光贪腐行为首选自媒体而不是传统媒体，主流媒体就更有必要充分关注社交媒体平台，在筛选相关线索策划舆论监督报道的同时，把网民评论等公众意见编入稿件，实现"线上"公众监督到"线下"舆论监督

---

① Mukta Martolia. *Alternative Media in New Millennium - "Use of the Social Networking Sites for Social Campaigning: The Anti-corruption Campaign (Jan Lokpal Bill)"*. IMS Manthan (The Journal of Mgt., Comp. Science & Journalism), Vol 7, No 2(2012): 164-167.

② Barua, Ramakant. *Media as a Catalyst in the Anti-Corruption Movement through the Lokpal Bill*. Madhya Pradesh Journal of Social Sciences, 2014, 19.

③ ［加］里克·斯塔彭赫斯特，［美］萨尔·J.庞德：《反腐败——国家廉政建设的模式》，杨之刚译，经济科学出版社，2000年，第7页。

的融合。

三是关注主流媒体舆论监督报道在社交媒体平台的反应。"传统媒体的独家首发报道,因被网络广泛转载而影响力'放大',同样形成强大的舆论压力,促使制度变革或具体问题得以解决。"① 舆论监督应该充分利用媒介融合的优势形成融合传播的格局,主流媒体舆论监督报道除在传统渠道及所属新媒体渠道分发外,也应该在社交媒体平台分发,借助社交媒体传播优势扩大影响的同时,也可以看看社交媒体平台的反应。对于线下舆论监督在社交媒体平台的线上反应,若是合理意见,可以在下一步报道中采用;若是不合理意见,也要加强引导,促进公众监督与舆论监督形成合力。

四是媒体间议程设置的沟通与协调。在印度反腐败"安娜运动"中,运动组织者和受过教育的中产阶级充分利用移动和社交媒体平台影响主流媒体对抗议活动的报道,是社交媒体议程影响主流媒体议程的典型案例,为媒体间议程设置(inter-media agenda-setting)提出了新的思考。② 很多时候,社交媒体平台并非一盘散沙,特别是一些有组织、有策划的活动,往往都有相应的议程设置。如果社交媒体议程与主流媒体议程能够最大限度地吻合,就会优化传播效果。因此,主流媒体强化与社交媒体的沟通和协调,推动媒体间议程设置很有必要。

聚合公民记者

随着智能手机、移动互联网的广泛使用,一大批非专业新闻传播者的普通民众参与到新闻报道中来,他们在收集、报道、分析和传播新闻和信息的过程中发挥主动作用,履行了记者的职责。"公民记者大量出现,且往往能在热点事件发生后,形成一定的意见群,从而左右舆论走向。"③ 与

---

① 程金福:《传媒反腐》,上海人民出版社,2012年,第181页。
② Usha M. Rodrigues. *Social media's impact on journalism: A study of media's coverage of anti-corruption protests in India*. Global Media Journal Australian Edition, 2014, 8(1): 1-10.
③ 董克伟:《"公民记者"兴起成网络管理新课题》,载《中国改革报》,2010年2月5日,第5版。

一般报料人相比,公民记者更专业,他们能独立进行新闻采写;与媒体投稿人相比,公民记者有更强烈的使命意识和专业精神,他们一般不会刻意迎合媒体喜好;与专业记者相比,公民记者不受单位约束,没有职业羁绊,能够第一时间赶到现场,想尽办法获取第一手材料,甚至比很多专业记者都更"玩命"。作为新闻传播中的一类特殊人群,公民记者在舆论监督领域可谓屡建奇功。譬如,公民记者代表人物朱瑞峰,由他策划的"山西疫苗事件""辽宁鞍山市检察院常务副检察长家族霸矿事件""山西临汾市委常委纪委书记年龄造假欺骗组织事件""重庆雷某某等不雅视频事件""女主播被国家档案局官员包养事件"等报道都引起了广泛的社会影响,其中重庆不雅视频案中21名官员被处理,包括重庆北碚区委书记雷某某、九龙坡区委书记彭某某、长寿区区长韩某某、璧山县委书记范某某、西南证券股份有限公司董事长罗某、重庆市城市建设投资(集团)有限公司副总经理粟某某、重庆机电控股(集团)公司董事长谢某某、石柱土家族自治县县长艾某、重庆国际信托有限公司董事长何某某、重庆市地产集团董事长周某某、重庆市交通纪委书记罗某某等。

事实上,公民记者已经在参与和推动舆论监督方面发挥了积极作用,具体表现为:"勇于介入热点事件,及时发布信息""积极维护公共利益,勇于开展舆论监督""推动社会民主政治建设,发挥公民参与社会管理的作用"。① 鉴于公民记者在舆论监督中的不凡表现,主流媒体舆论监督聚合公民记者势在必行。这种聚合包括对公民记者线索资源、渠道优势、新闻作品等方面的聚合,这种聚合应处理好三层关系:

一是尊重公民记者。无论公民记者职业背景如何、专业素养如何、作品质量如何,他们都值得社会尊重,也值得主流媒体尊重。主流媒体尊重公民记者,既要尊重他们的职业,也要尊重他们的劳动。所谓尊重公民记

---

① 胡建玮:《公民记者对舆论监督的推动及传播意义》,载《青年记者》,2010年第35期,第26—27页。

者的职业,既要承认公民记者这一职业的特殊性,不可简单套用对主流媒体记者的要求去框定公民记者,又要承认公民记者这一职业的独立性,不可粗暴干涉、压制、取缔公民记者。所谓尊重公民记者的劳动,既要尊重其作品的完整性,不能违背原稿意图随意删减、改写,又要尊重其署名权,不可去掉公民记者署名或者随意署上专业记者名字,还要尊重其劳动报酬,不可不付稿费,其稿费标准应不低于专业记者待遇。

二是支持公民记者。由于公民记者缺乏平台支撑、组织保障等,与专业记者相比,不仅工作难度大,而且遇到问题时解决难度更大。因此,专业记者应该支持公民记者。这种支持既应体现在新闻稿件的采写方面,专业记者可以利用自身平台优势、渠道优势等弥补公民记者的不足,更应体现在新闻稿件的影响方面,主流媒体通过刊播、转发、评论公民记者稿件等来扩大其影响。

三是与公民记者互动。专业记者和公民记者这两个职业群体,既有各自的优势,也有各自的不足,如果能够强化互动,优势互补,就能推动舆论监督资源的有效聚合。一些公民记者对专业记者有戒备心理,担心某一事件被主流媒体介入后报道会搁浅,初始阶段往往会选择独自行动。公民记者的这种戒备有一定合理性,但并不影响与专业记者的互动,正是因为这种戒备,在互动性问题上,专业记者应该更积极主动。在尊重公民记者意愿的前提下,专业记者与公民记者可以通过合作采写稿件、业务交流等措施来实现互动。

聚合民间反腐网站

民间反腐网站作为公民反腐的公益性、市场化媒体,之所以受到网民欢迎,在于其明显的优势:"比传统媒体或官方反腐网站为各种利益诉求开辟表达空间提供更多便利,更加热衷于报道热点话题甚至敏感话题";"举报方式的开放性、即时性、便利性,满足了一部分网民在官方渠道举报未果的情况下尝试网络举报以扩大社会影响的心理";"网络举报具有直观性、互动性的特点,网络既可以提供具体直观的证据,逼真地展现腐败分子的罪恶行径，又可以通过越来越多的个人方式来表达观点与言论，实现多方的沟通与交流"。① 不过，这类网站可能存在的"造谣诽谤""权力寻租"等问题，也让人们对其发展前景颇为担心。当然，这些问题都是可以通过制度规范来解决的，我们更应该看到民间反腐网站的积极作用，正如清华大学廉政与治理研究中心主任任建明教授所言："这种民间反腐网站的兴起，其正面作用要比负面效果大很多。"② 鉴于民间反腐网站作为"帮助政府查证腐败的民间举报渠道""反腐的民间交流平台"的特殊地位，③ 我们应该因势利导，从"制度反腐的有益补充"的高度，让其发挥出"最大的活力和亲和力"，使其"不会只成为民意对腐败现象的'出气筒'"。④

民间反腐网站作为公民反腐的一种媒体平台，其运行逻辑既不同于传统媒体及其网络平台，又不同于官方的网络反腐平台，可以说一种"自成一体"的独立运行机制，即公民撰写反腐材料→民间反腐网站刊载→引起广泛社会影响→推动相关问题解决。虽然这种独立运行机制中有一种"疏远"新闻媒体的趋向，但是其反腐内容背后所蕴含的民意，同样是新闻媒体不可忽视的，因此，新闻媒体的舆论监督聚合民间反腐网站必不可少。这种聚合是官方与民间不同性质媒体平台的聚合，无论是线索层面、稿件层面，还是社会资源层面，新闻媒体都应该积极主动，尽可能在协同中形成监督合力。这种聚合应处理好三层关系：

一是充分认识民间反腐网站等平台的存在价值。民间反腐网站的不少线索是官方反腐机构和新闻媒体没有的。民间反腐网站接受网民举报信息的便捷性、及时性、互动性、公开性，也是官方反腐机构和新闻媒体很难

---

① 袁峰：《当前我国民间反腐网站及其有序发展的思考》，载《江苏行政学院学报》，2011年第1期，第115—121页。
② 高鑫，杨柳：《面对国内"我行贿了""我贿赂了"等网站的兴起，廉政学者任建明表示——"民间反腐网站，正面作用要比负面效果大"》，载《检察日报》，2011年6月21日，第5版。
③ 洪丹：《让民间反腐合法存在是对"表达权"的敬畏》，载《南方日报》，2011年6月23日，第02版。
④ 赵岑：《民间反腐网站反腐热情该呵护》，载《新华每日电讯》，2011年6月17日，第3版。

做到的。因此，民间反腐网站的监督不仅是官方反腐机构监督的必要的、有益的补充，而且是新闻媒体舆论监督必要的、有益的补充。新闻媒体聚合民间反腐网站，是形成监督合力的需要。

二是正视民间反腐网站存在问题并加以引导和呵护。尽管民间反腐网站存在这样那样的问题，也有不少网站永久关闭，但是这不能成为我们轻视民间反腐网站的理由。民间反腐网站的合理性由其存在价值证明，合法性由法律法规匡正，剩下的问题都是业务层面的问题，是完全能够通过自身努力得以解决的。而业务层面问题，新闻媒体正好有比较优势，可以给予一定的帮助和引导，促使民间反腐网站监督的良性发展。

三是肯定并鼓励民间反腐网站的成绩。民间反腐网站没有新闻媒体那么优越的社会资源、组织保障和人才优势，不可简单地将民间反腐网站监督与新闻媒体舆论监督做比较，民间反腐网站监督取得的些许成绩都是非常困难的。民间反腐网站不仅需要官方反腐机构组织监督的肯定，而且需要新闻媒体舆论监督的肯定。就新闻媒体舆论监督而言，最好的肯定就是把民间反腐网站的监督转化成舆论监督，扩大影响面，优化监督效果。

结　语

腐败治理是一个世界性难题，而制度反腐作为腐败治理的重要措施，又面临制度建设、制度创新、制度执行等方面的困难。舆论监督也是一个世界性难题，舆论监督要在腐败治理中充分发挥其积极作用本来就很难，而要把舆论监督纳入制度反腐框架使其腐败治理功能最大化就更加困难。创新同样是世界性难题，无论是模仿创新还是自主创新，思想意识领域比科学技术领域拥有更多的不确定性，而系统创新又存在系统内外各方面的协调问题，其难度自然会增加不少。

"制度反腐""舆论监督""系统创新"这三个关键词糅合在一起，无疑增加了本课题研究的复杂性和难度。虽然本成果对"制度反腐框架中舆论监督的系统创新"这个命题进行了较为全面的、系统的、深入的研究，但是仍有不少问题的探讨需要继续深入。

制度反腐必须回归制度

无论是透明国际倡导的国家廉政体系建设，还是我国的惩治和预防腐败体系建设，以及党和国家监督体系建设，把新闻媒体（包括舆论监督）纳入其中，实质上是把舆论监督纳入制度反腐框架。制度反腐作为腐败治理的重要措施，已得到国际社会的广泛认可，把新闻媒体（包括舆论监督）纳入制度反腐框架也成为制度反腐领域人士的共识。

可是，无论是腐败治理制度框架中的舆论监督制度建设，还是舆论监督制度框架中关涉腐败治理的制度构建，在我国都还很不充分。舆论监督要堪当腐败治理重任，必须实现制度反腐框架中的制度回归。

这种制度回归应该凸显三大特性：一是独立性。即舆论监督制度作为反腐败制度体系的一种独立制度来构建——而不是包括在其他制度中，或者依附于其他制度——这样，才更有利于这一制度对反腐败舆论监督的保障和指导。二是稳定性。任何制度（包括舆论监督制度）一旦形成，都不能时有时无或经常变化，否则会令执行者和制约对象都无所适从，也就失去了制度本身的威力。三是长期性。舆论监督制度建设应该有中长期规划，至少应该与惩治和预防腐败体系建设规划合拍，譬如，5年的，10年的，甚至更长时期的。

法律是制度建设的最高级形态，舆论监督制度建设应该首先着眼于国家层面专门性立法，其次才是全国性行政法规、地方性法规，然后才是相关部门的文件政策。

舆论监督制度建设在从新闻宣传领域一时难以突破的情况下，可以从制度反腐领域寻求突破，从反腐败制度建设的高度，去推进舆论监督的制度构建。

舆论监督必须落实到效果

制度反腐框架下舆论监督的系统创新，既是一个复杂的理论命题，又是一个迫切的实践命题，最终都必须以舆论监督在腐败治理中的实际效果作为重要评价指标。

就理论命题而言，腐败治理中关涉舆论监督的一些具体问题，需要首先从理论上寻求突破。譬如，官员财产申报与公开，究竟怎样申报、怎样公开、怎样查证、如何制度化，才更有利于腐败治理，更适合舆论监督，这些问题还需要来自决策层的理论创新与突破。

就实践命题而言，这一理论与实践融为一体的命题不同于纯理论研究，后者只需要提出创新性观点就可以了；即便这一研究与实践结合得再紧密，理论研究和制度设计再完美，如果得不到贯彻执行，就不能产生实际效果。

这种实际效果如何，很多时候，不取决于舆论监督媒体及编辑记者如何努力，而取决于舆论监督制度的建设情况和执行情况，以及舆论监督周边有关机构及人员的态度。

舆论监督的实际效果是可以科学测评的，用各种指标来综合衡量，测评依据应该包括选题价值、报道数量、报道频次、关涉问题解决情况、贪腐官员查处力度等。这些指标不仅是衡量舆论监督实际效果的依据，也应该成为调整舆论监督反腐败方略的依据。

系统创新需要协同推进

本课题之所以把制度反腐框架下舆论监督的创新归结到系统创新这一层面，是因为舆论监督的创新从来都不是仅靠舆论监督编辑记者就能完成的，而是与舆论监督所处的各圈层系统有千丝万缕的联系。一般来讲，舆论监督所处圈层系统主要有以下四个方面。

一是媒体运行系统。任何舆论监督报道都是由具体的新闻媒体来执行的，而舆论监督不过是新闻媒体内容生产的一个方面，就新闻媒体内容层面而言，还包括正面宣传、非新闻类信息、广告等。新闻媒体作为独立的市场主体，尽管社会效益优先是其内容生产的重要原则，尽管新闻媒体也要履行社会责任，但是在具体的舆论监督报道中，新闻媒体不得不优先考虑社会关注度以及由此带来的广告吸附效应。舆论监督与新闻媒体其他内容之间，内容生产与产品销售和广告营收等经营环节之间，舆论监督报道的特殊性与新闻媒体管理的一般性之间，舆论监督的中央厨房式生产与媒体内部不同平台分发之间，等等，都存在协调与平衡的问题。

二是新闻宣传与媒体生态系统。党管意识形态、党管新闻媒体、党管舆论导向等国情，决定了我国新闻媒体的内容生产既要遵守宣传纪律，又要重视新闻规律，并在两者之间寻求平衡。就宣传纪律而言，除了刚性层面，舆论监督通常会涉及坚持正面宣传为主、舆论导向把握、负面报道管控等柔性层面，而柔性层面的宣传纪律，往往需要新闻媒体与宣传主管部门之间协调与平衡。就新闻规律而言，除了具体舆论监督报道中媒体自觉这一个体层面外，不同介质媒体、不同层级媒体、不同区域媒体、不同领域媒体等群体层面的协同也很重要。

三是权力监督系统。舆论监督已经被纳入党和国家权力监督体系，要形成监督合力，就需要各监督形式的协同，这种协同既可以是权力监督主导的，又可以是权利监督主导的。就制度反腐框架下舆论监督的系统创新而言，作为权利监督的舆论监督来主导这种协同也是非常必要且切实可行的。这种协同既包括舆论监督与党内监督、行政监督、人大监督等权力监督的协同，又包括舆论监督与政协民主监督的协同，还包括舆论监督与群众监督（公民监督或社会监督）的协同。

四是整个社会运行系统。无论是舆论监督媒体还是舆论监督工作者，其生产生活的方方面面都跟社会运行系统的诸多领域发生直接联系，而且很多还是关键性的联系。如果社会生活某些方面成为舆论监督对象时，对方利用这种联系来威胁舆论监督媒体及舆论监督工作者，不仅其外部环境可能会恶化，舆论监督也没法正常开展。因此，在整个社会运行系统层面，能否形成一种有利于舆论监督的制度环境，能否促进新闻媒体与其他行业在舆论监督领域的协同创新，是十分重要的。

创新应该永远在前行的路上

既然舆论监督纳入制度反腐框架已成共识，那么舆论监督的创新就应该在制度反腐的路上不断前行。不过，鉴于舆论监督的特殊性，在创新的路上应该秉持三种态度。

一是正视创新遭遇的阻力。无论改革还是创新，本质上都是利益关系的重新调整，势必遭到阻力。舆论监督本来就阻力不小，创新是朝着更有利于舆论监督的方向，势必遭到更大的阻力。舆论监督的创新，无论是理论层面，还是实践层面，遇到阻力都是正常的。我们既要不被阻力困扰，更要善于通过创新去破解阻力。

二是创新不可能一蹴而就。创新通常都是渐进式的,即便设计再完美的制度,在实践过程中也往往会打折扣,舆论监督的创新更是如此。我们不仅不能因为这样的折扣而丧失对创新的信心,反而应该在能够做的范围内把文章做足;与其一味抱怨不能做的,不如切实做好能够做的。即便体制层面的创新一时难以推进,也应该在机制层面努力实践;即便法律法规层面的创新一时难以突破,也应该在文件政策层面积极探索;即便在全国层面的创新一时难以铺开,也可以在地方层面大胆尝试。

三是创新永无止境。任何创新都没有终点,就舆论监督的创新而言,媒介生态在变,传播格局在变,腐败特点及反腐败形势在变,法制建设在推进,即便是同一命题,在不同时期也有不同的内涵。因此,舆论监督的创新应该与时俱进,不断推陈出新。

总之,制度反腐框架下舆论监督的系统创新,我们应该做的有很多,能够做的还很有限,甚至离制度反腐对舆论监督的要求还有很长一段路要走,需要理论界和实践界坚持不懈,共同努力。

参考文献

一、书籍类

《99中国广告年鉴》，新华出版社，2000年。

《报纸出版工作法律法规选编》，中国大百科全书出版社，2003年。

《邓小平文选》（第二卷），人民出版社，1994年。

《各国新闻出版法选辑》，人民日报出版社，1981年。

《关于深化政务公开加强政务服务的意见》，中国方正出版社，2011年。

《国家公务员暂行条例》，中国法制出版社，1993年。

《建国以来重要文献选编》（第一册），中央文献出版社，2011年。

《建国以来重要文献选编》（第五册），中央文献出版社，2011年。

《建立健全惩治和预防腐败体系2008—2012年工作规划》，中国方正出版社，2008年。

《建立健全惩治和预防腐败体系2013—2017年工作规划》，中国方正出版社，2013年。

《〈建立健全惩治和预防腐败体系2008—2012年工作计划〉辅导读本》，中国方正出版社，2008年。

《马克思恩格斯全集》（第1卷），人民出版社，1995年。

《马克思恩格斯全集》（第7卷），人民出版社，1959年。

《马克思恩格斯全集》（第6卷），人民出版社，1961年。

《马克思恩格斯全集》（第14卷），人民出版社，1962年。

《马克思恩格斯全集》（第32卷），人民出版社，1975年。

《马克思恩格斯全集》（第38卷），人民出版社，1972年。

《毛泽东论新闻宣传》，新华出版社，2000年。

《十三大以来重要文献选编》（上），人民出版社，1993年。

《十三大以来重要文献选编》（中），人民出版社，1993年。

《十三大以来重要文献选编》（下），人民出版社，1993年。
《十四大以来重要文献选编》（上），人民出版社，1996年。
《十四大以来重要文献选编》（中），人民出版社，1996年。
《十四大以来重要文献选编》（下），人民出版社，1996年。
《十五大以来重要文献选编》（上），人民出版社，2001年。
《十六大以来重要文献选编》（上），中央文献出版社，2005年。
《十六大以来重要文献选编》（中），中央文献出版社，2006年。
《十六大以来重要文献选编》（下），中央文献出版社，2006年。
《十七大以来重要文献选编》（上），中央文献出版社，2009年。
《十七大以来重要文献选编》（中），中央文献出版社，2011年。
《十七大以来重要文献选编》（下），中央文献出版社，2013年。
《十八大以来重要文献选编》（上），中央文献出版社，2014年。
《十八大以来重要文献选编》（中），中央文献出版社，2016年。
《十八大以来重要文献选编》（下），中央文献出版社，2018年。
《习近平关于党风廉政建设和反腐败斗争论述摘编》，中央文献出版社、中国方正出版社，2015年。
《新闻工作文献选编》，新华出版社，1990年。
《中国共产党第十八次全国代表大会文件汇编》，人民出版社，2012年。
《中国的反腐败和廉政建设》，中国方正出版社，2010年。
《中国共产党党内法规选编（2001—2007）》，法律出版社，2009年。
《中国共产党新闻工作文件汇编》（上卷），新华出版社，1980年。
《中国共产党新闻工作文件汇编》（中卷），新华出版社，1980年。
《中国共产党新闻工作文件汇编》（下卷），新华出版社，1980年。
《中国人民政治协商会议第十三届全国委员会第一次会议文件》，人民出版社，2018年。
《中华人民共和国法官法》，中国法制出版社，2017年。
《中华人民共和国反腐败和廉政建设法规制度全书》，中国法制出版社，2011年。
《中华人民共和国各级人民代表大会常务委员会监督法》，中国法制出版社，2006年。
《中华人民共和国公务员法》，中国法制出版社，2017年。
《中华人民共和国监察法》，中国法制出版社，2018年。
《中华人民共和国新闻出版法规文件选编》，商务印书馆，2010年。

《中华人民共和国消费者权益保护法》，法律出版社，1994 年。

《中华人民共和国价格法》，法律出版社，1998 年。

《中华人民共和国反不正当竞争法》，法律出版社，1998 年。

《中华人民共和国民法通则》，法律出版社，1996 年。

《中华人民共和国民事诉讼法》，中国法制出版社，2017 年。

《中华人民共和国全国人民代表大会和地方各级人民代表大会代表法》，中国法制出版社，2015 年。

辰光：《第四种权力——一个记者的暗访生涯》，中国画报出版社有限责任公司，2010 年。

陈国权等：《权力制约监督论》，浙江大学出版社，2013 年。

陈力丹，王辰瑶：《外国新闻传播史纲要》，中国人民大学出版社，2011 年。

陈业劭：《中国新闻事业通史》（第三卷），中国人民大学出版社，1999 年。

程金福：《传媒反腐》，上海人民出版社，2012 年。

邓频声等：《中国特色社会主义权力监督体系研究》，时事出版社，2011 年。

杜力夫：《权力监督与制约研究》，吉林人民出版社，2004 年。

段龙飞，任建明：《香港反腐败制度体系研究》，中国方正出版社，2010 年。

方汉奇：《中国新闻事业通史》（第二卷），中国人民大学出版社，1996 年。

郭兴全等：《完善惩治和预防腐败体系研究》，陕西人民出版社，2012 年。

戈公振：《中国报学史》，上海古籍出版社，2003 年。

过勇：《中国国家廉政体系研究》，中国方正出版社，2007 年。

李东晓：《居间政治：中国媒体反腐的社会学考察》，中国传媒大学出版社，2012 年。

李良荣：《新闻学概论》，复旦大学出版社，2001 年。

李秋芳，张宇燕：《世界主要国家和地区反腐败体制机制研究》，中国方正出版社，2007 年。

李秀峰：《廉政体系的国际比较》，社会科学文献出版社，2007 年。

倪邦文，石国亮，刘晶：《国外廉政建设制度与操作》，中国言实出版社，2013 年。

倪星，李泉：《廉政制度创新的中国经验》，中山大学出版社，2013 年。

唐绪军：《报业经济与报业管理》，新华出版社，2003 年。

唐绪军，吴信训，黄楚新：《中国新媒体发展报告 No.7》（2016 年），社会科学文献出版社，2016 年。

汪波：《中国网络监督与政府治理创新（1994—2012）——"四维制衡"视角透析》，

北京师范大学出版社，2013年。

王德禄，蒋世和:《人权宣言》，求实出版社，1989年。

王强华，魏永征:《舆论监督与新闻纠纷》，复旦大学出版社，2000年。

王占禹:《总编辑手记》，文汇出版社，2006年。

魏永征:《新闻传播法教程》，中国人民大学出版社，2002年。

吴丕，袁刚，孙广厦:《政治监督学》，北京大学出版社，2007年。

杨金卫:《网络：一种新的反腐利器——网络反腐的制度规范与机制创新研究》，山东人民出版社，2012年。

袁峰:《网络反腐的政治学：模式与应用》，中央编译出版社，2012年。

尤光付:《中外监督制度比较》，商务印书馆，2013年。

昝爱宗:《第四种权力——从舆论监督到新闻法治》，民族出版社，1999年。

展江，白贵:《中国舆论监督年度报告（2003—2004）》，社会科学文献出版社，2006年。

展江，张金玺等:《新闻舆论监督与全球政治文明——一种公民社会的进路》，社会科学文献出版社，2007年。

张春林:《当代中国传媒的受众策略》，重庆出版社，2006年。

张春林:《中国共产党舆论监督思想史》，人民日报出版社，2015年。

张春林:《舆论监督的制度建设与思路创新》，四川大学出版社，2015年。

张杰:《科学治理腐败论》，中国检察出版社，2012年。

赵振宇:《新闻策划》，武汉出版社，2000年。

郑超然，程曼丽，王泰然:《外国新闻传播史》，中国人民大学出版社，2000年。

周甲禄:《舆论监督权论》，山东人民出版社，2006年。

周琪，袁征:《美国的政治腐败与反腐败——对美国反腐败机制的研究》，中国社会科学出版社，2009年。

朱颖:《新闻舆论监督与公共权力运行》，复旦大学出版社，2011年。

［美］爱德华·L.格莱泽，克劳迪娅·戈尔丁:《腐败与改革——美国历史上的经验教训》，胡家勇，王兆斌译，商务印书馆，2012年。

［美］弗雷德里克·S.西伯特，西奥多·彼得森，威尔伯·施拉姆:《传媒的四种理论》，戴鑫译，展江校，中国人民大学出版社，2008年。

［美］海伦·托马斯:《民主的看门狗？——华盛顿新闻界的没落及其如何使公众失望》，夏蓓，蒂娜·舒译，南方日报出版社，2009年。

［新西兰］杰瑞米·波普:《制约腐败——建构国家廉政体系》,清华大学公共管理学院廉政研究室译,中国方正出版社,2003年。

［新西兰］杰瑞米·波普:《反腐策略——来自透明国际的报告》,王淼洋等译,上海译文出版社,2004年。

［加］里克·斯塔彭赫斯特,［美］萨尔·J.庞德:《反腐败——国家廉政建设的模式》,杨之刚译,经济科学出版社,2000年。

［美］迈克尔·埃默里,埃德温·埃默里,南希·L.罗伯茨:《美国新闻史》,展江译,中国人民大学出版社,2013年。

［英］弥尔顿:《论出版自由》,吴之椿译,商务印书馆,1958年。

［美］唐·R.彭伯:《大众传媒法》,张金玺,赵刚译,中国人民大学出版社,2005年。

二、期刊类

安百杰:《"接近真相,从现场开始"——从〈新闻调查〉看电视节目的现场意识》,载《青年记者》,2007年第12期。

巴特:《党报舆论监督应注意的问题》,载《青年记者》,2008年第2期。

薄鲁军,蔡鹰:《新闻规律与媒体特性》,载《中国广播电视学刊》,2010年第7期。

曹轲:《舆论监督的市场功能》,载《采·写·编》,2003年第3期。

曹昱:《浅谈新闻舆论监督的发力与借力——以〈江淮时报〉为例》,载《新闻世界》,2014年第4期。

池秀梅:《浅谈当前反腐败形势下的新闻舆论监督》,载《福建商业高等专科学校学报》,2003年第3期。

陈国权,赵晓梦,胡敏,李军,支英琦:《晚报都市报价值的重构与转型方向》,载《青年记者》,2016年第27期。

陈力丹:《论我国舆论监督的制度困境》,载《南通大学学报》(社会科学版),2007年第3期。

陈晓前:《浅谈舆论监督与人大监督的合力》,载《人民之声》,2011年第9期。

楚长顺:《新形势下如何破解"舆论监督难"》,载《新闻爱好者》,2010年第23期。

党文诚:《舆论监督与反腐败斗争》,载《渭南师专学报》,1999年第4期。

丁柏铨:《论都市报的困境与出路》,载《新闻爱好者》,2013年第1期。

丁和根:《论新闻舆论监督保障机制的建立》,载《新闻知识》,2002年第3期。

董娟:《治理腐败与中国国家廉政体系的建构》,载《理论与现代化》,2014年第

6期。

冯建三：《考察中国舆论监督的论说与实践，1987—2007》，载《台湾社会研究季刊》，2008年第71期。

郭纪：《从"占领华尔街"运动透视西方"独立媒体"》，载《求是》，2011年第24期。

郭立场：《行政问责下的舆论监督法治化》，载《人大建设》，2008年第5期。

郭学德：《惩治和预防腐败体系建设及其评价问题的理论思考》，载《中州学刊》，2010年第6期。

郭忠银：《论新闻舆论监督在党风廉政建设中的作用》，载《平顶山师专学报》，2002年第3期。

何新文：《浅谈舆论监督与遏制腐败》，载《邵阳高等专科学校学报》，2000年第1期。

贺卫方：《传媒与司法三题》，载《法学研究》，1998年第6期。

胡建玮：《公民记者对舆论监督的推动及传播意义》，载《青年记者》，2010年第35期。

华丁：《"舆论监督"难在哪里？》，载《中国记者》，1988年第5期。

后向东：《论我国政府信息公开制度变革中的若干重大关系》，载《中国行政管理》，2017年第7期。

黄卫平：《领导干部财产公开困局待解——基于全国20个试点样本的研究》，载《人民论坛》，2014年第22期。

黄杨，李鑫：《逼近人，逼近真相，建设性思考——〈东方早报〉长线调查报道打造路径》，载《中国记者》，2013年第10期。

靖鸣，郭艳霞，潘宇峰：《"魏则西事件"主流媒体与社交媒体舆论监督的共振与互动》，载《新闻爱好者》，2016年第7期。

景晓旭：《舆论监督是第四种权力的观点是错误的》，载《新闻战线》，2000年第7期。

阚敬侠：《论我国的舆论监督法律制度》，载《新闻记者》，2000年第4期。

孔祥学：《切实发挥网络监督在反腐败斗争中的积极作用》，载《辽宁行政学院学报》，2010年第10期。

李宝善：《自觉坚持马克思主义新闻观》，载《求是》，2013年第16期。

李富伦：《真实的东西有时并不真实——对舆论监督批评报道中失实情况的分析》，

载《新闻界》，2006年第2期。

李洪文：《高度、角度、力度、尺度：做好新闻舆论监督类广播节目的四个维度》，载《记者摇篮》，2014年第7期。

李建中：《正确发挥新闻舆论监督在反腐败斗争中的作用》，载《党政论坛》，2001年第4期。

李建中：《论新闻舆论监督与反腐败斗争》，载《江西师范大学学报》（哲学社会科学版），2001年第1期。

李鹏：《加强舆论监督是报纸走向市场的助推器》，载《新闻战线》，1998年第10期。

李晓明，徐国聪：《论舆论监督在控制腐败机制中的价值与功用——兼论我国舆论监督的法治完善》，载《法学杂志》，2009年第2期。

李翔：《论反腐败工作中的网络舆论监督》，载《管理观察》，2015年第33期。

李延军：《市级党报如何破解舆论监督难的问题》，载《西部广播电视》，2015年第15期。

李艳：《论舆论监督与司法公正的协调》，载《求索》，2013年第11期。

李瑜青，博雅文：《司法公开制度实践及其完善》，载《哈尔滨工业大学学报》（社会科学版），2017年第1期。

廖农：《地市党报破解舆论监督难的有效途径》，载《新闻知识》，2007年第6期。

林国文，李虹：《解决县级台舆论监督难的途径》，载《中国广播电视学刊》，2010年第6期。

林爱珺：《宽容舆论监督 维护司法尊严——从最高法院〈关于人民法院接受新闻媒体舆论监督的若干规定〉谈传媒与司法关系》，载《新闻记者》，2010年第2期。

凌翔：《舆论监督难在何处》，载《人民检察》，2000年第2期。

刘德萍：《论新闻舆论监督在廉政文化建设中的作用》，载《新闻爱好者》，2009年第15期。

刘战芳：《实现人物报道的目标——逼近真实》，载《记者摇篮》，2014年第4期。

刘素梅：《中国特色惩治和预防腐败体系建设：目标、路径与评价》，载《学术论坛》，2014年第12期。

刘秀玲：《浅谈舆论监督在反腐败斗争中的作用》，载《农业部管理干部学院学报》，2010年第1期。

陆荣春：《盐城内港湖污染事件报道之困及破解之策——舆论监督如何巧借力》，载《中国记者》，2011年第3期。

南振中:《把密切联系群众作为改进新闻报道的着力点》,载《中国记者》,2003年第3期。

牛永航:《浅析新闻舆论监督在党风廉政建设中的作用》,载《胜利油田党校学报》,2003年第4期。

祁程:《舆论监督在党内监督中的作用问题探讨》,载《理论建设》,2012年第3期。

覃理爱,苏鹏程:《舆论监督在反腐败中的作用》,载《中国广播电视学刊》,2005年第5期。

任丽颖:《专业律师看记者权利保护的途径选择》,载《中国记者》,2012年第7期。

石勇:《官员落马前舆论监督缺席》,载《记者观察》,2014年第8期。

时金阳,岳华范:《由"媒介审判"困境带来的思考》,载《中国检察官》,2016年第21期。

申启武:《"阳光热线现象"——广播舆论监督节目的新模式》,载《中国广播电视学刊》,2006年第1期。

孙春龙,张悦:《吕日周之后的长治》,载《瞭望东方周刊》,2005年第22期。

孙旭培:《宽容媒体出错 推进舆论监督》,载《采·写·编》,2008年第4期。

田芸:《反腐败视角下的网络舆论监督引导机制》,载《经济研究导刊》,2016年33期。

孙忠良:《在反腐败中加强舆论监督》,载《山西大同大学学报》(社会科学版),2008年第3期。

童兵:《西方国家舆论监督理念与制度的演变》,载《新闻爱好者》(理论版),2007年第10期。

童兵:《新闻舆论监督的管理及其完善》,载《新闻爱好者》(理论版),2008年第7期。

汪衡:《舆论监督在反腐败斗争中的作用》,载《西部广播电视》,2016年第15期。

王德恒:《网络舆论监督视野下的廉政建设研究》,载《科技信息》,2010年第32期。

王敬波,李帅:《我国政府信息公开的问题、对策与前瞻》,载《行政法学研究》,2017年第2期。

王言卓,赵学芝:《创新广播舆论监督的成功实践——谈临沂电台"行风热线"节目的创意与运作》,载《山东视听》,2004年第1期。

魏晓阳:《日本舆论监督的法律边界》,载《政法论丛》,2012年第6期。

温天翔:《提供虚假新闻材料诱使报道失实应负法律责任》,载《声屏世界》,2002

年第 8 期。

吴建华，班生：《当前我国网络舆论监督存在的问题和解决路径》，载《南京政治学院学报》，2009 年第 3 期。

吴敏朝：《积极探索实行舆论监督的途径——学习〈建立健全教育、制度、监督并重的惩治和预防腐败体系实施纲要〉》，载《当代广西》，2006 年第 5 期。

熊沨：《从反腐败看新闻舆论监督的现状》，载《新闻前哨》，2004 年第 11 期。

徐行，杨鹏飞：《中国官员财产申报制度的实现障碍与突破路径》，载《理论与现代化》，2015 年第 2 期。

许小妹：《民生新闻舆论监督要善于"借力"》，载《新闻记者》，2012 年第 2 期。

杨德灵，胡黎明：《舆论监督面临的八大难题》，载《现代传播》，2007 年第 5 期。

杨作民，肖剑忠：《新闻舆论监督在廉政文化建设中的作用初探》，载《中共浙江省委党校学报》，2006 年第 3 期。

叶战备，金太军：《论完善对行政权的舆论监督》，载《中国行政管理》，2006 年第 1 期。

袁峰：《当前我国民间反腐网站及其有序发展的思考》，载《江苏行政学院学报》，2011 年第 1 期。

展江：《舆论监督的反腐败功能》，载《中国青年政治学院学报》，2007 年第 2 期。

张宸：《全球报纸发行收入首超广告收入——〈世界报业趋势〉揭示最新发展数据》，载《中国报业》，2015 年第 13 期。

张春林：《论我国舆论监督的制度化进路》，载《郑州大学学报》（哲学社会科学版），2014 年第 2 期。

张春林，屈佳菲：《论惩治和预防腐败体系中舆论监督的作为》，载《中国井冈山干部学院学报》，2014 年第 3 期。

张春林，于丹丹：《论产业融合视野下媒介融合的"互联网+"思路》，载《重庆工商大学学报》（社会科学版），2017 年第 1 期。

张春林：《论媒介融合中自媒体与他媒体的融合传播》（下），载《湖南大众传媒职业技术学院学报》，2017 年第 1 期。

张春林：《论新闻舆论监督的机制创新》，载《重庆大学学报》（社会科学版），2010 年第 5 期。

张春林：《舆论监督的力学分析》，载《新闻传播》，2003 年第 3 期。

张霁白，张国虎：《简析舆论监督难的成因及对策》，载《新闻爱好者》，1999 年第

9 期。

张军:《网络舆论监督与中国行政腐败的预防治理》,载《陕西社会主义学院学报》,2010 年第 3 期。

张桥:《反腐败中新闻舆论监督的困境和出路》,载《西北民族大学学报》(哲学社会科学版),2015 年第 3 期。

张姝,周志懿:《陈刚:打造不可替代的传播力》,载《传媒》,2006 年第 9 期。

张宇:《突破舆论监督难的方法》,载《记者摇篮》,2011 年第 7 期。

张莹莹:《浅论民主监督与新闻监督对扶贫攻坚的合力监督》,载《云南社会主义学院学报》,2016 年第 4 期。

张宇红:《网络舆论监督在反腐倡廉中的作为》,载《中国地市报人》,2012 年第 5 期。

张运鸿:《政府信息公开与新闻舆论监督》,载《中国报业》,2011 年第 8 期。

张志强:《试论网络监督与制度反腐的有效对接》,载《河南教育学院学报》,2011 年第 3 期。

郑保卫,唐远清:《试论新闻传媒的公信力》,载《新闻爱好者》,2004 年第 3 期。

郑保卫:《试论我国新闻舆论监督的制度建设与规范管理》,载《新闻记者》,2005 年第 11 期。

郑萱:《民主监督与舆论监督形成合力　省政协和教育频道联合推出电视专栏〈特别关注〉》,载《江苏政协》,2001 年第 12 期。

周泽:《舆论评判:正义之秤——兼对"媒体审判"、"舆论审判"之说的反思》,载《新闻记者》,2004 年第 9 期。

朱昌平:《舆论监督与廉政建设》,载《宁夏社会科学》,1991 年第 5 期。

朱向东,杜文雅:《我国出台财产申报法势在必行》,载《行政论坛》,2011 年第 4 期。

邹军:《从"反舆论监督"看舆论监督保障机制的构建》,载《新闻通讯》,2000 年第 7 期。

《〈关于全面推进政务公开工作的意见〉实施细则》(国办发〔2016〕80 号),载《中国应急管理》,2016 年第 11 期。

《全国人民代表大会常务委员会关于在北京市、山西省、浙江省开展国家监察体制改革试点工作的决定》,载《中华人民共和国最高人民检察院公报》,2017 年第 3 期。

《全国人民代表大会常务委员会关于在全国各地推开国家监察体制改革试点工作的决定》,载《先锋队》,2017 年第 36 期。

《中共中央办公厅印发〈关于在全国各地推开国家监察体制改革试点方案〉》，载《决策探索》（上半月），2017年第11期。

《中央纪委宣传部通知要求　加强舆论监督　严防中秋国庆期间"四风"问题反弹》，载《先锋队》，2015年第27期，第4页。

《最高人民法院关于审理名誉权案件若干问题的解释》，载《法律适用》，1998年第11期。

《最高人民法院　最高人民检察院关于贪污、受贿、投机倒把等犯罪分子必须在限期内自首坦白的通告》，载《中华人民共和国最高人民检察院公报》，1989年第3期。

《主流媒体如何增强舆论引导有效性和影响力之一：主流媒体判断标准和基本评价》，载《中国记者》，2004年第1期。

《2012年新闻出版产业分析报告》，载《中国出版》，2013年第15期。

《2013年新闻出版产业分析报告》，载《中国出版》，2014年第15期。

《2014年新闻出版产业分析报告》（摘要），载《中国出版》，2015年第15期。

《2015年新闻出版产业分析报告》，载《中国出版》，2016年第16期。

《2016年新闻出版产业分析报告》，载《中国出版》，2017年第15期。

三、报纸类

毕洪海：《网络监督需与体制内监督对接》，载《法制日报》，2009年3月11日，第3版。

曹刚：《沉下去"走"，跳出来"思"》，载《文汇报》，2012年4月27日，第3版。

曹笑：《群众监督＋舆论监督＋纪检监督　一寸不让　一抓到底　正风肃纪》，载《华西都市报》，2016年6月20日，第A03版。

陈力丹：《我国传媒人的职业意识和自律问题》，载《学习时报》，2006年11月27日，第6版。

陈威华、赵焱：《巴西腐败为何难根除》，载《工人日报》，2017年6月27日，第8版。

崔桂敏：《"沉下去"化解群众诉求——邯郸复兴区创新信访工作机制纪实》，载《邯郸日报》，2018年1月19日，第1版。

董克伟：《"公民记者"兴起成网络管理新课题》，载《中国改革报》，2010年2月5日，第5版。

高鑫、杨柳：《面对国内"我行贿了""我贿赂了"等网站的兴起，廉政学者任建明表示——"民间反腐网站，正面作用要比负面效果大"》，载《检察日报》，2011年6月

21 日，第 5 版。

耿银平：《出台信息公开过错追究制势在必行》，载《中国商报》，2013 年 8 月 23 日，第 2 版。

光明日报评论员：《切实加强党对新闻工作的领导》，载《光明日报》，2016 年 2 月 26 日，第 2 版。

郝小奇：《深入基层接地气 植根群众写新闻》，载《西安日报》，2011 年 11 月 6 日，第 4 版。

何欣：《拒绝公开信息 卫生部被判再议》，载《北京晨报》，2012 年 10 月 23 日，第 A14 版。

胡锦涛：《坚定不移沿着中国特色社会主义道路前进 为全面建成小康社会而奋斗——在中国共产党第十八次全国代表大会上的报告》（2012 年 11 月 8 日），载《人民日报》，2012 年 11 月 18 日，第 1 版。

黄丽娜：《广东试点领导干部财产申报公开制度》，载《羊城晚报》，2012 年 5 月 10 日，第 A06 版。

洪丹：《让民间反腐合法存在是对"表达权"的敬畏》，载《南方日报》，2011 年 6 月 23 日，第 2 版。

惠梦：《欧盟每年因政府采购腐败问题损失 50 亿欧元》，载《中国政府采购报》，2016 年 4 月 8 日，第 4 版。

姜洪：《记者权益呼唤法律切实保护》，载《检察日报》，2017 年 12 月 7 日，第 4 版。

晶报社论：《舆论监督需要制度化保障》，载《晶报》，2010 年 11 月 12 日，第 A2 版。

李晨光：《京城各报 80% 新闻来自线人报料 新闻线人分 3 级》，载《北京晨报》，2003 年 11 月 7 日。

李兵：《京津冀纪检监察机关建立协同机制 形成一体化监督合力》，载《中国纪检监察报》，2018 年 1 月 31 日，第 3 版。

李永忠：《打开制度反腐的新视野》，载《人民日报》，2014 年 1 月 22 日，第 5 版。

李志勇：《"四风"问题有哪些新"变种"？》，载《中国纪检监察报》，2015 年 5 月 22 日，第 3 版。

刘义昆：《保障舆论监督问责有待细化》，载《光明日报》，2009 年 8 月 3 日，第 6 版。

柳友定：《怎样解决新闻舆论监督难的问题》，载《中华新闻报》，2001 年 6 月 4 日，第 6 版。

卢荻秋：《围观的力量并非如此神奇》，载《中国青年报》，2010 年 12 月 28 日，第

12版。

卢义杰:《记者要在"杂音"中不断接近真相》,载《中国青年报》,2016年7月29日,第2版。

罗健泉:《早"得罪"比晚"得罪"好》,载《中国纪检监察报》,2016年4月26日,第3版。

南都社论:《互联网的"反腐神奇"更需制度保障》,载《南方都市报》,2010年11月21日,第A02版。

南方日报评论员:《舆论监督不能总靠开明官员来主张》,载《南方日报》,2007年2月12日,第A02版。

秦晖:《从法治角度看舆论监督》,载《南方周末》,2003年1月29日,第3版。

秋风:《有效舆论监督需要制度前提》,载《21世纪经济报道》,2009年10月28日,第2版。

人民日报评论员:《带着感情走基层——"走转改"活动思考之一》,载《人民日报》,2011年9月22日,第1版。

人民日报评论员:《带着真诚走基层——"走转改"活动思考之五》,载《人民日报》,2011年9月28日,第1版。

人民日报评论员:《带着思考走基层——"走转改"活动思考之三》,载《人民日报》,2011年9月26日,第1版。

申国华:《反腐败没有"禁区"》,载《中国纪检监察报》,2015年10月21日,第2版。

四川省成都市纪委课题组:《"微腐败"表现形式及治理对策》,载《中国纪检监察报》,2018年1月4日,第7版。

苏永通,任咪娜,聂萌:《科级腐败已成隐患 千万级"小官巨贪"十年查处愈多》,载《南方周末》,2011年3月31日,第1版。

谭劲松:《让创新理念落地生根》,载《浙江日报》,2016年2月20日,第5版。

万学忠:《新闻舆论监督的"借力"之道——以〈法制日报〉无"痛点"舆论监督实践为例》,载《中国新闻出版广电报》,2017年6月8日,第4版。

汪晓东,曹树林,于洋:《深度融合 构筑媒体新版图》,载《人民日报》,2017年1月5日,第1版。

王斗斗,袁定波:《网络舆论监督谨防侵犯隐私权》,载《法制日报》,2009年10月30日,第5版。

王贵秀:《走出监督的八大误区》,载《北京日报》,2007年5月14日,第17版。

王昊魁,袁佳方,张燕征:《严惩"小官巨贪",反腐不会"抓大放小"》,载《光明日报》,2015年8月16日,第8版。

王宁,张恒山:《新型主流媒体新在哪里》,载《学习时报》,2017年1月16日,第2版。

王钟的:《基层反腐也要加强舆论监督》,载《中国审计报》,2015年8月3日,第8版。

习近平:《决胜全面建成小康社会 夺取新时代中国特色社会主义伟大胜利——在中国共产党第十九次全国代表大会上的报告》(2017年10月18日),载《人民日报》,2017年10月28日,第1版。

习近平:《在第十八届中央纪律检查委员会第六次全体会议上的讲话》(2016年1月12日),载《人民日报》,2016年5月3日,第2版。

习近平:《在庆祝中国共产党成立95周年大会上的讲话》(2016年7月1日),载《人民日报》,2016年7月2日,第2版。

向松阳:《珠海出台〈关于对媒体曝光问题的督办和问责办法〉 不落实曝光问题将被问责》,载《南方日报》,2012年5月31日,第A04版。

肖春苹:《早发现早提醒早查处》,载《中国纪检监察报》,2016年3月8日,第3版。

孝金波,游海滨:《人民日报与人民网"网络监督"联合调查结果分析》,载《人民日报》,2009年2月3日,第8版。

新京报社论:《暴力阻挠舆论监督,应严肃惩处》,载《新京报》,2011年5月19日,第A02版。

新京报社论:《用跨区域协同监督遏制"异地违规"》,载《新京报》,2018年2月4日,第A02版。

许道敏:《舆论监督是权利还是权力》,载《检察日报》,2003年9月30日,第2版。

徐光春:《关于舆论监督的几点思考》,载《光明日报》,2000年1月4日,第5版。

叶纯,陶涛,刘志强:《武汉治庸:平均每天揪出三个"庸官"》,载《楚天金报》,2015年4月7日,第2版。

杨耕身:《制度化舆论监督是大势所趋》,载《新京报》,2008年2月11日,第A02版。

杨亮庆,周婷:《美国政府官员起诉媒体须证明报道为恶意》,载《中国青年报》,2004年7月15日。

殷国安,程绍德,沈峰,武海义:《舆论监督的制度性尝试》,载《珠江晚报》,2012

年5月31日，第3版。

苑秀丽:《政治纪律是最重要的纪律》，载《中国纪检监察报》，2017年2月15日，第7版。

展江:《媒介审判值得我们担忧吗?》，载《南方都市报》，2010年1月3日，第TM02版。

张磊:《四川省纪检监察机关借力媒体监督　开启正风肃纪新模式》，载《中国纪检监察报》，2016年12月15日，第1—2版。

张立东:《我省首次出台加强舆论监督实施意见　旗帜鲜明地支持媒体舆论监督采访》，载《四川日报》，2016年5月11日，第1版。

赵岑:《民间反腐网站反腐热情该呵护》，载《新华每日电讯》，2011年6月17日，第3版。

郑保卫:《认清西方"媒体独立"的实质》，载《人民日报》，2016年4月7日，第7版。

郑保卫，叶俊:《司法公信离不开传媒报道和舆论监督》，载《法制日报》，2014年8月4日，第7版。

志灵:《舆论监督是要制度化还是"捧杀"?》，载《解放日报》，2006年11月28日。

周银超:《领导干部应该具备的基本道德素质》，载《光明日报》，2014年6月4日，第13版。

《关于加强人民政协协商民主建设的实施意见》(2015年)，载《人民日报》，2015年6月26日，第1版。

《关于新形势下党内政治生活的若干准则》(2016年)，载《人民日报》，2016年11月3日，第5版。

《关于实行党政领导干部问责的暂行规定》(2009年)，载《人民日报》，2009年7月13日，第2版。

《关于全面推进政务公开工作的意见》(2016年)，载《人民日报》，2016年2月18日，第6版。

《关于落实中央八项规定精神坚决刹住中秋国庆期间公款送礼等不正之风的通知》，载《新华每日电讯》，2013年9月4日，第4版。

《国家主席习近平发表二〇一七年新年贺词》，载《人民日报》，2017年1月1日，第1版。

习近平:《决胜全面建成小康社会 夺取新时代中国特色社会主义伟大胜利——在

中国共产党第十九次全国代表大会上的报告》(2017年10月18日)，载《人民日报》，2017年10月28日，第1版。

《全国政协办公厅负责人就学习贯彻中办〈关于加强和改进人民政协民主监督工作的意见〉答记者问》，载《人民日报》，2017年3月7日，第6版。

《习近平在党的群众路线教育实践活动第一批总结暨第二批部署会议上强调 扎实开展第二批教育实践活动 努力取得人民群众满意的实效》，载《人民日报》，2014年1月21日，第1版。

《习近平在十八届中央纪委二次全会上发表重要讲话强调 更加科学有效地防治腐败 坚定不移把反腐倡廉建设引向深入》，载《人民日报》，2013年1月23日，第1版。

《习近平在中共中央政治局第五次集体学习时强调 积极借鉴我国历史上优秀廉政文化不断提高拒腐防变和抵御风险能力》，载《人民日报》，2013年4月21日，第1版。

《习近平在十八届中央纪委五次全会上发表重要讲话 深化改革 巩固成果 积极拓展 不断把反腐败斗争引向深入》，载《人民日报》，2015年1月14日，第1版。

《习近平主持召开中央全面深化改革领导小组第四次会议强调 共同为改革想招一起为改革发力 群策群力把各项改革工作抓到位》，载《人民日报》，2014年8月19日，第1版。

杜尚泽：《习近平在党的新闻舆论工作座谈会上强调 坚持正确方向创新方法手段 提高新闻舆论传播力引导力》，载《人民日报》，2016年2月20日，第1版。

《习近平在庆祝中国共产党成立95周年大会上的讲话》(2016年7月1日)，载《人民日报》，2016年7月2日，第2版。

《习近平在十九届中央纪委二次全会上发表重要讲话强调 全面贯彻落实党的十九大精神 以永远在路上的执着把从严治党引向深入》，载《人民日报》，2018年1月12日，第1版。

《习近平在十八届中央纪委三次全会上发表重要讲话强调 强化反腐败体制机制创新和制度保障 深入推进党风廉政建设和反腐败斗争》，载《人民日报》，2014年1月15日，第1版。

《中办印发〈关于在北京市、山西省、浙江省开展国家监察体制改革试点方案〉》，载《人民日报》，2016年11月8日，第3版。

《中国共产党章程》(2017年)，载《人民日报》，2017年10月29日，第1版。

《中国共产党党内监督条例》(2016年)，载《人民日报》，2016年11月3日，第6版。

《中国共产党党务公开条例（试行）》，载《人民日报》，2017年12月26日，第2版。

《中国共产党纪律处分条例》（2015年），载《人民日报》，2015年10月22日，第6版。

《中国共产党第十八届中央纪律检查委员会第三次全体会议公报》（2014年1月），载《人民日报》，2014年1月16日，第1版。

《中共海南省委关于舆论监督工作的暂行规定》，载《海南日报》，2005年2月22日。

《中共中央关于加强人民政协工作的意见》（摘要），载《人民日报》，2006年3月2日，第1版。

《中华人民共和国宪法》（1982年），载《人民日报》，1982年12月5日。

《中华人民共和国法官职业道德基本准则》，载《人民法院报》，2010年12月16日，第2版。

《最高人民法院关于人民法院接受新闻媒体舆论监督的若干规定》，载《人民法院报》，2009年12月24日，第2版。

《最高人民法院关于司法公开的六项规定》，载《人民法院报》，2009年12月24日，第2版。

《最高人民法院关于适用〈中华人民共和国民事诉讼法〉的解释》（2015年），载《人民法院报》，2015年2月5日，第3版。

四、网络类

《安徽省预防职务犯罪工作条例》，来源：安徽省职务犯罪预防网，http://www.ah.yfw.com.cn/shownews.asp?id=13524。

《安徽省政府信息公开工作责任追究暂行办法》，来源：安徽省政府网站，http://www.ah.gov.cn/userdata/dochtml/731/2011/1/25/3056607941649.html。

《第41次中国互联网络发展状况统计报告》，来源：中国互联网络信息中心网站，http://www.cnnic.com.cn/hlwfzyj/hlwxzbg/hlwtjbg/201801/P020180131509544165973.pdf。

《党的宣传纪律》，来源：中国共产党新闻网，http://theory.people.com.cn/GB/49150/49151/10410145.html。

《党的政治纪律》，来源：中国共产党新闻网，http://dangshi.people.com.cn/GB/165617/173273/10415328.html。

《2017年中国广告行业市场前景分析及发展趋势预测》，来源：中国产业信息网，

http://www.chyxx.com/industry/201710/576017.html。

《2017年中国移动阅读行业市场规模及发展趋势分析》，来源：中国产业信息网，http://www.chyxx.com/industry/201607/432117.html。

《甘肃省政府信息公开工作责任追究暂行办法》，来源：甘肃省政府网站，http://www.gansu.gov.cn/art/2013/9/26/art_4805_249873.html。

《关于党内政治生活的若干准则》（1980年），来源：中国共产党新闻网，http://cpc.people.com.cn/GB/64162/71380/71387/71588/4854595.html。

《广州市党政领导干部问责暂行办法》，来源：广州市政府网，http://www.gz.gov.cn/publicfiles/business/htmlfiles/gzgov/s2810/201005/158640.html。

《广州市政府信息公开规定》，来源：广州市政府网站，http://www.gz.gov.cn/GZ25/2.2.6/200211/1293704.shtml。

《广州市依申请公开政府信息办法》，来源：广州市政府网站，http://www.gz.gov.cn/gzgov/s8263/200703/595700.shtml。

《广州市人民政府政务管理办公室信息公开实施办法（试行）》，来源：广州市政府政务管理办公室网站，http://www.gzzwb.gov.cn/gzszwb/220/201505/d2ff934b642e469195aaae2b3ed252b5.shtml。

《国际货币组织：腐败造成全球经济数万亿美元损失》，来源：新浪网，http://news.sina.com.cn/w/zx/2016-05-12/doc-ifxsenvm0311542.shtml。

《邯郸市预防职务犯罪条例》，来源：中国职务犯罪预防网，http://www.yfw.com.cn/fgwj/flfg/200207/t20020723_667746.shtml。

《湖北省预防职务犯罪条例》，来源：新浪网，http://news.sina.com.cn/c/2005-06-02/10536059192s.shtml。

《沪苏浙皖四省市纪检监察机关案件查处和预防协作配合第一次联席会议召开》，来源：上海市纪委、上海市监察委网站，http://www.shjcw.gov.cn/2015jjw/n2233/u1ai51629.html。

《90后媒介使用专题研究》，来源：新浪网，http://slide.finance.sina.com.cn/hy/slide_9_71179_343072.html#p=1。

《江苏省预防职务犯罪条例》，来源：中国人大网，http://www.npc.gov.cn/npc/xinwen/dfrd/jiangsu/2006-04/14/content_348475.htm。

《江西省预防职务犯罪工作条例》，来源：中国职务犯罪预防网，http://www.yfw.com.cn/fgwj/flfg/200312/t20031215_667821.shtml。

《昆明市预防职务犯罪工作条例》，来源：中国昆明网，http://www.km.gov.cn/

structure/xwpdlm/flfglm/flfgxx_118606_1.htm。

《昆明市领导干部问责办法》，来源：360doc 图书馆，http://www.360doc.com/content/12/0110/11/964300_178479570.shtm。

《南京市预防职务犯罪条例》，来源：中国职务犯罪预防网，http://www.yfw.com.cn/fgwj/gzzd/201202/t20120208_800685.shtml。

《山西省预防职务犯罪工作条例》，来源：百度文库，http://wenku.baidu.com/view/bda8efd333d4b14e85246824.html。

《深圳市预防职务犯罪条例》，来源：深圳市人大网站，http://www.szrd.gov.cn/viewszfgnews.do?id=77。

《四川省预防职务犯罪工作条例》，来源：四川人大网，http://www.scspc.gov.cn/html/cwhgb_44/200906/2010/0409/53703.html。

《四川省政府信息公开过错责任追究办法》，来源：四川省政府网站，http://www.sc.gov.cn/10954/11063/2011/3/21/10154460.shtml。

《世界报业协会最新公布世界日报发行量前100名排行榜》，来源：人民网，http://media.people.com.cn/GB/40606/3423570.html。

《乌鲁木齐市预防职务犯罪条例》，来源：新疆职务犯罪预防网，http://www.xj.yfw.com.cn/shownews.asp?id=19794。

《无锡市预防职务犯罪条例》，来源：中国职务犯罪预防网，http://www.yfw.com.cn/fgwj/flfg/200107/t20010718_667717.shtml。

《武汉全媒体监督督办平台管理暂行办法》，来源：武汉全媒体监督督办平台，http://qmt.whdi.gov.cn/subject/management/text/67.htm。

《新媒体蓝皮书：中国新媒体发展报告No.7（2016）精读》，来源：中国社会科学网，http://ex.cssn.cn/dybg/dyba_wh/201606/t20160624_3083738.shtml。

《云南省人民政府关于省人民政府部门及州市行政负责人问责办法》，来源：百度文库，https://wenku.baidu.com/view/f6a1cb5d3b3567ec102d8ae9.html。

《浙江省预防职务犯罪条例》，来源：中国人大网，http://www.npc.gov.cn/npc/xinwen/dfrd/zhejiang/2007-03/23/content_362905.htm。

《浙江省党内监督十项制度实施办法》，来源：百度文库，http://wenku.baidu.com/view/29cc6c32f111f18583d05a7f.html。

《中纪委：十八大以来反腐同时挽回经济损失387亿》，来源：中国新闻网，http://www.chinanews.com/gn/2015/07-29/7434145.shtml。

陈宝成：《保证舆论监督才能助推法治建设》，来源：财新网，http://opinion.caixin.com/2015-10-17/100864018.html。

CTR 媒介智讯：《2016 年中国广告市场回顾》，来源：央视市场研究股份有限公司（CTR）网站，http://www.ctrchina.cn/attached/11/file/20170704/20170704-mi.pdf。

郭立场：《行政问责下的舆论监督法治化》，来源：新华网，http://news.xinhuanet.com/theory/2008-03/06/content_7722464.htm。

媒通研究院：《纸媒式微，党报"风景这边独好"：逆势上扬的底气在哪儿》，来源：搜狐网，http://www.sohu.com/a/150786447_675583。

南疆草：《揭秘西方舆论控制》，来源：海疆在线，http://www.haijiangzx.com/2016/0515/1010406.shtml。

清晨：《调查显示互联网超过电视报纸成人们看新闻的最爱》，来源：新浪网，http://tech.sina.com.cn/i/w/2003-01-10/1138160506.shtml。

苏万明：《我国 31 个省（区、市）全部已开通政风行风热线》，来源：中国政府网，http://www.gov.cn/jrzg/2009-06/27/content_1351966.htm。

王羽中：《欧洲网民上网时间超过看电视时间》，来源：中广网，http://www.cnradio.com.cn/it/200310050018.html。

习近平：《在党的十八届四中全会第二次全体会议上的讲话》（2014 年 10 月 23 日），来自中纪委监察委网站《习近平总书记全面从严治党重要论述数据库》，http://people.ccdi.gov.cn/subject/174/31?slug=learning-project&articleId=363。

习近平：《在第十八届中央纪律检查委员会第三次全体会议上的讲话》（2014 年 1 月 14 日），来自中纪委监察部网站《习近平总书记全面从严治党重要论述数据库》，http://people.ccdi.gov.cn/subject/174/31?slug=learning-project&articleId=363。

习近平：《在第十八届中央纪律检查委员会第五次全体会议上的讲话》（2015 年 1 月 13 日），来自中纪委监察部网站《习近平总书记全面从严治党重要论述数据库》，http://people.ccdi.gov.cn/subject/174/31?slug=learning-project&articleId=363。

姚奕，李源：《"打虎拍蝇猎狐"：铁腕反腐交出沉甸甸的成绩单》，来源：中国共产党新闻网，http://fanfu.people.com.cn/n1/2016/1022/c64371-28798692.html。

五、英文类

Aaron Quinn. *Co-Regulation and Anti-Corruption in U.S. Journalism*. Journal of Mass Media Ethics, 2016, 31(2): 116-129.

Barua, Ramakant. *Media as a Catalyst in the Anti-Corruption Movement through the Lokpal Bill*. Madhya Pradesh Journal of Social Sciences, 2014, 19.

Bansal Arpit. *E-Government and Social Media as Openness and Anti-Corruption Strategy*. Research Journal of Management Sciencesm, Vol. 1(1), August (2012): 48-52.

BAW Wyka. *Journalistic standards and democratisation of the mass media in Poland*, Hungary and the Czech Republic. http://media.parlament.org.ua.

Dhinar Aji Pratomo, Rachmat Kriyantono. *The Power of Media Effect: Construction Television as Media for Anti-Corruption Education in Indonesia*. http://www.resjournal.kku.ac.th/social/PDF/6_1_1.pdf.

John C. Bertot, Paul T. Jaeger, Justin M. Grimes. *Using ICTs to create a culture of transparency: E-government and social media as openness and anti-corruption tools for societies*. Government Information Quarterly, 2010, 27(3): 264-271.

Mukta Martolia. *Alternative Media in New Millennium - "Use of the Social Networking Sites for Social Campaigning: The Anti-corruption Campaign (Jan Lokpal Bill)"*. IMS Manthan (The Journal of Mgt., Comp. Science & Journalism), Vol. 7, No. 2(2012): 164-167.

Nael Jebril，Václav stětka，Matthew Loveless. *Media and Democratisation: Challenges for an Emerging Sub-field*. Medijske Studije, 2015, 6(11).

Oluwasina Abidemi Babasola. *Democratisation, mass media and the anti-corruption drive in Africa: the case of Nigeria, 1999-2015*. Doctoral thesis, University of Westminster(2017), http://westminsterresearch.wmin.ac.uk/21052/.

Passman, Pamela. *Anti-corruption: Five ways to turn policies into practices*. Inside Counsel (SyndiGate Media Inc.), 10/1/2015:13.

Shelley Boulianne. *Does Internet Use Affect Engagement? A Meta-Analysis of Research*. Political Communication, 2009, 26(2): 193-211.

Thuy Nguyen. *Anti-Corruption Media Coverage and Corruption Perception*. https://editorialexpress.com/cgi-bin/conference/download.cgi?db_name=SEM2017&paper_id=137.

Usha M. Rodrigues. *Social media's impact on journalism: A study of media's coverage of anti-corruption protests in India*. Global Media Journal Australian Edition, 2014, 8(1): 1-10.

附录

《领导干部与新闻舆论监督》调查问卷

尊敬的领导，您好！我们是《领导干部与新闻舆论监督》问卷调查小组调查员，感谢您在百忙之中抽空填写问卷，本问卷不具名，只做课题研究之用，不会给您造成任何不便，请放心如实填写。谢谢！

本表仅限纳入公务员管理及参照公务员管理单位的科级（含副科级）以上领导干部填写。

填写说明：请在你所选答案的编号上画"√"，每题限选一个答案，多选无效。

1. 你所处职位级别是（　　）

   A. 科级（含副科）

   B. 处级（含副处）

   C. 厅级（含副厅）及以上

2. 你所处地区是（　　）

   A. 东部沿海　　B. 中部　　　　C. 西部

3. 你接触最多的媒体是（　　）

   A. 报纸　　　　B. 电视　　　　C. 广播　　　　D. 网络

4. 你接触最多的媒体信息是（　　）

   A. 新闻　　　　B. 娱乐　　　　C. 实用信息　　D. 其他

5. 你使用微博的情况是（   ）

　　A. 从不使用

　　B. 偶尔使用，只看帖不转发，不评论

　　C. 经常使用，只看帖不转发，不评论

　　D. 经常使用，要发帖，要看帖，要转发，要评论

6. 你对我国舆论监督的总体印象是（   ）

　　A. 很好　　　　B. 很糟　　　　C. 一般　　　　D. 不清楚

7. 你觉得下列哪类媒体舆论监督可信度最低（   ）

　　A. 报纸　　　　B. 电视　　　　C. 广播　　　　D. 网络

8. 你觉得下列哪类媒体舆论监督效果最好（   ）

　　A. 报纸　　　　B. 电视　　　　C. 广播　　　　D. 网络

9. 你对网络人肉搜索的态度是（   ）

　　A. 反对　　　　B. 支持　　　　C. 不清楚

10. 你对网络爆料的态度是（   ）

　　A. 反对　　　　B. 支持　　　　C. 不清楚

11. 关于网络发布官员艳照及不雅视频，你的态度是（   ）

　　A. 官员道德败坏，就应该让其出丑

　　B. 不妥，容易侵犯官员隐私

　　C. 反腐新渠道，值得推崇

　　D. 不清楚

12. 当媒体舆论监督采访涉及本单位时你会怎么做（   ）

　　A. 尽力配合采访　　　　　　　B. 尽力回避采访

　　C. 找关系疏通给记者施压　　　D. 给好处让记者放弃报道

13. 当涉及本单位舆论监督报道播发后你会怎么做（   ）

　　A. 认真整改，尽快把整改结果告知媒体

　　B. 严格查找报道中涉及问题，就不实之处跟媒体交涉，并要求更正，必要时提起诉讼

C. 对媒体报道不予理睬

D. 不清楚

14. 与普通群众相比，领导干部的隐私权和名誉权应该（　　）

　　A. 同样受保护　　B. 不受保护　　C. 有限度受保护　　D. 更受保护

15. 关于官员财产申报制度你的态度是（　　）

　　A. 如实申报完全公开　　　　　　B. 如实申报不公开

　　C. 选择性申报有限度公开　　　　D. 没必要申报更没必要公开

16. 关于政府信息公开，你的态度是（　　）

　　A. 上级部门要求公开才公开，不要求公开就不公开

　　B. 法律要求公开才公开，法律没明确要求的，就不公开

　　C. 群众要求公开，在不违背法律法规的情况下，应该公开

　　D. 不清楚

17. 关于房产登记机构内部人员公开"房叔""房婶""房爷"房产信息，你的态度是（　　）

　　A. 侵犯公民个人隐私，此举涉嫌违法

　　B. 反腐败没有旁观者，每一股力量都值得倡导

　　C. 不清楚

18. 你认为民众利益诉求的官方渠道（　　）

　　A. 通畅　　　　B. 不够通畅　　　　C. 不清楚

19. 你认为我国权力制约和监督体系整体状况是（　　）

　　A. 健全　　　　B. 不够健全　　　　C. 不清楚

20. 你认为我国权力制约和监督整体效果是（　　）

　　A. 好　　　　　B. 不够好　　　　　C. 不清楚

21. 你认为新闻舆论监督该不该接受监督（　　）

　　A. 该，防止媒体权力滥用

　　B. 不该，确保舆论监督独立性

　　C. 不清楚

22. 你如何看待党委对舆论监督的领导（   ）

　　A. 党委应全面介入新闻舆论监督各个环节，确保舆论监督不出偏差

　　B. 党委应该为舆论监督创造更宽松环境，推动舆论监督工作健康发展

　　C. 不清楚

23. 你对"党报不能批评同级党委"的态度是（   ）

　　A. 支持，有利于确保党委对党报舆论监督的领导

　　B. 反对，任何组织和个人都应该接受监督，党委也不例外

　　C. 不清楚

24. 如何看待舆论监督对政府工作的作用（   ）

　　A. 舆论监督曝光问题，不利于政府开展工作

　　B. 舆论监督曝光问题，有利于政府开展工作

　　C. 不清楚

25. 如何看待舆论监督对地方形象的影响（   ）

　　A. 舆论监督对地方形象有负面影响，应严格控制

　　B. 真正影响地方形象的是政府工作中存在问题，而不是舆论监督

　　C. 不清楚

26. 怎么看待舆论监督出现的错误（   ）

　　A. 真实是新闻的生命，对于舆论监督出现的错误也应严加追究

　　B. 媒体不是专业调查机构，对舆论监督记者无心之过应该宽容

　　C. 不清楚

27. 你对网络反腐的态度是（   ）

　　A. 支持　　　　　B. 反对　　　　　C. 不清楚

28. 你认为网络反腐的效果是（   ）

　　A. 好　　　　　　B. 不好　　　　　C. 不清楚

29. 你通过网络发表批评意见的情况是（   ）

　　A. 从不　　　　　B. 偶尔　　　　　C. 经常

后　记

本书是国家社会科学基金项目"惩治和预防腐败体系中新闻舆论监督的创新路径研究"（项目编号：12BDJ040）的结题成果。从新闻采编实践到学术理论研究，我在舆论监督这个领域耕耘了20余年，可是在本课题研究过程中还是力有不逮。

作为国家社科基金"党史·党建"学科的立项项目，本课题横跨新闻传播学和政治学两个一级学科，既要具备两个学科的研究视野，又要接受两个学科的学术检验，这无疑增加了研究难度。

就政治学科而言，在广泛了解国内外腐败治理制度的基础上，对我们党和国家的腐败治理制度进行全面梳理，归纳既有研究成果中新闻传媒（含舆论监督）研究情况，从腐败治理制度角度，来审视舆论监督的发展。

就新闻传播学科而言，前期中国共产党舆论监督思想史研究为本课题研究提供了较好的学理支撑，从既有舆论监督研究涉及制度反腐方面去广泛占有文献。与此同时，对国外舆论监督与制度反腐相关研究进行全面梳理。从舆论监督的角度，来审视反腐败制度建设。

正是基于这两个学科的视角，因此，本课题研究没有单纯拘泥于腐败治理研究或者舆论监督研究，而是从制度层面探寻腐败治理与舆论监督的最佳耦合点。当然，这一耦合点是基于中国党情国情及媒体实际，是在党和国家监督体系框架内来谈的。

除了理论探讨外，本课题一个重要的出发点就是破解舆论监督难这一现实问题。因为单纯从新闻传播学科角度，寻求这个问题解决方案的空间十分有限，而舆论监督本身就是党和国家监督制度的重要组成部分，从制度反腐层面来谈舆论监督的研究又很不充分。因此，本课题研究要对舆论监督实践有较强的指导意义。

跨学科的难度，加之理论价值与实践意义兼顾的难度，无疑增加了本课题研究的难度。虽然笔者自认为十分努力，对课题研究最终成果也比较满意，但是不足之处肯定不少，敬请学界业界同行提出批评意见，以帮助我在进一步研究中改进。

本课题研究参阅了大量相关研究成果，但凡有所引用，除内文脚注标出外，还特别在参考文献中收录，在此向这些文献作者表示诚挚的谢意！

为把握党政干部对待舆论监督的基本态度，本课题研究初期进行了大范围的问卷调查。不少朋友接到我的委托任务都欣然应允，并及时返回了调查结果。他们是：杨长勇、母醒、李翔、侯明束、桂飞、李雪梅、董大法、杨武芳、杨葆华、徐杨、田凤、张旖旎、陈嫱、严彬、冀晋、康耕豪、衰婧、钟远萍、张帅、孙黎明、郭茜、高代婷、张涵、常曦文、曾惊、杨铌紫、陈珠玉、韩婧、吴婷婷、肖江等。在此，向他们表示最诚挚的谢意！

此外，还要向为本书出版付出辛勤劳动的出版社编务老师表示最诚挚的谢意！

2021 年 2 月 6 日
于重庆歌乐山